写作公式

新媒体写作

从入门 到精通

释若 著

北京大学出版社

PEKING UNIVERSITY PRESS

内 容 提 要

本书主要讲解新媒体文案的写作方法，共分为四部分。第一部分阅读理解，主要讲解速读技巧、精读技巧、笔记技巧和复述技巧；第二部分旁征博引，主要讲解选择素材、权威背书、制造话题和传递观点；第三部分原创金句，主要讲解遣词造句、修辞艺术、爆款标题和开头结尾；第四部分实战案例，主要通过案例讲解如何写各种形式的新媒体文案，以及各种文案在工作和生活中的应用等。

本书适合写作爱好者、新媒体从业人员，以及相关培训机构参考使用。

图书在版编目（CIP）数据

写作公式：新媒体写作从入门到精通 / 释若著. —北京：北京大学出版社，2021.6
ISBN 978-7-301-32191-1

Ⅰ. ①写… Ⅱ. ①释… Ⅲ. ①传播媒介 – 文书 – 写作 Ⅳ. ① G206.2

中国版本图书馆 CIP 数据核字 (2021) 第 091807 号

书　　　名	写作公式：新媒体写作从入门到精通 XIEZUO GONGSHI : XINMEITI XIEZUO CONG RUMEN DAO JINGTONG
著作责任者	释　若著
责任编辑	张云静
标准书号	ISBN 978-7-301-32191-1
出版发行	北京大学出版社
地　　　址	北京市海淀区成府路 205 号　100871
网　　　址	http://www.pup.cn　　新浪微博：@北京大学出版社
电子信箱	pup7@ pup.cn
电　　　话	邮购部 010-62752015　发行部 010-62750672　编辑部 010-62570390
印　刷　者	天津中印联印务有限公司
经　销　者	新华书店 720毫米×1020毫米　16开本　21印张　297千字 2021 年 6 月第 1 版　2023 年 7 月第 4 次印刷
印　　　数	10001-12000 册
定　　　价	68.00 元

未经许可，不得以任何方式复制或抄袭本书之部分或全部内容。
版权所有，侵权必究
举报电话：010-62752024　电子信箱：fd@pup.pku.edu.cn
图书如有印装质量问题，请与出版部联系，电话：010-62756370

自序

如果有人问我，最喜欢做什么，我一定会说："我最喜欢读书和写作。"如果两者之间只能选一个呢？我会干脆全部放弃。因为读书和写作，就如手心和手背，去掉任何一个，都与砍掉整个手掌无异。读书，不仅可以积累知识，还可以拓宽视野，陶冶情操；而写作，可以让我们对读到的知识进行深度思考，进而对知识做深度加工，把书本上冰冷的文字转化成专属于我们自己的知识，我们可以随意调取它，并让它为我们的工作效率、生活质量服务。

在自媒体时代，普通人有了更多的逆袭机会，赚取稿费已经不再是作家们的专利。只要你愿意，任何人都可以通过读书、写作变现，养家糊口，甚至开创个人品牌，改变人生命运。严格来讲，我是2017年才正式接触新媒体写作，并开启知识变现之路的，但我2018年就通过写作还清了装修贷款，还买了一辆十多万元的小汽车送给我老婆。

我是一个爱分享的人，我想，在新媒体时代，如果你要分一杯羹，就必须热爱分享。事实上，学习最有效的方式，就是把你所知道的知识分享给他人，并教会别人。分享越多，越有可能实现人生精进。所以，我在踏上新媒体写作之路后，经常在简书、今日头条等平台分享写作技巧，还和我的"老铁"——雪舞梅香开办了一个写作读书交流群，后来正式将其命名为"一块写写"。

刚开始时，我们免费教人读书技巧和写作技巧，我担任教练，领着大家一起写讲书稿、共读稿、书评。很快，读书群暴增到500人，还有很多书友排队等着加入。这时我们开始策划，做了一个收费的写作训练营，我负责开发课程，担任训练营教练。

经过两个多月的折腾，我拆解了1000多篇新媒体文章，把读过的100多本关于阅读、写作技巧的书籍翻出来，反复研究我写过的读书笔记。有一天，我在翻阅读书笔记时，我淘气的小女儿，不知道什么时候爬上了书架，不小心碰落了一本书，正好砸在我的头上。

小家伙一看惹祸了，从书架上溜下来就跑了，一点儿也不关心她老父亲头上有没有起包。我揉了揉额头，灵机一动，脑海中冒出了一个写作规律：写任何文章都需要先找素材，把原始材料读透后，才能下笔，而所有写得好的文章，其内容都是旁征博引，金句频出。

是不是很有意思？当一个苹果砸在牛顿头上时，"万有引力"诞生了；当一本书砸在一个立志当写作教练的普通人头上时，这个世界上居然能产生一个写作公式：阅读理解＋旁征博引＋原创金句。

我认为，可以从两个层面来理解这个公式。

第一个层面，这是一个写作训练成长公式。阅读理解，帮助我们学习如何阅读，并把书中知识转化为自身能力，搭建个人知识体系；旁征博引，帮助我们把学到的知识解释通透；原创金句，帮助我们把知识提炼成利于传播的信息。总结起来讲，阅读理解可以解决知识储备不够的问题，有效提升我们的学习力；旁征博引和原创金句可以解决如何写的问题，有效提升我们的表达力。

第二个层面，这是一个写文章的通用公式。写任何文章都需要阅读原始材料，从海量的资料中提取写作素材，此时，阅读能力和理解能力就显得尤为重要。比如，给你一本书，让你写一篇8000字的讲书稿，你必须先读书，才能完成写作任务；再如，你要写一个产品文案，首先要阅读和产品相关的资料，把产品的特点、优势搞清楚，才能着手写作。而关于写作，流行一个说法：好文章要有凤头、猪肚、豹尾。

所谓凤头，就是指文章开头要有奇句夺目，能吸引人的眼球；猪肚，指的是文章的内容饱满，信息量要大，让人读之如吃满汉全席，有满满的获得感；豹尾，指的是结尾要落地有声，产生弦外之声，让人读之意犹未尽并主动称赞。旁征博引恰好可以解决猪肚的问题，原创金句恰好可以解决凤头、豹尾的问题。

下面我给大家介绍一下本书的主要内容。

第一部分：阅读理解，即1~4章。快速阅读技巧帮助你在30分钟内读完一本书；精读技巧告诉你如何在2小时内消化一本书；笔记技巧用四大笔记术帮你建立一个精华知识库；复述技巧告诉你如何提升知识转化率，帮助你把书上的内容转化成自己的知识。

第二部分：旁征博引，即5~8章。触类旁通告诉你如何用别人的故事写自己的文章，解决写作中寻找、选择、使用素材的难题；征名责实增强表达的力度，告诉你如何利用权威背书、激发情感、采取利益引导，从而全方位提升说服力；博采群议教你用笔下的文字与读者对话，以及如何在写作中设置话题、发表论述、提供信息增量，吸引读者注意力；抛砖引玉详细地讲解了如何向读者传递信息，如何让读者认同观点，以及如何引导读者进行正向思考，并揭晓让读者主动转发文章的秘密。

第三部分：原创金句，即9~12章。金句速成技巧从遣词造句入手，告诉你如何写出脍炙人口的句子；修辞艺术揭秘了提升文字表现力的终极绝招，告诉你如何使用修辞手法，写出文采斐然的作品；爆款标题提供了3种标题模型，告诉你如何写招揽读者、流量"爆棚"的标题；凤头豹尾告诉你如何用5大技法写第一句话，用3种方式写开篇语，用3板斧写结尾。

第四部分：实战案例，即13~18章。分别介绍了讲书稿、共读稿、书评、软文、带货文案、短视频文案的写作套路和相关技巧，并提供了范文参考。

最后，感谢您阅读本书，在有限的生命里，让我们以书为伴，以笔为友。我真诚地邀请您读点书、写点文，做个有情怀的人。

目录

第一部分 阅读理解

第01章 速读技巧:如何用30分钟读完一本书　// 2
快速阅读是新媒体写作者的基本功

01　速读达人都有两双眼睛　// 3
02　如何集中精力读书　// 5
03　训练快速阅读的方法　// 11
04　如何快速读懂一本书　// 15
本章小结　// 19
常见问题答疑　// 20
练习题　// 20

第02章 精读技巧:如何用2小时消化一本书　// 21
四大阅读法带你读透天下好书

01　深度阅读法　// 22
02　对比阅读法　// 28
03　同频阅读法　// 33
04　致用阅读法　// 38
本章小结　// 43

常见问题答疑　//　43

练习题　//　44

第03章　笔记技巧：如何写一篇超实用的读书笔记　//　45
四大笔记术帮你建立一个精华知识库

01　超简单的拆解笔记术　//　46

02　超速度的课堂笔记术　//　49

03　超有效的笔记整理术　//　53

04　超厉害的灵感笔记术　//　59

本章小结　//　67

常见问题答疑　//　67

练习题　//　68

第04章　复述技巧：如何提升知识转化率　//　69
复述能力是进入新媒体写作领域的入场券

01　对照复述技巧　//　70

02　共情复述技巧　//　77

03　延伸复述技巧　//　82

本章小结　//　88

常见问题答疑　//　88

练习题　//　88

第二部分　旁征博引

第05章　触类旁通：用别人的故事写自己的文章　//　90
寻找、选择、使用素材，全过程掌控写作材料

01　如何寻找素材　//　91

02　如何选择素材　//　96

03　如何使用素材　//　100

本章小结　// 103

常见问题答疑　// 104

练习题　// 104

第 06 章　征名责实：增强表达的力度　// 105
权威背书、情感激发、利益引导，全方位提升说服力

01　征用权威的3个要素　// 106

02　征用情感的3个维度　// 111

03　征用利益的3个要点　// 115

本章小结　// 119

常见问题答疑　// 119

练习题　// 120

第 07 章　博采群议：让读者主动和你对话　// 121
话题、论述、增量，全视角关注读者注意力

01　制造话题　// 122

02　讲述话题　// 126

03　知识增量　// 133

本章小结　// 137

常见问题答疑　// 138

练习题　// 138

第 08 章　抛砖引玉：发表一个让读者主动传播的观点　// 139
传递、认同、传播，全周期引导读者正向思考

01　向读者传递观点　// 140

02　让读者认同观点　// 146

03　让读者帮你传播观点　// 151

本章小结　// 155

常见问题答疑　// 156

练习题　// 156

第三部分 原创金句

第09章 金句速成：如何写一个脍炙人口的句子 // 158
从遣词造句到才气侧漏，一学就会的金句创作技法

- 01 金句之美 // 159
- 02 炼字：如何体现文字之美 // 162
- 03 炼句：如何写出让人传颂的句子 // 165
- 本章小结 // 171
- 常见问题答疑 // 171
- 练习题 // 172

第10章 修辞艺术：如何写一段文采斐然的文字 // 173
从笔下生花到直戳心灵，提升文采表现力的终极绝招

- 01 笔下生花 // 174
- 02 声情并茂 // 179
- 03 直戳心灵 // 182
- 本章小结 // 185
- 常见问题答疑 // 186
- 练习题 // 186

第11章 爆款标题：如何写一个招揽读者的标题 // 187
只需套用3种标题模型，就能写出流量爆棚的标题

- 01 标题的作用 // 188
- 02 自媒体标题的特点 // 195
- 03 标题创作模型 // 201
- 本章小结 // 205
- 常见问题答疑 // 205
- 练习题 // 206

第12章 凤头豹尾：如何写出精彩的开头和结尾 // 207
开头写奇句以夺目，结尾写箴言以传情

01 如何写好第一句话 // 208

02 如何写好开篇语 // 213

03 如何写好最后一段话 // 223

本章小结 // 227

常见问题答疑 // 228

练习题 // 228

第四部分
实战案例

第13章 实战案例：能被平台录用的讲书稿怎么写 // 230
写讲书稿很容易，但你必须避开3个坑

01 写讲书稿的几点心得 // 231

02 讲书稿实战案例 // 235

第14章 实战案例：能让编辑和你签约的共读稿怎么写 // 245
共读稿比讲书稿还好写，关键你得清楚这3个小窍门

01 写共读稿的3个小窍门 // 246

02 共读稿实战案例 // 248

第15章 实战案例：能获得征文奖励的书评怎么写 // 273
一个只在内训营传播的书评写作模板

01 写书评的简单套路 // 274

02 书评实战案例 // 276

第16章 实战案例：能提升品牌影响力的软文怎么写 // 281
软文的市场需求量巨大，你值得去分一杯羹

01 写软文的万能公式 // 282

02 软文实战案例 // 283

第17章 实战案例：能快速成交的带货文案怎么写 // 289
写带货文案只有一个目的：成交

01 带货文案的成交逻辑与策划 // 290

02 案例展示 // 295

第18章 实战案例：快速引流的短视频文案怎么写 // 305
学会写短视频文案，你就站在了自媒体变现领域的新风口

01 短视频文案的引流逻辑与策划 // 306

02 案例展示 // 309

第一部分
阅读理解

◎ 速读技巧：如何用 30 分钟读完一本书
◎ 精读技巧：如何用 2 小时消化一本书
◎ 笔记技巧：如何写一篇超实用的读书笔记
◎ 复述技巧：如何提升知识转化率

第 01 章

速读技巧：
如何用 30 分钟读完一本书

快 速 阅 读 是 新 媒 体 写 作 者 的 基 本 功

01 速读达人都有两双眼睛

生理眼睛和脑眼

世界记忆力锦标赛发起人东尼·博赞在他的著作《快速阅读》一书中告诉我们,每个人都有两双眼睛:一双是"生理眼睛";另一双是"脑眼",它藏在"生理眼睛"的背后。"脑眼"非常厉害,如果能启用"脑眼"来读书,那么我们的阅读速度将增长数倍。事实上,很多优秀的阅读者、思想家和成功人士都是用"脑眼"读书的。东尼·博赞的调查研究表明,只要通过专门的训练,普通人也可以做到"一目十行"。

为什么我们的阅读速度很慢呢?主要原因是我们在阅读时,大脑的思考速度跟不上眼睛的阅读速度。所以,读书速度慢并非眼睛看得慢,而是思考得慢。

我建议大家做一个实验,挺身坐在椅子上,以身体为参考,与书桌距离10~15厘米,与书本距离30~40厘米。这时候你翻开书本阅读,会发现,书页上所有的文字都在你的视线范围内。因此,在阅读的时候,只要保持正确的阅读姿势,你的眼睛完全有能力把一整页文字全部摄入。

影响阅读速度的另一个原因:如果你的大脑没有在高速运转,没有对信息进行高速处理,没有理解信息的真实含义,你就会停下来思考,使阅读速度下降。因此,要提升阅读速度,就应该把"生理眼睛"当成一个摄入信息的工具,有意识地使用"脑眼"阅读,加快大脑的运转速度,而不是停下来思考。

其实,阅读的过程和拍摄并处理一张照片的流程非常像。

取景 ➕ 拍摄 ➕ 处理 ＝ 阅读

第一步，取景。 就像照相一样，先把要拍摄的内容框起来。在读书的时候，我们的"生理眼睛"就如同照相机的摄像头，仅仅是把书页上的知识点框起来，作为"脑眼"的视觉延伸，解决看得见、看见什么的问题。

第二步，拍摄。 相当于按下了照相机的快门，在按下快门的瞬间，"脑眼"会把"生理眼睛"所看到的信息记录下来。

第三步，处理。 当相应的景物信息被记录下来后，现实的景物就以照片的形式被存储到照相机的存储卡里了吗？不是的，照相机还要经过一系列的处理，把现实的景物转化成虚拟镜像，再把虚拟镜像处理成规定格式的照片，这样照片才能以物理的形式存储下来。同理，"脑眼"会对存入大脑的信息进行处理，把书本知识转移到我们的大脑中。在转移的过程中，必须通过思考来让大脑读懂信息。

> **训练案例**
>
> 网友"落落的成长阅读"在报名参加我的写作训练营时，是一名带娃的宝妈。现在，她是多平台签约作者，"今日头条"的青云计划获奖者，利用带娃的空隙时间写作变现，月入7000+。在训练营，有一个课目是练习快速阅读。她很困惑，因为她总是担心快速阅读会降低阅读效率。
>
> 她的担心是很多人都有的，我建议她不要自我设限，在练习快速阅读时，可以刻意提醒自己，让大脑主动催促"生理眼睛"加快阅读速度。她使用这个方法进行刻意练习后，发现"脑眼"会主动进入高速运转模式，阅读速度由每分钟300多字提升到了每分钟2000多字，关键是记忆、理解、消化的知识量也比之前更多了。
>
> 这样的阅读速度是什么概念呢？相当于阅读一本300多页的书，以前需要16个小时，经过简单的快速阅读训练后，现在只需要2个小时就可以搞定。各位读者朋友也可以尝试启动"脑眼"进行快速阅读，你会发现快速阅读不仅读得快，读书效率也会提升。

我们阅读的目的是理解并消化知识点，而升级"脑眼"的运行性能是提升阅读速度的关键。科学研究表明，大多数人的智商相差不大。也就是说，我们每个人的大脑，在硬件配置上是差不多的，关键是如何使大脑主动进入高速运转的状态。

我收集了写作训练营学员的反馈信息，他们普遍反映："专注力"对阅读的影响很大。在下面的章节，我又提供了一些方法，来帮助大家做到集中精力读书。

02 如何集中精力读书

心流、冥想和专注

在我的写作训练营，经常有学员向我诉苦："很难把一本书读完""阅读的过程中总是走神""拿起书，打瞌睡；放下，精神百倍"……我认为，出现这些阅读难题的根本原因是没有培养阅读兴趣，没有体验到阅读的快感。

什么是心流？

佛教和道教为了提升修道者的精神力量，达到自我提升的目的，广泛使用一种叫"心流"的技法，让人专注于修行，并从中体会到快乐。何谓"心流"呢？其通常是指人专注于某种行为时所表现出的心理状态。

著名心理学家米哈里·契克森米哈赖，在其著作《心流：最优体验心理学》中发表了他利用科学方法对"心流"进行研究的成果。他认为，"心流"是一种将个体注意力完全专注于某项活动时的感觉。

如果我们在"心流"状态下阅读，不仅可以全情投入其中，还能体验到沉浸于阅读中的快感。如何才能找到"心流"的感觉呢？研究表明，适当地做做冥想训练，可以帮助我们进入"心流"状态。

如何做冥想训练？

冥想训练可以帮助我们清除内心的杂念。初次进行冥想训练的朋友，可以从学习呼吸开始。你只需要席地而坐，让自己的身心保持在一个舒服的状态，然后开始做呼吸训练就可以了。比如，1秒钟吸气，1秒钟呼气，每次呼吸的时长可以根据个人的肺活量来调节。

当你学会如何保持呼吸平稳后，就可以训练数数了。比如，从100开始倒数，一直数到0，每3~5秒钟默数一个数字，每次数错都要重新开始。当你能顺利地从500倒数至0时，你就可以进行深思训练了。先给自己预设一个思考目标和一个思考的线头，在调整呼吸后，尝试根据线头去推导，寻找实现目标的方案，慢慢地你就可以进入"心流"状态。你将体会到放下一切，专注思考一件事情的快感。

小贴士：关于冥想训练的时长，刚开始进行冥想训练的时候，建议训练5分钟即可。随着时间的推移，逐步增加至30分钟。条件允许的话，可以训练更长时间。

特别提醒：不要在睡前2小时内做冥想训练，否则可能会不利于睡眠。

集中精力读书的4个要素

西汉时期的淮南王刘安写了一篇散文《淮南子·主术训》，他在文中提道："心不专一，不能专诚。"意思是讲，如果内心不专一，就无法集中精力。可是，到底如何才能做到专心读书呢？我认为，集中精力阅读一本书，需要重点掌握4大要素：目标清晰、选书合适、精力充沛、环境舒适。

第一，目标清晰。我经常会对写作学员讲，成年人读书，要有一定的功利性。你为什么要读这本书？因为这本书能帮你解决某一个具体问题。但是，很多人没有带着问题读书的意识，甚至有人会反问我："阅读，不应该尽情地享受文字带来的美好感受吗？"没错，但是什么叫"美好感受"呢？通过读书来解决具体问题，就很"美好"呀。

如果没有带着问题读书的意识，那么整个读书过程都是被动的，我们会被作者牵着鼻子走。如果我们喜欢作者的写作风格，就会继续读下去；反之，就会失去读下去的耐心。如果带着问题阅读，我们就会主动向作者提问，并到书中寻找答案，阅读的动力会更加充足。

第二，选书合适。选书对于获得良好的阅读体验而言非常重要，然而选书这个环节总是被人忽略。我们可以回忆一下，自己在选择一本书时是否存在以下误区。

（1）别人说好，所以想读一读。

（2）阅读之前没有读过与这本书相关的书评和目录。

（3）看到书名觉得很有意思，就买了。

（4）没有相关的专业知识，翻开一看才知道读不懂。

（5）掌握了基础的相关专业，想了解更深层次的知识，却买了一本入门级的书。

为了避免选错书而导致盲目性阅读，我自创了选书五步法，即明确目的、寻找书籍、初步预览、比对筛选、确认选择。

第一步：明确目的。经常有朋友跟我说："我想读书，但不知道读什么书。"我认为，当你在工作、生活、学习中碰到问题时，就可以去书中寻找答案。当然，现在网络很发达，很多问题只需要网上搜索一下，就能立即找到解决的办法。但是，如果你要系统地学习一项技能、掌握一种方法，读书是投入成本最低的学习方式。

> **我的故事：为实现副业收入转型而读书**
>
> 2017年7月，我想当一名新媒体写作教练，于是连续阅读了100多本与阅读、写作相关的书。通过大量的研究与实践，我围绕写作打造了个人知识体系，开发了写作课程，成功地实现了由写手向教练的转型。
>
> 当我有了自己的写作课程后，收入明显增多了。不管我是否写作，只要有人在线订阅我的课程，我就能获得收益。如果说以前当写手是提桶收入，码一篇文章，赚一次稿费；那么有了在线课程以后，我就获得了管道收入，一个课程可以多次售卖，多次获得收入。

读书要有一个明确的目的，当你知道读一本书是为了什么、读这本书可以解决什么问题以后，你就不会再有"不知道读什么书"之惑了。就如你准备考取一个资格证书，你很清楚应该读与考试相关的书。接下来的问题就是确定阅读由哪家出版社出版、哪位作者写作的、哪个版本的书了。

第二步：寻找书籍。确定了读书目的以后，如何找到合适的书呢？我一般会通过请专家推荐、订阅书单、在社群提问、网络检索等方式，快速找到合适的书。

请专家推荐和在专业社群提问，你需要提前准备好问题，这样做一是利于对方快速了解你的需求，二是为对方节省时间。每个人的时间都很宝贵，尤其是行业牛人。以下是一个请他人推荐图书的"提问模板"。

（1）我的问题：讲清楚自己想解决的问题。

（2）我的目标：讲清楚自己想通过阅读实现什么目标。

（3）我的现状：讲清楚自己目前在专业领域的知识储备情况。

（4）我已读过：列出自己读过的书（书名、作者、出版社），如果没有，就写"无"。

特别提醒：在提问时，你的描述一定要具体，不要太广泛、太笼统。下面我们以"提升阅读效率"这个问题为例，进行提问示范。

错误示例

我的问题：我的读书效率很低。

我的目标：我想提升阅读效率。

我的现状：无。

我已读过：无。

正确示例

我的问题：我的阅读速度很慢，每分钟只能阅读 200 字左右，读完一本书后，感觉很有收获，却说不清楚书中到底讲了什么。

我的目标：希望您给我推荐与"快速阅读、读书笔记、提升知识转化率"相关的书，我想通过学习，提升阅读效率和知识转化率。

我的现状：听说过"快速阅读"，但是没有了解过具体的训练方法。

我已读过：没有阅读过相关书籍，但是阅读过与快速阅读和写读书笔记相关的文章。

第三步：初步预览。收集到图书信息后，可以使用"豆瓣"App 或者用电脑登录"豆瓣"网站搜索到该图书，阅读与图书相关的信息。通过了解书名、出版时间、出版社、作者等信息，确认有没有找错书；通过浏览图书简介、作者介绍、目录等信息，大概了解这本书的重点和知识框架；通过阅读样章、书评、推荐语等信息，确定作者的写作风格和书的难易程度是否符合你的要求。

第四步：比对筛选。这个步骤可以帮助我们了解更多同类书的情况。我们把同类书列一个书单，然后采取"第三步"介绍的方法，对同类书进行比对，找到更加适合自己需求的图书。同时，这一步也可以帮助我们创建"主题阅读"书单，主题阅读可以帮助我们完善自己的知识体系。虽然我们读的是同一类图书，但是不同的作者在写书时侧重点会不一样，我们可以通过阅读同领域内难易程度不同、侧重点不同的书，加深对知识的理解和消化。

第五步：确认选择。做完前面4个步骤的工作后，我们基本不会再犯选错书的错误了。不过，如果我们选择的不是一本书，而是一个系列或者一份"主题阅读"书单，那么我建议大家再对阅读顺序做一下具体的安排，这样更有利于获得好的阅读体验，提升阅读效率。

第三，精力充沛。 读书是一件特别消耗精力的事情，如果我们专注阅读一本书，我们就会跟着作者的思路去思考，使大脑进入高速运转的状态。所以，我们会因为思考一个问题而感到头昏脑涨。而且，我们要保持正确的读书姿势，才能确保阅读速度，这同样也需要消耗体力。

准备读书时，若没有充沛的精力作支撑，肯定无法集中精力。就算强制自己克服疲惫去读书，也很容易走神，甚至心烦意乱。因此，就算你以"读书人"自居，为了提升读书效率，也应该每天安排30~60分钟的"体育锻炼"时间，并将此项锻炼作为一个必要事项去完成。

除加强锻炼外，我们还要保证充足的睡眠，并养成良好的饮食习惯，确保拥有一个健康的身体。毕竟身体健康是"1"，其他的都是"0"，没有"1"，拥有再多的"0"也无济于事。

在读书过程中，为了达到最佳的阅读效率，建议每阅读25分钟，休息5分钟。当然，在休息的时候千万不要看手机、玩游戏或者浏览新闻，也不要看窗外的风景。我们应该做什么呢？我的建议是，站起来走动一下，做一些伸展运动，或者冥想一下读书带来的好处。

小贴士：一定要确定具体的阅读目标，比如，25分钟读完100页，这样做可以让你主动集中精力读书，提升阅读效率。

第四，环境舒适。 尽管很多伟人都有"闹中取静"的本领，如毛主席为了锻炼自己"闹中取静"的能力，专门在闹市中读书。但是，普通人如果没有做过专门的"定力"训练，最好选择一个安静而舒适的环境读书，并且一定要关闭手机，最好把手机关机后放到抽屉里或者放到别的房间，尽量避免因外界干扰而中断阅读。

03 训练快速阅读的方法
引导阅读和扫视阅读

本章第一节中我们提到了启动"脑眼"可以提升阅读速度，那么，快速阅读有没有具体的训练方法呢？东尼·博赞在他的著作《快速阅读》中做了详细的讲解，我亲自尝试后，感觉非常有用。我也曾把这套训练方法推荐给我的写作学员，他们通过刻意练习，都有不小的收获。

有一位笔名为"婷妈育儿笔记"的学员给我反馈："2018年2月，我通过使用老师介绍的方法读书，18天读了18本书，还写了18篇书评。"

在正式开启训练之前，如果您在阅读中有以下不利于快速阅读的习惯，请一定要克服。

（1）逐字逐句阅读且喜欢分析句子。快速阅读者不会刻意分析句子含义，只会分析一个段落讲了什么。

（2）阅读时喜欢默念，有时甚至会读出声来。默念和朗读会使阅读速度降低，阅读时偏向于"嘴"与"生理眼睛"搭配工作，不利于启动"脑眼"阅读。

（3）读书时总是担心没看清楚、害怕遗漏内容，因此反复回看。快速阅读的目标是通过阅读迅速了解一本书的内容，没有必要在乎那些并没有在第一时间吸引到你的内容。

（4）试图在阅读的同时记住相关内容。这样做不仅不利于你坚持读完一本书，也不利于记忆。事实上，快速阅读不会降低你的记忆力，反而会有助于你记忆。

为了树立大胆体验"快速阅读"的信心,我请大家做一个小实验。

阅读两篇2000字左右且难易程度相差不大的文章,一篇用10分钟读完,另一篇用3分钟读完,然后用自己的语言复述刚才读到的内容。

根据我个人的经验和学员的反馈:3分钟读完2000字的文章,效果并不比10分钟读完2000字文章的效果差,阅读时间却大大缩短。

到此为止,相信大家已经迫不及待,想立刻开始训练了。要掌握快速阅读技巧,你需要做两项训练:引导阅读和扫视阅读。

引导阅读

引导阅读是快速阅读的一项基础练习,方法是,在阅读时用一根手指或一支笔作为阅读引导物。我的习惯是用一支笔做阅读引导,因为我在读到感兴趣的内容时,喜欢在相应的内容下方标记下划线,或者把相关内容圈起来,做一个阅读标记。

具体的操作方法非常简单,你可以用引导物(手指、笔或者其他适合做引导的物品)指向要阅读的文字,从而引导你的视线向阅读内容聚焦,在阅读内容的下方像画线一样向后移动。

在刚开始做引导训练时,引导物在书页上的移动速度可以慢一些,随着训练时间的增加,可以逐步加快引导物的移动速度。我在练习快速阅读时,做了5天引导阅读训练,每天训练时间约30分钟,就实现了1秒钟阅读1行文字的目标。

当然,如果你有每天阅读的习惯,就不需要专门安排时间进行训练了,只需要每次阅读时加入"引导"这个动作,并且有意提醒自己适当加快引导速度即可。

扫视阅读

扫视阅读是在引导阅读的基础上,进一步提升阅读速度的方式。这项训练的重点是提升引导物、"生理眼睛""脑眼"之间的默契度,提升快速阅读效率。主要的训练内容有:单行扫视、双行扫视、可变扫视、反向扫视。

1. 单行扫视

在引导阅读训练阶段,引导的方式为手持引导物,在文字下方以画线的形式移动。做单行扫视训练时,将引导物依次指向一行的末尾,引导视线向某一行聚焦。

在刚开始做单行扫视训练时,视线最好由左向右移动,如右图所示。

2. 双行扫视

双行扫视就是每次扫视两行,引导的方式是,引导物直接指向第二行的最后一个字,引导视线向第二行的结尾处聚焦,视线由左至右移动。在做双行扫视训练时,注意加强视线与引导物之间的配合,具体操作如右图所示。

3. 可变扫视

可变扫视就是每次扫视的行数不定,读者可以根据文章的内容、个人的阅读习惯确定每次扫视的行数。在具体的阅读过程中,建议根据一个可以表达独立观点的段落或者自然段确定扫视的行数,具体操作如右图所示。

4. 反向扫视

反向扫视是指在阅读时,首先把视线聚焦在一行、一个句子、一个段落的结尾处，当视线向下一处阅读内容移动时，视线会有一个回扫的过程，利用"回扫"来阅读完整的内容。具体操作如左图所示。

在具体的阅读体验中，利用反向扫视的方式阅读，可以明显提升阅读速度。大家可以利用反向扫视技巧阅读下面这段话，体验一下。

小体验：反向扫视阅读

为什么有些人看书很慢，一个月读一本书，读完后却不知道书里写了什么，而那些懂得快速阅读的人，用一个小时读完一本书，却能复述书中的重点内容？

原因在于，普通人看书时都是逐字逐句地阅读，分不清重点，也不主动识别书中的关键字。懂得速读技巧的人，会采取分段落的方式进行阅读。他们会刻意找书中的关键字，通过关键字找到书中的重点和核心内容。所以，在读完一本书后，可以很轻松地记住书的主要内容。

而在实际阅读中，针对不同的段落，阅读方式也是不一样的。总体来讲，文章的段落分为三种，分别是说明性段落、描述性段落和连接性段落。

通常来讲，说明性段落的开头一两句会给出解释，或者给出作者的总体观点，最后一两句是结果或结论，而中间部分就是详细的论述。在阅读说明性段落时，你可以根据自己的阅读目的，确定哪些部分略读，哪些部分精读。

描述性段落一般是为下文做铺垫，或者为上文做补充的。因此，描述性段落主要用于渲染或润饰主题，功能就显得不那么重要了，你在阅读时可以一扫而过。

连接性段落的作用是把不同的段落串在一起，使不同的段落之间产生某种逻辑关系。连接性段落一般都会包含一些非常关键且很重要的信息。

> 因为连接性段落通常会对前面讲过的内容进行总结，对后面即将讲述的内容进行预告和提示。因此，连接性段落被称为文章的向导。在阅读过程中，可以把连接性段落作为预习和复习的工具，非常有用。

04 如何快速读懂一本书

关键阅读法

"拆书帮"创始人赵周在他的著作《这样读书就够了》中提道："任何一个领域、任何一本书中都有很多你能学习的知识，但是其中有相当多是不需要学习的。"我非常赞成这个说法，就像我们经常使用的 Word 软件，为了满足各行各业的需求，软件开发了很多功能，但是对于大多数人来讲，常用到的功能就那么几项，你只要学会操作平时工作中经常用到的几项功能即可。

同样的道理，当我们阅读一本书时，最有效的阅读就是根据自己的需求阅读，而不是拿到一本书就从头看到尾。当然，我们很难做到每次拿起书都能带着问题去阅读，直奔主题，到书中去寻找答案。

那么，在没有明确的、具体的阅读目标时，如何快速读懂一本书，并掌握一本书的核心知识点呢？我推荐的办法是 4 个字：关键、致用。我把这个办法称为"关键阅读法"。

关键 ＋ 致用 ＝ 关键阅读法

用5个步骤抓取关键知识点

所谓关键,就是指在阅读一本书时,迅速地"Get"到一本书的关键知识点。当你读完一本书后,要能用最简单的表达复述一本书的核心内容。比如,给你30秒钟推荐一本书,并让听众产生阅读的欲望。

很多人读了很多书,但是要他推荐一本书,他可能连书名都说不上来。由此可见,以推荐者的心态去阅读一本书,可以帮助我们提升抓取"关键信息"的意识。在平时读书时,建议大家养成抓取关键信息的习惯。

很多写解读稿的朋友经常跟我讲:"有时候一本几十万字的书,涉及的关键知识点可能只有一两万字,而针对不同读者所产生的价值,或者能用得上的知识,可能只有几千字……"我写过100多篇共读稿、讲书稿,非常认同上述观点。

那么,在拿到一本新书时,要如何迅速找到关键知识点呢?可以分如下5个步骤操作。

第一步:阅读推荐语。推荐语一般是有影响力的牛人,或者是作者的忠实"粉丝"所写,推荐语很短,但是往往一语中的,可以很清晰地呈现一本书的核心知识点,以及一本书的特色。

第二步,阅读序言。序言分为推荐序和作者自序(有些图书没有序言,则可以阅读前言和引言,其功能和序言基本一样),推荐者和作者会在序言中总结一本书的核心知识点有哪些、能解决什么具体的关键问题等。通过阅读序言,基本能搞清楚一本书的重点内容。

第三步,阅读目录。目录呈现了一本书的整体框架,结合前两步了解到的信息快速浏览目录,把目录中的重要章节做上标记。

第四步,在阅读时随手标记内容。在阅读过程中一定要使用快速阅读技巧,顺便将你认为要用到的知识点标记出来。

第五步,浏览全书。一些朋友觉得,如果没有把一本书的全部内容读完,总感觉差点什么。没关系,既然有这个"强迫症",那就以5~10秒钟一页的速度，把尚未阅读的内容浏览一遍，或许真能发现什么"新大陆"，也是一种不错的体验。

如何写一篇简短而有用的读书笔记？

当我们找到并阅读了书中的关键信息后，为了强化读书效果，建议秉承"致用"的法则，对标记的核心知识点进行整理，并写一篇读书笔记。关于读书笔记的写作技巧，在第三章中会做专门介绍。这里重点介绍一下在快速阅读的情况下，如何写一篇简短而有用的读书笔记。

一篇简短而有用的读书笔记应该包含4个要素，即提示词、页码、用途、示例。

（1）**提示词**。用一个关键词把知识点的核心意思表达出来，重点是提示自己，下一次看到这个提示词时能想起这个知识点的重要性即可。所以，不要挖空心思去想如何表达更精练，建议直接使用目录中的小标题。

（2）**页码**。提示词所提到的知识点，具体在哪一页，要标记出来，便于后期复习时快速定位。根据个人习惯，将页码写在提示词的前面或后面均可。

（3）**用途**。建议用一句话告诉自己，这个知识点可以应用到哪些方面，能产生什么具体效果。

（4）**示例**。为了把用途表述清楚，建议举例说明这个知识点的应用场景。所举例子最好与自己的工作、生活、学习相关，这样能起到提醒自己在具体场景中应用知识点的作用。

阅读案例

接下来，我以阅读赵周老师写的《这样读书就够了：个人学习力升级指南》为例，使用"关键阅读法"快速读懂一本书。本次示范由"释若公式写作课训练营"的读书达人——最有情怀的女村干部"梅飞菲"提供。

> **"关键阅读法"示范**
>
> 第一步:阅读推荐语。通过阅读图书封面的一些推荐信息,我了解到《这样读书就够了:个人学习力升级指南》这本书的作者赵周是"拆书帮"的创始人,他在书中提供了一套可以帮助读者拆解书中知识点,达到"拆为己用"的读书方法,即"便签学习法+RIA现场学习法"。
>
> 第二步:阅读序言。通过阅读本书的前言和引言,我了解到作者的观点是读书之前一定要明确读书目的,想解决什么问题就选择读什么书,而且读书方法也是不一样的。此书提供的方法特别适合读"致用类"图书,用作者提供的方法读书,可以有效搭建个人知识体系。
>
> 第三步:阅读目录。通过阅读目录,我结合个人的实际情况,在目录中标注了8个重点阅读的知识点。
>
> (1)第2章:RIA=阅读拆页+讲解引导+拆为己用;
>
> (2)第2章:RIA现场学习:把知识转化为能力;
>
> (3)第3章:高级学习者:将推理用于个人生活;
>
> (4)第3章:学习促进者:积极主动地引导他人;
>
> (5)第4章:"拆书"七部曲;
>
> (6)第5章:便签,辨别知识和信息;
>
> (7)如何借助A1、A2便签来追问和反思;
>
> (8)用便签法升级学习力。
>
> 第四步(略)。
>
> 第五步(略)。

梅飞菲用关键阅读法读完《这样读书就够了:个人学习力升级指南》后,所写的读书笔记如下图所示,供大家参考。

第01章 速读技巧：如何用30分钟读完一本书

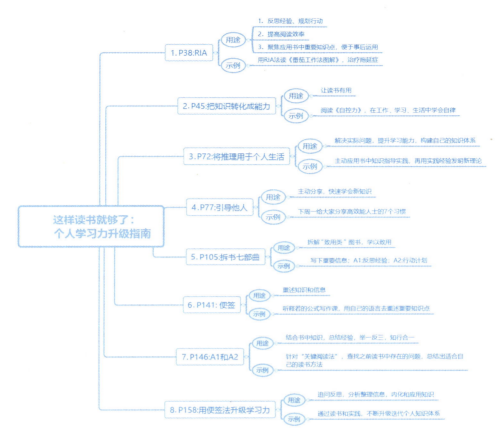

本章小结

（1）阅读达人都有两双眼睛：生理眼睛+脑眼，懂得快速阅读的人，都会启用"脑眼"进行阅读。阅读=取景+拍摄+处理。

（2）集中精力阅读一本书的四大要素：目标清晰，选书合适，精力充沛，环境舒适。

（3）选书五步法：明确目的，寻找书籍，初步预览，比对筛选，确认选择。

（4）训练快速阅读的方法：引导阅读+扫视阅读（单行扫视、双行扫视、可变扫视、反向扫视），提升引导物、生理眼睛、脑眼之间的默契度。

（5）关键阅读法：关键+致用。

（1）电子书可以快速阅读吗？

答：可以。建议训练阶段最好使用纸质书，当你可以脱离"引导物"进行阅读后，再尝试阅读电子书。用手机或者其他电子阅读器阅读电子书时，可以将每屏内容分成2~3个片段进行阅读。

（2）冥想训练必须使用本书中介绍的方法吗？

答：不是的。本书只是针对提升专注力介绍了一个简单的方法，如果愿意尝试，大家可以从其他途径获取更多方法。推荐大家阅读法国著名心理学家克里斯托夫·安德烈写的《冥想》。

（3）使用关键阅读法读书，多长时间可以读懂一本书？

答：按照书中的方法完成快速阅读训练后，读懂一本20万字左右的致用类图书，只需要30分钟（不含写读书笔记的时间）。

（1）用本章介绍的方法练习快速阅读，并记录每次阅读的具体速度。

（2）用关键阅读法阅读一本书，记录阅读步骤及相关信息，并写一篇读书笔记。

第 02 章

精读技巧：
如何用 2 小时消化一本书

四大阅读法带你读透天下好书

01 深度阅读法

关联概念、纵向挖掘和精准转化

俄国著名图书学家尼古拉·鲁巴金有一句名言：读书是在别人思想的帮助下，建立起自己的思想。在我的写作训练营，每当学员把作业发给我点评时，我总是喜欢问："你先给我讲讲，你写这篇文章到底想表达什么？文章中哪些内容是你自己的思想？"很多学员会被这个问题弄得不知所措，因为他们在写作时，总喜欢做知识的搬运工。

为什么我们读了很多书，还是写不出让读者觉得有价值的文章呢？归根结底，是因为没有一个专业的知识体系。比如，有一位学员，她给自己的定位是写"育儿"文章，但她只是简单地读过一些育儿技巧方面的文章，所以，她写出来的文章给人的感觉就像是"东拼西凑"过来的，文章内容也经不起推敲。

因此，我经常跟学员讲："你并非不知道如何写作，而是没有专业知识。"一些专家写的文章，就算文笔并不高超，也没有多少文采，但是读者依然喜欢看。原因很简单，因为专家针对一个问题分析得很透彻，有独特的见解，有具体可行的解决办法。

在新媒体飞速发展的时代，信息获取变得越来越便捷。困扰读者的问题并不是获取信息的途径，读者的痛点是各种信息鱼龙混杂，他们特别需要"专业、准确、可靠"且能快速解决问题的信息。基于此，我们写作者在创作内容之前，必须建立一个专业的知识体系，在某个垂直领域成为专家。

深度阅读法可以有效解决读书浮于表面、对内容一知半解的问题，从而全面提升阅读者的理论修养和专业能力。据说，洋葱阅读法创始人彭小六两年读了1200本书。他在著作《洋葱阅读法》中，针对深度阅读提出了"练兵场"的概念。

> **彭小六谈深度阅读：练兵场**
>
> 彭小六在书中强调："练，是指寻找联系；兵，是指探索冰山；场，是指多场景应用。"
>
> 寻找联系：在读到一句话或者一个概念时，要下意识地思考一下，书中相应的内容是否可以用其他现象进行解释。
>
> 探索冰山：因为很多知识、概念的背后，都有一个庞大的知识体系，我们在阅读的过程中应该学会并养成追根溯源的习惯。
>
> 多场景应用：要把学到的知识在不同场景进行实践应用。

彭小六讲的"练兵场"非常适合指导我们做深度阅读。我认为，用深度阅读法读书，重点要把握好三个环节，即关联概念、纵向挖掘、精准转化。

如何关联概念？

关联概念是指在阅读过程中碰到难懂的概念时，先别急着自己思考，而是先到同类书中寻找更加通俗易懂的解释，然后结合自己的理解，用自己的语言解释这个概念。

有一段时间，我特别想学习一些经济学方面的知识，我在阅读与微观经济相关的内容时，发现里面有很多曲线和函数，看得我一头雾水。比如，书中对无差异曲线的定义是"一条表示能够给消费者带来相同满足程度的两种商品的所有组合的曲线"。我对这一解释似懂非懂。

这时我在网上找到一本书：《小学二年级就能读懂的经济学》，这本书是日本一位叫坂井丰贵的教授写的。坂井丰贵先生用案例来解释无差异曲线，原来，"无差异"指的是花同样多的钱，购买功能、性质相同的商品。只要最终购买到的商品数量相等，消费者不在乎选择哪一个牌子。

比如，同样是花15元钱买可乐，A方案是买1瓶可口可乐+2瓶百事可乐；B方案是买2瓶可口可乐+1瓶百事可乐；C方案是买3瓶可口可乐，D方案是买3瓶百事可乐，把这4种方案用图例表示出来，就是无差异曲线。

通过阅读这个案例，结合书中无差异曲线的绘制方法，我不仅秒懂了这个概念，还能结合生活中的例子，自己动手画无差异曲线。

特别提醒：关联概念并不是直接阅读两本同类书，而是把两本书中对同一个概念的解释进行关联，达到快速理解相关概念的目的。

如何纵向挖掘知识？

纵向挖掘知识是指阅读到一个重要知识点时，深挖知识点背后的原理和背景知识，把专业概念和书中的观点学通、理透，有效提升专业素养。

很多写作"小白"在表达一个观点时，只知其然而不知其所以然，在写作时，只是一味地做知识的搬运工，导致写出来的东西不能让人信服。2018~2019年，我的写作训练营有一个必训课目：写书评。很多学员通过写书评，不仅把书读透了，还能挣到稿费。比如，把书评发到"今日头条"后，不少人轻松拿到了1000元稿费。

通过分析，那些能在"今日头条"拿到稿费的书评，都会对书中的核心知识点进行解释，而不是简单地罗列书中的观点。写作者会把原书的观点、现象背后的逻辑讲清楚。

有位学员读了简·奥斯汀的《理智与情感》后，写了书评并投了稿，但被编辑秒拒。这位学员内心很沮丧，就把书评发给我看。我发现她的书评只是简单地把原书的故事线串了一下，没有提供原书以外的信息。

我给她提了修改建议，比如，书评的开头提到，女主角埃莉诺的父亲在临死之前叮嘱埃莉诺同父异母的哥哥，请求他照顾好继母和埃莉诺的姐妹们。这时候读者一定会想，父亲既然如此关心他的妻子和女儿们，直接让她们多继承一些遗产，岂不比将她们托付给儿子更可靠？

这时，我们就要把这个事件背后的原因解释清楚。当时的英国，对于遗产有传男不传女的习俗，法律也有明确规定，男子对继承的遗产没有自由处理的权限。埃莉诺父亲拥有的资产大多是继承得来的，自己并没有多少资产。

这样一写，就有了知识增量。同时，这种做法对写作者也提出了更高的要求。如果写作者没有挖掘这一现象背后的历史原因，不了解 19 世纪英国的遗产继承习俗和法律，就没有办法在写作中分析现象背后的原因，无法给读者提供更多有价值的信息。

特别提醒：在阅读中对一些特别重要的概念、观点和现象，一定要追根溯源，深入挖掘表象背后的原因、原理和知识背景。

如何精准转化知识

精准转化知识是指结合不同的应用场景，对书中的概念、观点、知识进行创新、改造，总结出自己的理论，建立自己的方法论和思维模型。我们可以称之为"基于发明的阅读"。也就是说，我们要通过阅读，站在前人的肩膀上进行深入思考，形成符合特定场景所需要的思想和理论知识。

比如，"仁"这个字在孔子提出之前，就在很多作品中出现过。但是，在孔子之前的"仁"，主要表达两层意思：第一层意思是"知觉"，我们常讲的"麻木不仁"，原意就是没有知觉；第二层意思是"美好"，《诗经》中形容一个长得很帅的男子驾车过来的样子，用"洵美且仁"来形容，就是讲这个景象很美好。

那么，被人们尊为圣人的孔子，为什么要把"仁"这个字作为他所有思想的中心呢？"仁"是一个形容词，孔子认为每个人都有特定的性。所谓性，就是禀赋，美好的禀赋是天生的，是每个人与生俱来的。但是，不是所有人都能发现自身的美好，我们需要利用正确的方法去探索、修炼才能发现个性中的"仁"，并将其发扬光大。

孔子为了帮助众人找到"仁"，使每个人都有机会成为"仁人君子"，删述六经，只留下那些可以"存天理，去人欲，正人心"的精华内容，最终形成了以"仁"为中心的儒家思想。

我们普通人无法像圣人那样，通过研究前人的思想文化创造出具备普世价值的思想，但是，我们可以学习圣人创造新思想的方法，把从书中读到的知识做精准转化。

我认为，这个方法很简单，就是指定一个应用场景作为知识转化的目的，围绕这个目的，把原书中与目的相关的知识留下来，用自己的语言再总结一次。就像孔子围绕帮众人寻找"仁"的目的，只保留六经中"存天理，去人欲，正人心"的内容一样。

2018 年，我写了《精进：如何成为一个很厉害的人》这本书的讲书稿。这本书的作者采铜是广大网友公认的最具"知乎精神"的代表之一。为了写好讲书稿，我对这本书进行了深度阅读。下面我做一个简单的复盘，作为练习深度阅读法的案例，供读者朋友们参考。

> **深度阅读：《精进：如何成为一个很厉害的人》**
>
> 第一个环节：关联概念。我通过阅读《精进：如何成为一个很厉害的人》这本书的目录、序言和书评，了解到这本书是一本开启全新思维方式的书。作者选取了时间、选择、行动、学习、思维、才能和成功这 7 个影响人生的关键概念，对迷宫般的现实世界进行了解剖，帮助读者找到解决问题的支点，设计出"精进"的路线图，用持续且精确的努力方式，找到实现自我的最优捷径。
>
> 我结合写讲书稿的需求，选取了时间、选择、行动这三个概念进行解读。以时间概念为例，作者在书中提到，他老家墙上的挂钟比他手机上的时间慢了 5 分钟，这是作者的母亲故意调慢的，作者觉得他在家里的时候活在一个比别人慢 5 分钟的世界里，这样就让生活的节奏变慢了，作者可以慢慢地享受生活，慢慢地品味人生。
>
> 这让我想起了自己小时候。我妈妈怕我上学迟到，就把我的闹钟调快了 10 分钟。这样一来，我总能提前 10 分钟到达学校，做好课前准备。

这个习惯我一直保持到了现在，有了10分钟的提前量，我在工作中可以有时间提前准备，碰到问题时可以从容面对。

把时间调慢，是一个概念；把时间调快，是另一个概念。我把两个概念关联起来，发现这两个截然相反的概念，对生活、工作的作用居然有异曲同工之妙，它们都可以让我们从容面对生活、学习、工作中的种种困难，都能让我们不慌不忙地生活。

第二个环节：纵向挖掘。时间到底是什么呢？我想到一句名言："时间就是生命。"我利用这句名言，开始探索时间与生命之间的关系，又进一步探索生命长度与人生意义之间的关联。于是我发现，虽然生命有长短，但活得久并不一定拥有精彩人生。

想到这儿，就引申出一个新问题：如何才能让有限的生命变得更有意义？结合作者的介绍，我想起了著名作家柳青的名言："人生的道路虽然漫长，但紧要处常常只有几步，特别是当人年轻的时候。"由此我认为，选择很重要，于是又对如何选择进行了深入探索。

有了选择，就万事大吉了吗？不是的，除了选择，还要付出行动才能实现目标。所以，我又针对如何行动进行了研究，不仅学习了《精进：如何成为一个很厉害的人》这本书中关于行动的建议，还学习了其他书中提升行动力的指导方法。

第三个环节：精准转化。通过对前两个环节的阅读，我基本吃透了时间、选择、行动这三个概念的基本内涵和实践方法，最终根据我个人的理解，总结出了讲书稿的三个核心主题。

第一，时间不仅计算生命的长度，还可以衡量人生的厚度。

第二，选择不仅影响生活的精度，还可以决定人生的高度。

第三，行动不仅体现今天的态度，还可以拓展人生的宽度。

02 对比阅读法
归类、对比

我们经常用"学富五车"来形容一个人读书多、知识渊博。我 2018 年做读书活动时,为了吸引大家来参与我组织的读书活动,对外宣称"读书 30 麻袋"。当然,我这个宣传语也不是随意编造的。2017 年我乔迁新居时,用了 31 个麻袋,才把近 10 年读过的书打包运到新房子里。

写作变现,是知识变现的一种形式,如果你想通过知识变现,没有足够的知识积累是不行的。那么,读多少书才能满足持续输出知识的需求呢?有人说,每周阅读一本书,1 年读 52 本书。实际上,知识变现领域的大咖们每年的读书量都超过 100 本了。

剽悍一只猫于 2020 年出版新书《一年顶十年》,还没上市售卖,订购量就超过了 10 万册,他平均每年的阅读量是 600 多本。朝闻道社群创始人渭水徐公在向学员介绍阅读经验时,称"只要方法得当,每个人都可以利用碎片化时间一年阅读 100 本书"。

牛人的读书量让我们普通人觉得不可思议,因为我们很多人一个月也读不完一本书。有些人还会发出疑问,他们是不是吹牛?我 2018 年专门做了调查研究,并且亲自实践,作为普通人,到底能不能做到一年阅读 150 本书。

通过实践,我 2018 年读了 380 本书,并且掌握了书中的重要概念。我是如何做到的呢?除了掌握快速阅读的技巧外,我运用的方法是:主题阅读。

什么是主题阅读呢?就是在同一个时间段,只读同一种知识类型的书。这样做的好处是,当我确定阅读一个知识领域的书后,只要阅读 1~2 本入门级的书,就基本可以掌握一个领域的常识。在这个知识领域的阅读量增加后,我的阅读速度是倍增的，基本上只要看一下目录就知道这本书的知识框架；看一下序言就知道这本书与同类书相比有什么特色。我只要认真阅读一些反映本书特色的内容即可，其他内容可以一扫而过，甚至可以不读。

因此，我提出了一个观点：做主题阅读，读的不是书，而是概念。你只需要阅读知识领域内的核心概念，以及一本书中提出的新概念就可以了。为了提升主题阅读的效率，我自创了"对比阅读法"。通过应用对比阅读法，我找到了知识链接的法门，体验到了快速建立知识体系，把所学知识融会贯通的快乐。

关于对比阅读法，需要把握好两个环节：归类和对比。

为什么要对知识点进行归类？

为什么很多人读完一本书后，感觉收获满满，一旦被人问到这本书的特色是什么、这本书讲了哪些内容时，瞬间就无言以对呢？很多人把原因归咎于没有记住，可是，为什么没有记住呢？最主要的原因是，普通人读书，过分在意书中内容所带来的感官体验；学习力强的人读书，更加注重对书中的重要概念进行归类梳理。在进行归类的过程中，我们会有意识地思考如何应用知识，从而加深理解。

对分布于不同章节中的知识点进行归类，不仅有利于我们思考、应用知识，也非常有利于记忆，而强化记忆是理解、应用知识的基础。

结构思考力学院创始人李忠秋先生在他的著作《结构思考力》一书中，针对整理归纳对提升记忆的好处举了一个很有意思的例子。这个例子讲的是如何用30秒钟记住9个图形（见下图），大家可以挑战一下。

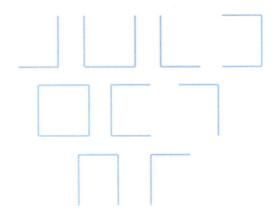

盯着上图看 30 秒钟后，你能否把图中的形状都画下来呢？我看到这张图片后，颇有些心烦意乱，压根儿就没有心思记忆。接下来，我们对图片的内容在结构上做一下调整（见下图），大多数人都可以在 5 秒内记住图片中的内容了。

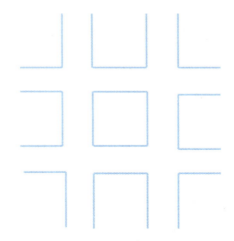

当我们读完一本书后，如果没有对书中知识点进行归类，那么知识点在我们脑海中的印象就如前一幅图一样杂乱。所以，只有养成对知识点进行归类的阅读习惯，我们才可以轻松记忆并掌握一本书的重要概念。

把上面的例子应用到阅读中可以看出，归类是指把书中的重要知识点进行分类整理，实现知识点的结构化呈现、展现书的鲜明特色，让人一眼就能读懂知识点之间的关系，便于统揽一本书的重点内容，并提升阅读效率。

用T形图写对比阅读笔记

德国伟大作家歌德有一句名言:"一书一世界。"的确如此,每一本书都有其独特的价值。尽管做主题阅读时,我们在同类书中接触的概念在原理上相通,呈现的观点、方法论和技巧也基本一致,但通过对比阅读,我们更容易找到同类书的特色,也可以学到同一个观点的不同表达方式。

当然,对比阅读法不仅适用于主题阅读,帮助我们找到主题图书中的相同点和不同点,快速识别主题图书针对同一个观点的不同表达方式,在阅读同一本书时,我们也可以采用对比阅读法,厘清作者是如何对同一个观点从不同角度进行阐述的。在阅读文艺作品时,也可以通过对比阅读法把人物在不同时期、不同环境下的变化梳理清楚,从中悟出有价值的观点。

那么,有没有好的办法可以清晰地呈现出对比阅读的结果呢?通常来讲,对比阅读法适用于对同一本书中同一个内容做前后对比,或者针对两本书的主题内容进行对比。在具体操作中,可以在完成归类的基础上,绘制一个T形图,左边列出相同点,右边列出不同点(见下图)。

相同点	不同点
1. XXXXXXXXXXXXX	1. XXXXXXXXXXXXX
2. XXXXXXXXXXXXX	2. XXXXXXXXXXXXX
3. XXXXXXXXXXXXX	3. XXXXXXXXXXXXX
4. XXXXXXXXXXXXX	4. XXXXXXXXXXXXX
5. XXXXXXXXXXXXX	5. XXXXXXXXXXXXX
6. XXXXXXXXXXXXX	6. XXXXXXXXXXXXX
7. XXXXXXXXXXXXX	
8. XXXXXXXXXXXXX	

A书和B书对比阅读

下面我们以阅读李忠秋的《结构思考力》和芭芭拉·明托的《金字塔原理》为例,示范对比阅读法的操作步骤。阅读笔记由公式写作训练营的优秀学员,爱读书、爱写作、爱写手账的退休妈妈骆驼草提供。

第一步，对《结构思考力》中的知识点进行归类（见下图）。

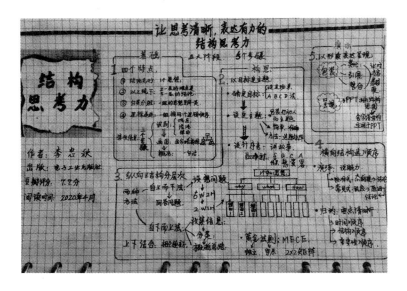

第二步，对《金字塔原理》中的知识点进行归类（见下图）。

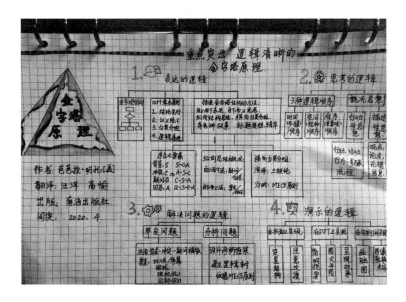

第三步，对两本书的知识点进行对比阅读（见下图）。

03 同频阅读法

阅读的 6 个层次

人们常说:"酒逢知己千杯少,话不投机半句多。"交友如此,读书也一样。当你拿到一本喜欢的书时,你会爱不释手,在阅读过程中,你时而向作者倾诉,视作者为知己;时而倾听作者的诉说,仿佛作者亦视你为知己。

但是,作者写在书中的文字毕竟不是大活人,你需要主动理解它,它才能与你产生共鸣。而产生共鸣的基础就是同频,否则,整个读书过程会变得枯燥无味。你不知道作者到底想表达什么,书中所讲对你来说似乎也是对牛弹琴。

当我们碰到一本好书,却不知道如何与书中的文字在同一个频道上对话时该怎么办呢?著名作家梁衡在《我的阅读与写作》一书中提到,人的阅读需求从低到高、从物质到精神,可以分为 6 个层次,分别是信息、刺激、娱乐、知识、思想、审美。我把6个层次划分为相识和相知两个阶段，整个过程就如一对青年男女谈恋爱，用网络上很流行的一句话来讲：始于颜值，终于灵魂。

相识阶段的3个阅读层次

我们初次拿起一本书，就如两个原本陌生的人第一次约会。一次成功的约会，一定是在相互说再见时真的有期待再见的冲动。只有这样，两个人才算是真的认识了。否则，就仅仅是见了一面，告别以后还是陌生人。同理，第一次和一本书约会，一定要主动搞清楚这本书到底讲了些什么，从中找到让你产生情感共鸣和让你觉得有趣的线索。

（1）**关于信息**。阅读时，一定要时刻关注这本书围绕什么主题讲了些什么内容。

（2）**关于刺激**。阅读时，尽量随手把那些让你产生情绪波动（感动、高兴、愤怒等）的点标记清楚，并用简单的文字或者你自己设计的图形符号标记你阅读时的情绪。打个比方，我在阅读时，习惯用一些简单的表情符号标记我阅读时的感受。

（3）**关于娱乐**。书中有哪些事情让你觉得有趣，有哪些观点可以拿出来八卦等。

在相识阶段，你主要是要了解信息，寻求刺激，找点乐子。这样一来，在第一次约会结束后，你就有了与这本书相关的回忆。当别人问起你时，你最起码可以告诉别人，这本书讲了什么，有哪些刺激的事件，有哪些有趣的故事。

相知阶段的3个阅读层次

一对初次约会后互生好感的人，定然希望通过更深一步的交往，增进彼此之间的了解，把对方的大事小情都装进自己的心房，这样才觉得通透舒爽，这便是"相知"的境界。当我们对一本书产生兴趣后也是如此。我们读完一本书，回顾这本书的内容时，能清楚而自豪地讲出这本书传递了什么知识，表达了什么思想，呈现了什么样的美……这就要求我们学会从知识、思想、审美三个角度去解读一本书。

（1）**关于知识**。在读书过程中，我们要留意书中写了哪些有用的原理、技巧和方法，这些知识会对我们的生活产生哪些影响。如果你是为了写作而读书，那么还要梳理、总结这本书中所介绍的方法中哪些是你的读者真正需要的，这样做便于你通过分享读书文章吸引铁杆"粉丝"。

（2）**关于思想**。读完一本书后，一定要尝试用最简短的语言把一本书的中心思想阐述清楚。在我的写作训练营，我经常要求学员用一句话来总结一本书的核心思想。通过总结核心思想，我们可以快速理顺书中各知识点之间的关系。这个训练源于大多数自媒体平台在征收书评、共读稿、讲书稿时，要求写作者把总结核心思想作为一个固定元素写进文稿中。

（3）**关于审美**。直白地讲，以写书评、共读稿、讲书稿为目的而读书，其审美主要是指要能讲出我们所介绍的这本书好在哪里，为什么好，如何用好书中的知识。所以，从审美角度去解读一本书时，我们可以从这本书所传递的世界观、人生观、价值观方面去解读。对于纯方法论、纯技巧类等致用类书，我们就要对书中的方法进行提纯，用事实告诉大家，这本书的美在于帮我们解决了哪些实际问题。

在公式写作训练营，我曾建议情感领域的创作者阅读简·奥斯汀的《理智与情感》，现把第二期优秀学员"一朵小小的云彩"用同频阅读法阅读这本书的情况展示出来，供大家参考。

> **同频阅读：《理智与情感》**
>
> 《理智与情感》这本书是英国著名女作家简·奥斯汀的著作，小说讲述了英国一对姐妹的爱情与婚姻故事。姐姐埃莉诺和妹妹玛丽安，分别代表了"理智"与"情感"，读者在阅读这本书时，不仅可以向姐姐埃莉诺

学习如何用理智控制情感，也可以看到妹妹玛丽安把情感无节制地表现出来时，所承受的伤感与痛苦。

第一个环节：相识。我利用同频阅读法阅读《理智与情感》这本书，目的是想写一篇与"女性如何选择婚姻"相关的文章。在相识阶段，我并没有深入思考，只是刻意用释若老师介绍的方法，重点从信息、刺激、娱乐的角度，结合我写作可能需要用到的信息，初步了解了这本书的基本情况，边阅读边做简单的标记。

1. 信息

理智型的代表：埃莉诺、与两姐妹相遇时的布兰登上校、爱德华；冲动型的代表：玛丽安、青年时代的布兰登上校、两年前的爱德华。恋爱中的人分为两类：理智型与冲动型。前者在人前会保全自己的尊严，虽然在情感路上一波三折，但终究会收获美好的爱情；后者总是识人不清，遇人不淑，虽然表面上经历了轰轰烈烈的爱情，但终究要喝下受伤后悔的苦酒。

2. 刺激

（1）爱与不爱，"感觉"并不总是靠谱。男女相爱的感觉，始于彼此的吸引，继而是交往的愉快，然后是分别的痛苦与思念。在外人的眼中，爱德华与埃莉诺、威洛比与玛丽安都处于恋爱中，然而真相是两对男女都没有正式确定关系。

（2）爱与不爱，"婚约"并不总是靠谱。爱德华与露西、威洛比与富家小姐，两对男女之间都没有真正的爱情，只有冲动与激情，还掩藏着利益至上心理。

（3）爱与不爱，"亲情"并不总是靠谱。女主的哥哥约翰·达什伍德，他只要财产，不要兄妹之情；费拉斯太太则只要门第，不要母子之情。

3. 娱乐

（1）社交中的热情恭维，可能与真心无关。巴顿庄园的约翰爵士与米德尔顿夫人就是典型的代表，他们常常言不由衷地恭维他人，可实际行动立马打脸。读者可以从这些人物身上看到"两面人"的嘴脸有多么不堪。

（2）社交中的热心打趣，可能与真相无关。詹宁斯太太就是典型的代表，她特别爱打趣年轻人，自以为嗅觉敏感，善于发现年轻男女的私情，事实上却满脑子错觉，干出一些傻事，从而伤害了他人。其实，我们的生活中也不乏此类大妈、大姐。

第二个环节：相知。在这个环节，我重点结合自己的写作目的，对书中可用来解决具体问题的知识进行了思考、梳理和总结。

1. 知识

（1）若是真爱，表白必不可少。有些青年男女，在感情中并未得到对方真诚的表白，就单方面陷入盲目的热恋中，结果却被玩弄，受伤极深，如威洛比对玛丽安。也有人说有的男生是因为嘴笨，不知道如何表白，事实上可能并非如此，如爱德华之所以迟迟不向埃莉诺表白，是因为尚有婚约在身。

（2）若是相爱，等待必不可少。请允许你爱的人暂时不能正面回应你（如爱德华在与露西解除婚约前，尽管内心爱着埃莉诺，却不敢也不能正面回应），或者回应与你的期待完全相反（如布兰登上校面对玛丽安对他的冷漠）。碰到这种情况，不妨等待一段时间，直到时机成熟，对方会发现你更值得爱。

（3）若是相爱，财富必不可少。书中金句："高贵与幸福是没有多大关系的，但是财富与幸福的关系却很大。"比如，埃莉诺进入婚姻时要求有相当的物质基础与经济保障；埃莉诺积极为爱德华筹谋，这些都非常值得肯定与效仿。

2. 思想

（1）任何时候都不应冲动行事，感情应该受到理智的约束。

（2）任何时代都不应过分重视门第，婚姻应该由爱情供养。

3. 审美

生活的喜剧总是充满了对比。俗话说，没有对比就没有伤害，不秀恩爱就没有"狗粮"。这是一部理性的喜剧作品，语言极具幽默情趣。简·奥斯汀写喜剧从不正面说教，她的拿手好戏是讽刺与对比。作者通过讲述两位女主角曲折复杂的婚事风波，让读者了解了 18 世纪末英国的世态人情。同时，作者又通过大量的人物语言对话，使人物的形象立体而丰满，从而使读者看透了人物的真实性情。这是一部不可多得的现实主义作品，在英国文学史上留下了浓墨重彩的一笔。

04 致用阅读法

QPA 读书法

明末清初的大思想家王夫之在《论梁元帝读书》一文中讲道："夫读书将以何为哉？辨其大义，以修己治人之体也，察其微言，以善精义入神之用也。"意思是说，我们应该怎样读书呢？应该领会书的精神实质，确立修己治人的本体；通过观察那些精义的言论，把书中知识与现实情况融会贯通，从而精通事理，将获取的知识经验付诸实践，达到运用自如的境界。

致用阅读法，就是针对一个具体问题，应用书中的知识制定解决方案，然后通过实践去解决问题。"樊登读书"的创始人樊登在《读懂一本书：樊登读书法》一书中讲道："如果每本书的知识不能通过有效途径转变为能力，那么再多的量也是一种沉没的时间成本。"那么，如何才能通过读书增长能力，让读书变得有用呢？

曾经有一个企业邀请樊登老师去讲公共危机课，樊登老师就去买了 3 本与危机公关相关的书。读完之后，他就把书中的知识转化成一个课程，这个课程他讲了10年，每讲一次都能获得5000~10000元的收入，而他买这3本书只花了100多元。

樊登老师的这个实践案例完美地体现了读书的魅力。我们普通人也许达不到这个境界，但是通过读书，挣点零花钱补贴家用还是没有问题的。在我的写作训练营，很多小伙伴读完一本书后，通过写书评、讲书稿、共读稿，一个月下来，少则赚几百元，多则赚几千上万元钱的稿费。而他们中很多人，都是普通工薪阶层或者家庭主妇。

德国著名作家歌德有一句名言："光有知识是不够的，还应当运用；光有愿望是不够的，还应当行动。"尤其是对于成年人来讲，从实用的角度考虑，运用致用阅读法来读书，可以增长能力，改善生活。我把致用阅读法总结为3个英文字母，即QPA，也称为"QPA读书法"。

Q：英文Question的缩写，中文意思是"问题"，是"QPA读书法"的第一个环节：提出问题。

P：英文Plan的缩写，中文意思是"方案"，是"QPA读书法"的第二个环节：制订方案。

A：英文Action的缩写，中文意思是"行动"，是"QPA读书法"的第三个环节：持续行动。

Q（Question）：提出问题

第一种情况是指我们在工作、生活和学习中碰到一个问题，需要解决，我们可以把问题写在纸上，明确解决这个问题需要具备哪些知识。比如，公司要推出一款新产品，领导要我们写一份推广文案，但是我们没有这方面的经验。这时，我们就可以先购买几本与文案写作相关的书，带着具体的问题去学习相应的技巧。

第二种情况是指我们在读完一本书之后，立即回顾这本书讲了什么，作者写这本书的目的是要解决什么问题。比如，我读了日本作家奥野宣之写的《如何有效阅读一本书：超实用的笔记读书法》后，发现这本书要解决的核心问题是教读者如何写读书笔记，把书中的精华记录下来；书中的知识点主要是帮助读者解决选书、购书、读书、记录、检索、重读等问题。我把相应的问题整理成标签，夹在专用的本子里，日后碰到相应的问题，只要找到这个标签扫一眼，就能在书中快速找到相应的解决办法。

P(Plan)：制订方案

在读完一本书后，秉承致用的原则，我建议在归纳总结知识点的基础上，结合不同知识点可解决的具体问题，做一个知识应用方案。那么，这个方案具体包含哪些元素呢？

第一，以转述的方式，用自己的语言把知识点写出来。

第二，在知识点后面，写清楚可以用这个知识点解决什么具体问题。

第三，把曾经碰到的类似问题写出来，并写清楚过去是如何解决的，过去解决问题的方法，以及和这本书中所介绍的方法相比存在哪些问题或不同之处。这一步，我们并非一定要写亲身经历的事件，在影视剧、新闻、其他书中看到的相关事件都可以。

第四，把准备如何应用书中知识的具体措施写出来。达到什么标准才算具体呢？比如，我在读完一本时间管理的书后，明确了自己如何规划时间、记录时间，为了确保时间规划合理，避免经常出现计划完成某项事务的时间与实际花费的时间不一致的情况，我在方案中提出了建立时间账本的要求，并规定每天23：00~23：10专门用于整理时间账本。

A(Action)：持续行动

德国哲学家约翰·菲希特有一句名言："行动，只有行动，才能决定价值。"

是的，因为只有实践才是检验真理的唯一标准。如果不行动，一切都只是空谈。我们在书中学到的知识，必须通过实践才能产生价值。否则，我们所读过的每一本书，都只是读过而已。那么，我们该如何执行知识应用方案呢？

第一，记录行动过程。尤其是记录那些影响行动的关键节点、事件，以及我们是如何变通、创新知识去解决相关问题的。

第二，记录行动效果。我们应用某个知识点解决一个具体问题时，效果如何，最好有一个量化标准，对我们应用知识的能力，以及这个方法本身解决相关问题的有效性进行评分。

第三，总结行动经验。通过行动发现了什么新问题？我们是如何解决的？通过总结经验、完善方案、再次行动，如此反复，我们就可以实现读书致用的目标了。

小贴士：坚持写"成功日记"，可以激励我们持续行动。尤其在遭遇挫折时，只要翻翻"成功日记"，我们便可以重拾信心。所谓"成功日记"，就是以日记的形式，把我们落实知识应用方案所取得的每一点收获、每一点小惊喜都记录下来。

下面以阅读美国马歇尔·卢森堡博士的著作《非暴力沟通》为例，介绍致用阅读法的操作步骤与效果，以供大家参考。

致用阅读：《非暴力沟通》

非暴力沟通有四个核心要素：观察、感受、需要和请求。在与人沟通时，要区分观察和评论，要用观察的语言描述现实，不要评论。表达自己的感受、需要和请求时，要用具体的语言，而非抽象语言，不要让别人去猜测你的真实想法。

第一个环节：提出问题。在向人表达自己的请求时，抱怨别人答非所问，实际上是自己的表达不具体。

第二个环节：制订方案。

（1）知识点：用自己的语言描述，不要摘抄。

确定自己希望得到的具体答复，而不是简单地给一个大的范围让别人回答，所提出的请求涉及多个事项时，要列出请求清单。

（2）对应问题：写清楚自己准备用这个知识点解决什么问题。

① 需要同事协助某项工作时；

② 给领导汇报工作存在困难时；

③ 与客户确定约谈时间和沟通内容时。

（3）过往经历：反思之前的做法存在哪些问题。

一次，我和某平台编辑约定周六下午在某咖啡厅见面，讨论下一步的创作思路，结果我在咖啡厅一直从 15 点等到了 17 点，编辑才到。他过来后因没有提前准备，不知道讨论思路是什么，结果，我们胡扯了两小时后，各回各家，啥也没谈成。

我反思这次事件后得出，之前与编辑沟通时表达不具体，主要犯了两个错误：第一，没有明确几点几分见面；第二，没有提出具体讨论什么，希望编辑给我提供哪些资料，有哪些问题希望得到具体答复。

……

（4）落地措施：下一步如何用这个知识点解决具体问题。

以上面提到的约谈编辑为例，根据《非暴力沟通》这本书提供的方法，我会这样讲："×× 老师，您好！我们这周六下午 15：30 分在迎宾路的四季阳光咖啡馆见面，主要想和您沟通下一步的创作思路，需要您提供一下平台的发文计划。同时，我准备了几篇样稿，稍后发给您，周六见面时，希望您给一个具体的修改建议，为下一步的稿件定个基调。

第三个环节：持续行动。

（1）行动过程：记录 1~2 个应用知识点的误区，以及自己是如何解决的。（略）

（2）行动效果：针对自身行动力和方法的有效性分别进行量化评分。（略）

（3）行动经验：应用这个知识点该注意什么。（略）

（4）成功日记：记录行动收获，如某年某月某日，做了什么，收获了什么。（略）

（1）深度阅读=关联概念+纵向挖掘+精准转化。

（2）对比阅读，需区分"归纳"和"对比"两个环节。该方法特别适用于主题阅读，阅读时没必要把整本书读完，重点阅读概念即可。

（3）同频阅读，需要经历从"相识"到"相知"两个阶段。在具体应用中可以分为6重境界：信息、刺激、娱乐、知识、思想、审美。

（4）致用阅读法，也称QPA读书法，具体操作时分为三个步骤，即提出问题，制订方案，持续行动。

（1）用深度阅读法读书，需要把整本书都读完吗？

答：深度阅读的重点不是把整本书读完，而是把书中一些重要概念背后的原理、来龙去脉搞清楚。

（2）同频阅读法是不是只适用于阅读文艺类作品？

答：阅读小说、散文等文艺类作品时，用同频阅读法效果更佳。同时，对于一些侧重于论证观点、方法论的书，利用同频阅读法的效果也不错。但是，不建议大家使用这个方法阅读纯技巧类的书。

（3）朋友介绍了很多好书，我却读不懂，怎么办？

答：专业领域的知识存量不够，应该读一些与专业领域相关的入门类书。在不同的专业领域储备的知识越多，你能读懂的书就越多。

（1）请阐述你对4种精读技巧的理解，并分享到你的朋友圈。

（2）根据自己的需求，选择一种阅读方法进行练习，并详细记录阅读效果。

第03章

笔记技巧：
如何写一篇超实用的读书笔记

四大笔记术帮你建立一个精华知识库

01 超简单的拆解笔记术

思维导图笔记和地图笔记

经常有人问我:"读书笔记怎么写?""我每次读书都很认真地写读书笔记,几乎把书中的精彩片段都摘抄下来了,但还是不知道如何介绍一本书。""读完一本书后,短时间内我能大概想起书中的内容,但是一周以后,就几乎全忘了,一个月以后,就跟没读过一样了。"

为了解决上述问题,我推荐使用拆解的方式去写读书笔记。何谓拆解呢?就是把一本书的重要知识点或者关键事件都摘出来,记到一张图上。这样既便于我们把一本书的框架以整体的形式展现出来,又可以把重要的知识点以关键词的形式保留下来。最重要的是,这样做有利于日后复习,当我们需要用到书中的知识时,只要看一下读书笔记,就可以回忆起相关内容。

比如,有平台曾邀请我写一篇书评,是关于美国历史学教授斯文·贝克特的著作《棉花帝国:一部资本主义全球史》的。这本书有47万余字,我阅读完这本书后,拖了近两个月才有时间写书评,书中的知识已经忘得差不多了。要完成书评工作,就得重读一遍这本厚达486页的大部头,想想都会觉得生无可恋。

还好,我在阅读完这本书后,针对写书评的需求,做了简单的拆解笔记。我把笔记翻出来,通过阅读笔记,我发现这本书的核心观点是"资本主义从一开始就是全球化的,分为战争资本主义和工业资本主义两个阶段"。全书的主要内容是通过讲述棉花的发展史,把棉花和近代资本主义的历史紧密关联在一起,把非洲的贩奴贸易和红海贸易联系起来,把美国的南北战争和印度的棉花种植联系起来。而我又特别关注中国曾作为世界上最大的棉纺织物生产者,在清朝末年那样一个国弱民穷的年代,在棉花帝国里又遭遇了一种什么样的命运。

只花了 10 分钟时间，我就把整本书的脉络和自己预备在书评中展现的知识点梳理清楚了。然后，我很快就确定了书评标题：《棉花资本风靡全球：中国棉纺工业发展史上的血与泪，情与仇》。结合这个标题，我拟订了以下写作提纲。

（1）南北战争解放了种植棉花的黑奴，对中国的棉农意味着什么；

（2）列强用大炮敲开了中国的大门，中国的纺织工人苦不堪言；

（3）中国棉纺工业的资本主义发展史，浸染着中华儿女的血与泪。

接下来，我只需针对写作提纲，边写边到原书中查阅核实相关的知识细节，就可以轻松地把书评搞定了。这篇书评在"今日头条"发布后，获得了 1000 元稿费。

那么，写拆解笔记有什么诀窍呢？大多数情况下我会使用思维导图笔记，但是阅读人物活动复杂的文艺类作品时，我会使用地图笔记。

如何写思维导图笔记？

使用思维导图写读书笔记，只需要一页纸就可以把全书的整体框架、重要内容、应用方向、落地措施等内容全部展现出来。在写笔记时，一定要注意内容大于形式，不用刻意追求美观。我们可以使用手写的方式，也可以使用专门的思维导图软件。如果用电脑写思维导图笔记，建议使用 XMind 8。该软件提供的免费功能足够满足普通用户的需求。如果用手机写思维导图笔记，则推荐使用百度脑图。

在绘制思维导图时，先确定一个中心主题，然后沿着中心主题画出分支主题，再到分支主题上添加更小的分支，依此类推，每一个分支内容都隶属于它的上层主题。就像一棵树，有树干，树干上长出树枝，树枝上还有更小的树枝，小树枝上长着树叶。

小贴士：在使用思维导图写读书笔记时，如果没有特殊需要，只要把书中的重点知识、技巧、方法和个人的应用方向、落地措施记录下来就可以了，没必要对全书框架都记录下来。

下面以阅读瑞典番茄工作法的实践者 Staffan Nöteberg 写的《番茄工作法图解：简单易行的时间管理方法》一书为例，展示思维导图笔记的效果，供大家参考。该读书笔记（见下图）由公式写作训练营优秀学员 Aaron Chan 提供，他是一名优秀的 A+H 股上市公司的内部培训师，指导开发了 30 多门内部课程，累计培训学员 3000 余人。

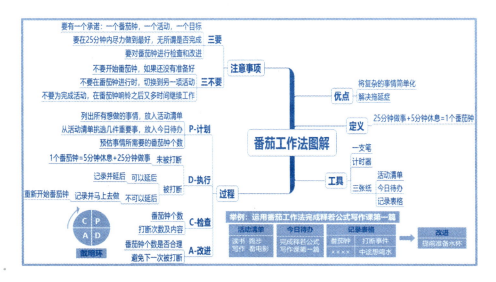

如何写地图笔记？

写地图笔记，并非真的要把人物去过的地方，或者发生重要事件的地点画成地图。地图笔记在表现形式上和思维导图笔记一样，可以手写，也可以使用思维导图软件。区别是地图笔记更适用于写人物活动、事件复杂的文艺类图书的笔记，在内容上注重通过主要人物活动场景的变化，梳理整本书的线索，用一张图将整本书的主要内容展现出来。

在写地图笔记时，重点是要根据故事进展，以人物活动的地点为中心，对事件进行排序，把时间、地点、事件以及自己的阅读感想记录下来。下面以阅读英国著名作家威廉·萨默赛特·毛姆的小说《月亮与六便士》为例，展示地图笔记的写法，供大家参考。该读书笔记（见下图）由公式写作训练营的优秀学员蔡蔡提供，她是一名爱读书、爱写作的全职二孩宝妈。

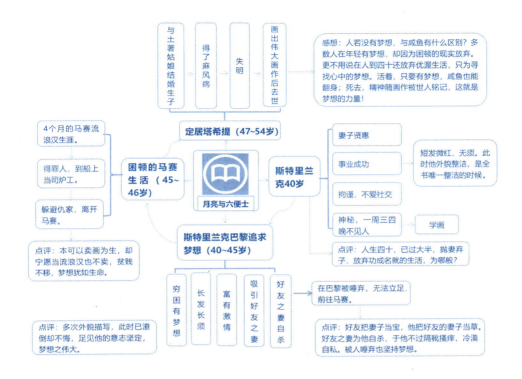

02 超速度的课堂笔记术

普通人拿来就用的速记技巧

1896年,中文速记法的创始人蔡锡勇完成著作《传音快字》,给中文速记技术奠定了基础。当前,速记还是很多大学文秘类专业的一门必修课程。我必须诚实地向读者朋友交代,我并没有系统地学习过中文速记。因此,我给大家分享的速记技巧,只是我个人的一些实践经验,旨在帮助普通人在没有经过专业训练的前提下,提升记录速度。

我们在听课、参加会议时,时常会有把重要信息记录下来的想法,但是由于写字速度太慢,在写笔记时反而会错过重要内容。在阅读时,我们也想把一些精彩的内容摘抄下来,或者写点感悟,在书页上写点眉批。但是,一旦停下

来写，如果书写速度太慢，就会影响阅读。那么，如何解决这些问题呢？我推荐给大家一句口诀："写得草、记关键、同音替、符号代"。

写得草

通常来讲，我们在课堂上、会议中、阅读进程中记录笔记，都是写给自己看的，不需要追求工整，字迹潦草没关系，只要自己能看懂就行了。我们要提醒自己，核心是把想记录的内容写成笔记，而不是把笔记写工整。如果确实有必要，也可以抽时间誊写或者用电脑软件整理。有人会说，第二次整理太浪费时间，其实不然，二次整理笔记，反而会提升学习效率。

记关键

在公式写作训练营，我经常要求学员记笔记。然而，经常有学员向我诉苦："在听课、阅读时记笔记，降低了我的学习速度，有时候连学习的心情都没有了。"我的建议是，只要记录关键信息就可以了，不要试图把整堂课、整本书的内容都抄下来。那么，如何记录关键信息呢？

第一，句子记主干。 把句子中的核心词汇找出来，比如，只记录主语、谓语和宾语，把定语、状语和补语都忽略。如果你不懂如何区分主、谓、宾，也有一个简单的办法，就是只记录句子中的名词、动词，把形容词、副词、助词都删掉。

关于如何区分一个句子的组成成分，有一个很流行的口诀："主谓宾定状补，句子成分要清楚；句子主干主谓宾，枝叶部分定状补；定语用在主宾前，谓前为状谓后补；还有助词的地得，帮助区分定状补。"

例：孔子是中国历史上伟大的圣人。

在这个句子中，"孔子"是主语，"是"是谓语，"中国历史上伟大的"是定语，"圣人"是宾语。所以，这个句子的主干是"孔子是圣人"。

第二，段落记中心句。通常来讲，每个段落都有一个中心句，用于阐明一个段落的核心意思。一般来说，中心句会在段落的开头或结尾出现。对于没有明显"中心句"的段落，我们可以根据段落内容，自己总结一句话，把段落内容所表达的意思概括出来。

2018年，我在读完著名教育家朱光潜先生的《谈文学》一书后，写了一篇书评。书评中有这样一段话，我摘录过来作为案例，示范如何在一个段落中找到中心句。

写好一篇文章，需要把合适的素材放到恰当的位置。英国文学家斯蒂文森说过："文学是裁剪的艺术。"不仅仅是文学作品，所有文章都是这样的，需要不断地打磨、修改。当然，裁剪不是把所有的枝枝蔓蔓都剪掉，而是把那些枝枝蔓蔓剪得更漂亮。都剪掉，就成了光杆司令，一棵树如果没有枝叶，光秃秃的，就没有什么可值得欣赏了。

很明显，这个段落的中心句就是第一句话："写好一篇文章，需要把合适的素材放到恰当的位置。"

第三，完整主题记核心点。主题所属的各级标题、注意事项、金句，一般都是核心点。比如，当我们阅读"记关键"这个主题时，如果写读书笔记，就可以这样记录：

（1）句子记主干。主、谓、宾；名、动词。

（2）段落记中心句。开头、结尾找中心句，没有则总结。

（3）完整主题记核心点。标题、注意事项、金句。

同音替

在写笔记的过程中，我们经常会碰到一些笔画多、结构复杂的字。这时我们可以在确保自己能正确理解、不产生歧义的原则下，采用笔画少、结构简单的同音字来代替。比如，"今天的晚餐很丰富。"这句话中的"餐"字就可以写成"参"，节省记录时间。当然，我不是鼓励大家写错别字，只是说在特殊场景下，需要快速记录信息时，我们可以用这个方法来提升记录速度。

符号代

在写笔记的过程中，使用符号代替汉字，可以数倍提升书写速度。我曾经因为工作原因，经常在会议现场做记录，为了确保迅速、准确、全面地把各位发言人的讲话记录下来，我采用了点（●）、斜杠（/）、冒号（:）等符号来代替一个字、词、短语，甚至是一个句子。

1. 关于"●"的使用方法

（1）用"●"代替"的"字，或者代表发声为"dian"的文字；在不影响理解句子意思的情况下，也可以代替拼音以"d"开头的所有文字。

（2）把"●"写在文字的上方，代替重复的字。

（3）把"●"写在文字的下方，代替双字词中的反义词。

具体案例如下图所示。

案例	记录方法	案例	记录方法	案例	记录方法
我的	我●	迪拜	●拜	先进典型	先进●型
巅峰	●峰	回答	回●	无地自容	无●自容
风风火火	风̇火	跳舞的跳舞	跳舞●●●	高矮	高●

2. 关于"/"的使用方法

在汉语表达中，为了体现语言的整齐美，使用双字词的频率非常高。而且，很多双字词在省略后面一个字的情况下，也不影响我们理解。这时我们可以只记录前面一个字，后面一个字用"/"代替。比如，"但是"，写成"但/"；"父亲"，写成"父/"；"能够"，写成"能/"。

3. 关于":"的使用方法

在汉语表达中，我们经常会使用四字成语或者四字词语。对于那些自己很熟悉的成语，我们可以只写前两个字，后两个字用":"代替。具体案例如下图所示。

案 例	记录方法	案 例	记录方法
非亲非故	非亲：	又傻又笨	又傻：
不破不立	不破：	一心一意	一心：
有情有义	有情：	且战且退	且战：
若即若离	若即：	能文能武	能文：

4. 关于"√"和"✕"的使用方法

在语言表达中,为了加强语气,经常会使用同语结构的词,后面字、词的作用是用来肯定或者否定前面的字、词的。这时我们可使用"√"表示肯定,用"✕"表示否定。

比如,"他还是他,但你不是你了",可以写成"他还√●,但你✕●了"。

5. 关于短反箭头号("∠﹍")的使用方法

在日常表达中,相邻的句子间经常会出现对比、反义、次序相反的词或者词组。这时我们可以使用"∠﹍"来代替后出现的词或者词组。

比如,唐代诗人刘希夷的名句"年年岁岁花相似,岁岁年年人不同",在记录的时候就可以写成"年年岁岁花相似,∠﹍人不同"。

在写笔记时,养成用符号来代替部分字、词、词组、短语的习惯,可以有效提升记录速度。当然,提升记录速度的方法还有很多,比如,使用拼音、英文字母、数字来代替句子中的字、词或者词组,也可以达到同样的效果。

03 超有效的笔记整理术

知识和知识库

著名历史学家吴晗有一句名言:"要勤于做摘记,写自己的看法。治学的人,大量时间都是花在抄、摘资料,做卡片,写札记上的。"是的,我们在学生时代就知道写笔记的重要性,但是,很多人只是为了写笔记而写笔记,笔记写完了,便再没翻看过,也没有给自己带来任何价值。

为什么会这样呢?

第一,没有明确的应用目标。在传统应试教育模式下,大多数人写笔记是为了方便复习,应对考试。这原本也没有什么错,学生写笔记就是为了考试,目标很明确。然而,这种思维导致我们在离开学校后,如果不是为了考试而学习,在写笔记的时候就抓不到重点,不知道如何写笔记,甚至觉得写笔记没有用。其实,成年人写读书笔记也应当明确目标。比如,写笔记是为了在写某篇文章时应用书中的理论,引用书中的观点。

第二,过度信奉"好记性不如烂笔头"。很多人一提到写笔记,就习惯性地摘抄原文。在我看来,纯摘抄的笔记不叫笔记,叫手账,就像记账一样,只是记录了信息而已。真正的笔记应该加入写笔记者自己的理解,写笔记者要对信息进行加工处理。所以,不妨转变观念:"写笔记就是为了遗忘。"这样一来,反而可以解放大脑。大脑的核心功能应该是思考,而不是存储,我们可以把存储信息的功能交给笔记本。

第三,重"写笔记",轻"整理笔记"。我是一个爱写笔记的人,曾经写了一本又一本笔记,但是由于笔记写得太零散,又没有养成整理笔记的习惯,导致笔记写完后就被束之高阁,没有派上用场。我虽然很认真地写笔记,但事后却很少再去翻看笔记。这样一来,就会产生一种错觉,以为写笔记没有什么用处,反正写了笔记也不看。杂乱的、零散的笔记的确用处不大,如果把笔记中的知识点进行关联整理,那么不仅可以直观地展现知识点之间的联系,还有利于检索笔记。

如何整理知识?

我始终坚持一个观点:整理笔记就是整理知识。我们在写笔记时,可能出于种种原因,导致笔记写得很零散。所以在整理笔记时,就要对笔记中的知识点进行规范化整理。我个人在整理笔记时，喜欢使用"康奈尔笔记法"。如果是为了写作，如写书评或者写解读稿，我就会专门把写作中要用到的知识点做成知识卡片。

1. 康奈尔笔记法

康奈尔笔记法是美国康奈尔大学的教授沃尔特·鲍克于 20 世纪 50 年代提出的一种笔记记录方法。我结合个人习惯，对康奈尔笔记法进行了简单改良。笔记主要分为四部分：顶部为标题区，左侧为索引区，右侧为笔记区，底部为总结区。笔记模板如下图所示。

```
标题区：写上书名或笔记主题（时间）

索引区              笔记区

◆ 关键字1          1. 记录和关键字1相对应的内容

◆ 关键字2          2. 记录和关键字2相对应的内容

◆ 关键字3          3. 记录和关键字3相对应的内容

◆ ……              4. ……

              总结区
        ● 核心重点
        ● 自己的想法
```

在具体操作时，我会先整理笔记区的内容，再写索引，接着写总结，最后写标题。如果在听课、阅读时使用康奈尔笔记法，也同样可以按这个顺序进行记录。

沃尔特·鲍克为了提升康奈尔笔记的效用，提出了 5 个操作步骤，即记录（Record）、简化（Reduce）、背诵（Recite）、思考（Reflect）、复习（Review）。因此，康奈尔笔记法又称为 5R 笔记法。我们在整理并使用读书笔记时，同样可以使用这个方法。

（1）**记录**。记录是指在整理读书笔记时，把具体内容写在右侧的笔记区。在记录时一定要注意只记重点，表达要尽量简单明了。可以使用上一节介绍的速记法进行记录，也可以图文并茂地记录。

（2）**简化**。简化是指对笔记区的内容进行归纳，尽量把不同知识点简化成一个关键字，并将这个字作为记忆线索和内容检索关键字，写在左侧的索引区。

（3）**背诵**。如果需要记忆笔记区的内容，则在复习笔记时，遮住笔记区，只看索引区，利用索引区的关键字引导回忆。

（4）**思考**。在整理完笔记后，或者在复习笔记时，把自己的想法写在总结区，以提升知识转化率。

（5）**复习**。针对知识点的用途，对知识点进行复习。如果是为了应试或者学习某个专业知识，建议每周翻看一次笔记。

2. 知识卡片制作方法

在写书评或者解读类稿件时，我在完成文章框架搭建后，并不急于开始写正文，而是先结合文章框架制作知识卡片。这样做的好处有三点：一是进一步梳理原书内容，把相关的重点知识迁移到文章中进行介绍；二是对读书笔记再次进行整理，使读书笔记在具体实践中得到应用；三是省去了发文时配图的烦恼，如果没有特殊要求，我可以直接把知识卡片插入文章中，发布图文。

我在以写作为目的制作知识卡片时，结合个人偏好，一般从3个方面去阐述一个主题的习惯，通常会为一本书做4张知识卡片。

第1张卡片：主要记录文稿大标题、一级标题和准备在文稿中介绍的重要知识点、图书封面等内容。

第2~4张卡片：主要记录和一级标题相对应的重要知识、观点和金句。

曾有平台邀请我为《写作之书》写一篇书评，这本书是美国著名写作教练保拉·拉罗克的著作。我制作的知识卡片如下图所示，供大家参考。

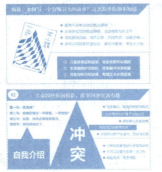

建立知识库只需 3 个步骤

美国著名投资人、《穷查理宝典》的作者查理·芒格在一次演讲中提道："如果你只是孤立地记忆一些事物，并试图把它们硬凑起来，那么你无法真正理解任何事情……你必须依靠模型组成的框架来安排你的经验。"说得直白一点，如果我们不能让知识产生联系，形成一个知识体系，那么掌握再多的信息也无法将它们变成有用的知识。我们不仅要学会建立素材库，还要让素材库产生化学反应，使其拥有代谢出新知识的能力，这样才算建立了有效知识库。

因此，我们可以把建立知识库的过程分解成三个步骤，即建立素材库、连接知识点、激发复利效应。

第一步，建立素材库。建议使用印象笔记软件或者有道云笔记在线管理笔记，可以采用分类建立目录的方式，秉持构建知识体系的思维，搭建素材库。当然，搭建素材库的过程，就是一个聚沙成塔的过程。

比如，我想当一名写作教练，为了开发一门写作课程，我阅读了 100 多本写作书，听了十几个课程，还看过 300 多篇与写作技巧相关的文章。在这个过程中，我还记了很多笔记，写了很多随笔，有时候懒得记录，就直接拍照。这些碎片化的素材让我很烦恼，平时感觉自己素材很多，但是真正需要用时却找不到。于是，我用有道云笔记建立了一个素材库，并建了书籍、文章、笔记、灵感、图片等的目录，专门保存与开发写作课程相关的知识。

第二步，连接知识点。建立素材库，在物理上对信息进行分类存储，有利于检索信息。连接知识点是针对具体问题，调用素材库中的信息，对信息重新进行整合，从而找到解决问题的途径和方法。因此，连接知识点的关键是明确要解决什么问题。事实上，只要我们能找准问题，基本上就向成功解决问题迈进了一大步。

不过，现实中有很多人似乎并没有发现问题的能力。这需要我们掌握一些基本技能，通过熟练掌握基本技能，培养看待问题的底层逻辑。《学习的艺术》一书的作者乔希·维茨金 13 岁就获得了"象棋大师"的称号，22 岁练习太极拳，连续 21 次获得美国太极拳冠军，还获得过世界冠军，被人称为"太极拳王"。

他在书中写了一句很经典的话，道破了基本技能对提升认知能力的玄机："我们能成为高手并没有什么秘诀，而是对与基本技能相关的东西有更深刻的理解。"

在我小的时候，大人常给我讲一句话："练武不练功，到老一场空。"更直观地指出了基本功的重要性。学习和练武一样，如果基础不扎实，那么学到的就全是花架子，既无法看透问题的本质，又无法透析问题背后的真相，更没有能力找到发现问题、解决问题的底层逻辑。

因此，如果我们想精通一个专业，成为业内高手，最重要的是要练好基本功。练好基本功以后，自然就能把专业领域的知识融会贯通，找到知识点与知识点之间的底层逻辑，对知识点在逻辑上进行连接，发挥知识点之间的作用和影响，形成一个专业的知识网络。

第三步，激发复利效应。很多人都知道，用手头的钱投资，以复利的形式让钱生钱，可以实现财富倍增。其实，知识也可以产生复利。有了专业知识做基础，就要集中精力把自己的优势充分发挥出来。在做出投资决策时，我们会配置优质资产；同理，我们在应用知识时，也要在自己最擅长的领域精进，持续输入、持续输出。

我经常和一些向我咨询写作的朋友讲："一定要在自己擅长的领域创作。"因为只有这样，你才有出头的机会，你才有可能写出优质文章。每个人都不是万能的，都有能力边界。因此，做能力范围内的事情，更容易找到突破点，抓住逆袭的机会。

在公式写作训练营，经常有学员觉得自己什么都能写，但什么都写不好。当然，也有一些学员的确精通多个领域，但是一个人的精力是有限的，除非是那些天赋异禀的人，大多数普通人不太可能在同一时间内在多个领域获得成功。

俗话说："什么都行，其实是什么都不行。"我当过司机，又喜欢写作，还有其他很多爱好，如摄影、编程……当时有一位领导半开玩笑地跟我讲："你是司机里文章写得最好的，是写文章的人里车开得最好的。"这句话看似表扬，其实是在批评我什么都懂一点，但都是皮毛。

只有专业才是立身之本。那么怎样才叫专业呢？有一个说法，就是你在某个专业领域内做一份工作，如果你的表现超过了 90% 的人，你所拥有的知识就会产生复利效应。比如，《掌控 24 小时》作者尹慕言发现自己善于做为组织和个人赋能的事情，成为企业高管教练后，她又通过努力获得了组织发展专家、世界 500 强领导力顾问、个人成长教练、时间唤醒教练、精力管理达人等有影响力的标签。

由此可见，激发复利效应最好的办法是先找准自己的优势，在自己熟知的领域精进，并寻求突破，而不是从一开始就在多个领域布局，好显示自己知识渊博，只要在某个领域稍有涉猎就舍不得放弃。我的建议是，该放弃就放弃，实在不行，暂时放弃，先把自己擅长做的事情做好再说，剩下的交给时间。随着时间的推移，我们又在不断地积累新的知识，认知和思维都会得到升级。在这个过程中，知识复利就会悄悄地发生作用。有一天我们会突然发现，自己的知识量在输入和输出层面都实现了爆发式增长。

04 超厉害的灵感笔记术

用笔记激发创作灵感

对于写作者来说，想写却没有灵感是一件非常痛苦的事情。同时，在灵感爆发时，却没有时间把灵感写下来，也是一件令人沮丧的事。因此，当一个好的创意在脑海中闪现时，必须第一时间将它记录下来。在智能手机时代，记录灵感不是一件难事，我们可以利用印象笔记、有道云笔记等工具，采取语音、文字、图片、视频等方式记录生活中的点点滴滴。我们的记录不仅是写作的素材，更是灵感的源泉。

重点不是学习记录的方法，也不是纠结于用什么工具记录，而是要养成记

录和使用灵感的习惯。俄国著名作家车尔尼雪夫斯基有一句名言："灵感，是一个不喜欢拜访懒汉的客人。"为了避免出现灵感短路的现象，我做了不少工作。我认为，要建立一份有价值的灵感笔记，必须围绕如何激发灵感去操作，主要从记录灵感、复习笔记、灵感转化三个维度去落实。

记录灵感

通常来讲，灵感是对事物进行仔细观察并经过深度思考之后的产物。比如，我们在春游的时候看到一片嫩叶，如果不仔细观察，就无法用恰当的语言进行描述。在观察之后，如果不进行思考，就无法通过嫩叶联想到"成长"与"希望"，更不可能联想到环境对小孩的影响。

所以，我们强调的是记录灵感，而不是仅仅记录看到了什么，听到了什么，闻到了什么。儒家强调"格物致知"，就是要通过深入研究世间万物，从中悟出正确的道理。因此，我们在观察的时候，还要主动联想，通过联想产生新的思想，激发创作动力，激活灵感源泉。

当我们在生活点滴中有所悟时，一定要及时记录下来。同时，为了确保记录的笔记与创作关联，一定要刻意提醒自己思考：针对当前的所见所闻，联想到了什么？在写作中如何运用？

我在十几岁时曾对写诗入迷，无论看到什么，都会主动思考，试图把所见所闻写成诗。比如，我有一次看到一则洗发水广告，广告中一位长发飘飘的美女迈着优雅的步伐走来，然后转身回眸一笑。我立即把电视广告的内容记录下来，接着就刻意联想，把广告中的美女想象成一见钟情的爱慕对象，写下了"你转身时随风飘起的秀发，如丝，如雨，如雾，如瀑布……"这样的句子，后来又经过反复琢磨，我成功地写了一首诗《美丽的刹那》。

美丽的刹那

唰

我的眼光立时凝聚

整个世界都是你

好美

心底由衷地赞叹

更美好的字眼

顷刻间变得吝啬——

我不能

更赞你的美丽

回眸，回眸

你回眸时的眼神就似——

神秘的电磁波

深深地把我吸住

让我陶醉的心不会挣扎

我情愿

淋浴在不挣扎的"痛苦"中——

好舒畅的一刹那

转身，转身

你转身时随风飘起的秀发——

如丝，如雨，如雾，如瀑布

好想

捧住它

尽情地抚摸

亲闻它的芬芳

让灵魂来次爱的定格

白净、红润的脸

目光尽情亲吻的幻觉

把我心灵的神经聚焦

好想否定这一切都是虚幻

因为我无法相信

世间会有如此美丽的女孩

仙境，仙境

我一定是登入了仙境

只有仙女才会如此——

洒脱，靓丽

只有仙女才会美得令人沉醉——

飘忽

复习笔记

英国著名教育家德瑞克·特朗里发明了一种阅读方法，叫"五步阅读法"，又称"SQ3R阅读法"，即纵览（Survey）、问题（Question）、阅读（Read）、回忆（Recall）、检查（Review）。用这个方法来复习笔记，对于激发创作灵感非常有效。我每当灵感枯竭时，就会用SQ3R阅读法复习笔记，每次都能从笔记中找到创作灵感，厘清写作思路。我结合创作需求，对SQ3R阅读法的实践方式进行了调整，具体操作步骤如下。

第一步，纵览。 在刚翻开笔记时，因为没有创作灵感，所以内心的焦虑情绪无法解除。这时，可以通过随意翻阅笔记来转移注意力，在翻阅过程中慢慢进入思考的状态。

第二步，问题。 如果已经确定了写作主题，但不知道如何围绕这个主题进行创作，那么在翻阅笔记的时候，可以留意与写作主题相关的知识点，一旦发现对应的知识点，就以设问的方式进行思考：针对写作主题，如何阐述这个知识点？如果没有写作主题，那么在翻阅笔记的过程中，可以针对引起我们兴趣的第一条笔记设问，想想如果把这条笔记写成一篇文章，该如何确定文章主题，又该从哪些方面去论证。

第三步，阅读。 结合写作主题，有针对性地检索笔记，把笔记中与写作主题相关的知识点放到同一个文档中，逐条阅读，然后用排除法选择知识点，把和写作主题关联度较高的知识点留下。同时还可以结合写作需要，寻找相对的素材进行阅读，以充实主题素材库。当阅读过的材料基本可以支撑我们完成本次写作时，把问题及相应的素材整理成思维导图，搭建一个简单的写作框架。

第四步，回忆。 结合写作框架中各分主题的创作难度，以先易后难的方式，回忆与素材描述相关的过往经历、新闻事件、名人观点，并及时记录。在回忆过程中，如果有记忆模糊、不确定的情况，不要急于确认，只要在相应的分（子）主题下，把大概意思写出来即可。

第五步，检查。 先检查写作框架的布局是否合理，重点检查分主题之间从横向看是否完全涵盖主题，从纵向看是否存在观点、素材重复的现象，再检查素材与相应的分（子）主题的关联度，看素材是否能辅助说明问题，对于牵强附会的素材，务必要删除。

通过这 5 步操作，一篇文章的雏形就出来了。用写稿者的行话说："堆草"工作完成，下一步就看有没有精挑细选的眼光和"码草"的功夫了。

灵感转化

对于写作者来说，灵感是弥足珍贵的。因此，我们在产生一个灵感时，要尽量将其价值最大化。我个人的经验是，实在不知道写什么时，可采取换读者、换文体、换角度、换素材、换人物等方式，用一个观点写多篇文章。

● 换读者　● 换文体　● 换角度　● 换素材　● 换人物

（1）换读者。 区分读者对象，凸显个性化定制功能。比如，要写一篇推荐手机的文章，针对学生群体，要重点写手机的性价比，既满足学生对手机的功能需求，又满足学生的面子需求；针对入职不久的白领和工薪阶层，可以推荐时尚品牌，重点讲手机的销量，用数据告诉他们手机的性能很棒；针对领导干部和有地位的商务人士，重点强调手机的保密功能，从通话保密、上网保密、丢失保密、数据安全等方面详细介绍安全属性。一句话：会做生意的老板，看顾客脸色说话；会写文章的作者，按读者需求行文。

（2）换文体。 区分文体类型写，突出不同文体的结构和风格。常用的文体类型有小说、散文、诗词等。不同的文体，采用的文章结构、表达风格有天壤之别。针对同一个观点，用不同的文体来写作，对于提升写作产量帮助很大。下面简单介绍几种文体的特色，供大家参考。

> **常见文体特色**
>
> （1）小说。重点掌握三大要素：人物、情节和环境。以塑造人物形象表达人生哲学；以完整生动的故事情节吸引读者眼球；以典型社会环境和背景突出社会现实。
>
> （2）散文。重点突出一个"美"字，"美"的核心是真诚。必须清楚三大基石：自我、真实和笔调。在精神表达、主观视点上突出自我追求；在讲述角度、情感态度上保持在场感，凸显真实；在行文风格、用语措辞上要么犀利，要么温情，要么让人痛彻心扉，要么让人开怀大笑。一篇文章必须一个格调，展现有鲜明特色的文风。
>
> （3）诗词。古体诗大多有专门的格式，对平仄、格律、押韵都有严格的规定。比如，五言、七律等都有其具体格式；词有词牌。要学写诗词，

> 推荐读王力的《诗词格律》。《白香词谱》和《钦定词谱》两本书收录了各种词牌格式,并有历代佳作范例,也可参照。现代诗虽然相对自由,但也得押韵,我的观点是,无章不成文,无韵不成诗。

(3)换角度。 区分角度发表观点,一个视角一篇文章。听人讲过一个事例:两位摄影记者同时应邀去拍摄一场宴会。其中一位记者看到举杯同庆、欢声笑语、一团和气的场面,就拍了下来。另一位记者看到小孩哭闹,服务员打碎了杯子,某人喝醉了言语失态,美女不小心走了光,就将这些拍了下来。结果剪出的片子当然不同:一个是宴会很成功,形势一片大好,正能量爆棚;另一个是宴会很失败,场面混乱,负能量泛滥。这个事例启发了我们,通过不同的角度去阐述观点,可以得出不一样的结论。

假设我们写《爱生活从爱自己开始》这样一篇文章,常规思路下,我们应该从为什么要爱自己、应该如何爱自己、爱自己对实际生活的好处三个方面进行写作。但是我们也可以否定这个观点,写成《爱自己,是自私的代名词》。还可以从原文的第三个角度出发,写成《这样爱自己,分明就是虐待》。除此之外,这篇文章中可能会有 N 个子观点,每个子观点都可以被细分,细分后又可以从不同的角度进行创作。

(4)换素材。 区分素材类别写,变个妆容,换种身份。素材好比女人的化妆盒,也如同我们衣柜里的衣服。同一个演员,可以演出不同的角色:穿得破烂,把脸涂黑,就变成了乞丐;穿个职业装,化个淡妆,就成了白领;穿上蕾丝装,涂个大红唇,就会性感妖艳;披件白衫,略施粉黛,就会宁静优雅……

同一篇文章,也可以展现不同的风采。用大众事例支撑观点,平淡温情;用名人事例支撑观点,耀眼夺目;用积极的事例支撑观点,激情满怀;用负面的事例支撑观点,牢骚满腹。

每一个优秀的演员,都可以通过改变妆容展现给观众一千张脸谱;每一篇精彩的文章，都可以通过替换素材分享给读者一万幅画面。

（5）**换人物**。区分人物，讲不同人的故事，写不一样的文章。世界大同，但终究是一人一世界。同一个环境下的人也有不同的遭遇、不同的生活体验和经历。每个人的一生都可以写一部长篇，每一次经历也都可以写一篇短文。每个人身边都有形形色色的人和事，这些人身上的故事都是把写作当梦想的人宝贵的创作源泉。再不济，你如果发现不了身边人的故事，那就网上搜索一下，满屏的故事能让你点到手抽筋。

不知道写什么的时候，就把发生在他人身上的故事写出来。明确一个观点，讲出一个道理，发表一通感悟，就可以写出故事、干货和人情味兼备的好文章。

每个小故事都有大道理，每个大道理必能写成好文章。

和尚明知蛇会咬人而且有毒，但还是去救它，结果被咬。世人不解，和尚回答："咬人是蛇的本能，行善是我的本性。"记得小时候，我和父亲去赶集，集市很拥挤，有一个人行色匆匆，把挑着担子的父亲给撞了，那人不仅不道歉，反而把父亲骂了一顿，而父亲却给他赔礼道歉。我当时很不理解，觉得父亲无能，受了别人的羞辱还赔笑脸。父亲跟我说："如果你被疯狗咬了，应该赶紧去打狂犬疫苗，而不是纠结如何反咬狗一口。"

类似的事例也在你身边发生过吧？你也听过很多有意思的故事吧？挥动你的笔尖，敲响你的键盘，你也可以做到：一个人物万千事，一个故事一篇文。

俗话说：一千个观众眼里就有一千个哈姆雷特。既如此，你就可以写一千个哈姆雷特！

谚语讲：悲观的人虽生犹死，乐观的人永葆青春。既如此，你就写一个悲观，写一个乐观！

谚语又讲：乐观者在灾难中看到希望，悲观者在希望中看到灾难。既如此，你就写一个灾难，写一个希望！

本章小结

（1）拆解笔记术=思维导图笔记+地图笔记。

（2）速记=写得草+记关键+同音替+符号代。

（3）用康奈尔笔记法整理知识：记录、简化、背诵、思考、复习；建立知识库有三个步骤：建立素材库，连接知识点，激发复利效应。

（4）灵感笔记术=记录灵感+复习笔记+灵感转化。用SQ3R阅读法复习笔记，不仅可以激发创作灵感，还能搭建写作框架；用一个观点写多篇文章，可以实现灵感价值最大化。

常见问题答疑

（1）如何拆解优秀文章，以便于写作模仿？

答：本书所讲的拆解笔记术主要应用于图书阅读。如果为了模仿而去拆解一篇文章，那么可以使用思维导图拆解文章结构，而且拆解得越细，越便于模仿练习。

（2）用速记法写笔记，必须重新整理笔记吗？

答：建议重新整理，整理笔记不仅便于后期阅读，还可以对相关知识进行巩固、思考。整理笔记不要以整理为目的，而是要以复习、思考、创新知识为目的。

（3）为什么我感觉知识库没有多大作用？

答：第一，要以"使用"为目的建立知识库；第二，知识库中的内容必须分类整理，便于检索；第三，建立知识库是一个长期、动态更新的过程，只有不断充实内容，才能满足不同时期的需求。

（1）请阅读一本小说和一本致用类图书，并做思维导图笔记和地图笔记。

（2）请结合自身实际情况，用印象笔记建立一个知识库，并持续充实内容。

第 04 章

复述技巧：
如何提升知识转化率

复述能力是进入新媒体写作领域的入场券

01 对照复述技巧

复述原文，精彩纷呈

同样是读完一本书，有些人能精准传达书中的内容且讲得精彩纷呈，有些人却把原本有趣的故事讲得枯燥无味且偏离本意。我们在写作过程中，通常会阅读一些参考资料，采用参考资料中介绍的思想、观点、技巧和方法时，需要对知识进行重新整合，以合适的语言进行表达，既要确保表达不失真，与原作者表述一致，又不能摘抄原文。

如何结合自己的写作需求，在实现对参考资料中的内容进行精准复述的同时，还能提供知识增量，是困扰很多写作"小白"的难题。针对这个问题，我采取的方法是"缩写"和"扩写"。

缩写的 4 个步骤

缩写是指把一段话、一篇文章甚至一本书的主题和核心特色用简短的语言表达出来。职场上流行一个理论：麦肯锡 30 秒电梯理论，这个理论是全球知名管理咨询公司麦肯锡提出的。据说，麦肯锡公司的一名项目负责人在等电梯时，偶遇客户公司的董事长。这位董事长希望项目负责人能利用乘坐电梯的时间，对项目做一个简单的汇报。结果，这位负责人因为没有准备，不知道该从何说起，从而失去了一个大客户。

麦肯锡公司以此为戒，进行反思，要求全体员工阐述任何一件事情都要直奔主题，直接讲结果，并且要把讲述的内容归纳在 3 条以内，以求在最短的时间内把问题表达清楚。麦肯锡公司以芭芭拉·明托的《金字塔原理》为理论依据，训练员工的结构化思维。显然，麦肯锡公司找到了解决员工表述不清、抓不住表达重点这一问题的方案。

我们面对一个复杂的问题，或者一堆杂乱的素材时，如果找不到头绪，本质原因是没有结构化思维，而不是口头或书面表达能力弱。所谓结构化思维，是一种"先总后分"的思考与表达方式，强调"先框架后细节，先总结后具体，先重要后次要"，可以简单地理解为"结论先行，分类阐述"。

在具体操作时，我们可以先用一句话把主题抛出来，再把支撑观点的论据以"先重要，后次要"的顺序进行分类表达。同时，如果论据涉及两条以上的信息、数据，就必须有总结句，整体结构如下图所示。

在给读书平台写解读稿（讲书稿、共读稿）时，大多数平台都要求写手用一句话总结整篇解读稿的内容，或用一个段落阐述全书的核心内容，既要保持原书特色，又要抓住读者痛点，特别考验写手的结构化思维水平。如果写手没有结构化思维，就无法把一本书浓缩成几百字。

要提升"缩写"能力，我们需要平时进行刻意练习。比如，看到一篇热点新闻时，用简短的语言把热点事件转述给朋友听；在书中看到一个深邃难懂的理论知识点时，用简单易懂的语言把知识点解释清楚；在阅读过程中读到一个精彩的主题段落时，用一句话提炼主题段落的核心观点。

在进行缩写训练时，可以分四步走。

第一步，对原文进行深度阅读，准确理解原文所表达的意思。

第二步，把原文的中心思想提炼出来，并用一句话进行总结。通常来讲，每一篇完整的文章都有一个关键的段落，每一个主题段落都有一个关键的句子，把中心思想鲜明地表达出来。

第三步，把原文中支撑中心思想的重要论据梳理出来。论据在文中的作用是支撑中心思想，起解释原因、阐述措施、说明效果的作用。建议采用"前因 + 做法 + 后果"的结构来梳理论据信息。

第四步，用自己的话缩写原文。可以加入自己的理解和观点，但不要曲解原文乃至误导读者。建议采用"中心句 + 前因 + 做法 + 后果"的结构进行缩写。

由线装书局出版，徐寒编著的《中国通史（一）》中记载了黄帝利用蚩尤像威慑天下的故事。接下来我们以此为例，示范缩写的操作步骤，供大家参考。

案例：缩写一个主题段落

第一步：对原文进行深度阅读。

原文如下。

黄帝擒杀蚩尤的消息，使天下各部落受到极大震动。他们都拥戴黄帝为部落联盟的首领，代神农氏统治天下。黄帝不辞辛劳，管理天下，对不顺从的部落，进行征伐，还把山路开辟成通达的大道，加强与各部落的联系。

然而，天下太平的局面仍然不时被打破，常有一些反叛者不听命令，蠢蠢欲动，想侵凌其他部落。黄帝想了一个办法，请人画了蚩尤像到处张示，以此威慑天下。天下人都说蚩尤没有死，谁如果不守规矩，兴风作浪，就会受到蚩尤的攻击。这个办法还真灵，反叛者害怕蚩尤凶残，不敢轻举妄动，天下立即出现了安定的局面。

第二步：提炼原文的中心思想（中心主题）。

关键句："黄帝想了一个办法，请人画了蚩尤像到处张示，以此威慑天下。"我们可以写成："黄帝通过张示蚩尤像威慑天下。"

第三步：梳理论据。

前因，即为什么要这样做。案例中的前因可以这样写：虽然黄帝为了安定天下，想了很多办法，采取了很多措施，如修路以加强部落联系，征伐以镇压不顺从的部落，但天下还是不太平，时不时有部落挑起争端。

做法，即具体采取了什么措施。案例中的做法可以这样写：张贴蚩尤像，让大家以为蚩尤没死。

> 后果，即这样做产生的影响。案例中的后果可以这样写：反叛者以为蚩尤没有死，害怕蚩尤攻击不守规矩的人，因此不再造次，天下也安定了。
>
> 第四步：缩写原文。
>
> 黄帝通过张示蚩尤像威慑天下。（中心句）
>
> 黄帝杀掉蚩尤后，想了很多办法来安定天下。然而，总是有人不听话，时不时集合队伍去侵凌别的部落。（前因）
>
> 于是，他到处张贴蚩尤像，暗示反叛者：蚩尤并没有死，如果你们再闹事，遭到蚩尤攻击的话，我可不管了！（做法）
>
> 没想到，这一招还真管用，那些有反叛之心的部落居然乖乖听话，安心过起自己的小日子，天下就此安定。（后果）

当然，我们还可以结合写作时的具体情况再进行缩写，举例如下。

黄帝通过张示蚩尤像威慑天下。（中心句）

黄帝杀掉蚩尤后，想尽法子治理天下，依然有反叛者闹事。（前因）

于是，他到处张贴蚩尤像，让大家以为蚩尤没死，谁再敢闹事，小心蚩尤揍你的时候，大哥不救你。（做法）

这么一整，居然天下太平了。（后果）

扩写的 3 种方式

从行文结构上看，扩写和缩写是一样的。从写作技巧上看，缩写的核心要领是"惜字如金"，而扩写的核心要领是"东拉西扯"。当然，扩写的目的是充实文章内容，而非牵强附会，甚至堆砌素材记流水账。在扩写一个金句、一段话或者一篇短文时，可以采取关联概念、充实案例、增设情节等方式，把句子写成段落，把短文写成长文。

第一，关联概念。 当在写作中需要增强观点的表达力时，可以采用排列整齐的短或名言警句，表达与观点相通的概念。我写过一篇文章《挂情才有读者，寻道才有功力》，全文均以这种方式关联概念。比如，文中第二个子观点，我想表达写文章不能一味地追求阅读量，应该通过写作传递正义，写给能读懂作者的人士阅读，从而寻得知音，觅得良知。示例如下。

表层适众，深者归贤。

问问自己，到底为什么写作。

真正的写作者不会一味地迎合大众口味，

优秀的作品应该引导内心的善良，世间的正道，生命的高贵……

100万+的阅读量也抵不上一位高雅者的默默祝福，

就如你坠入洪流，生命岌岌可危时，再多人围观，也抵不上有一人向你抛出一根救命的草绳。

曹雪芹说：万两黄金容易得，知心一个也难求。

岳飞在《小重山》里问：知音少，弦断有谁听？

《增广贤文》有云：相识满天下，知心能几人。

你要挂的情，是牵那真正懂你的知音。

你要寻的道，是觅那灵魂深处的良知。

第二，充实案例。恰当而丰富的案例，不仅可以提升文章的可信度，还有利于把难以理解的概念表达清楚，让读者一看就知道如何操作。我的自媒体写作教练弗兰克写的《爆款写作课：打造爆文的3个黄金法则》被央视推荐，成为畅销书。他的这本书中有一个小节，内容是讲如何写自我介绍的。书中讲，写一个30秒的自我介绍，需要解决3个问题：你是谁、有何不同、何以见得。

为了让读者学会写让人眼前一亮的自我介绍，他以案例的形式进行写作，相当于不仅给读者讲了方法，还给读者提供了具体操作的模板。弗兰克在书中讲到一个做印刷业务的朋友是这样做自我介绍的：

大家好，我是××，目前是××公司CEO，做印刷品业务，地址在×××，欢迎今后多多联系。

这个介绍是不是很眼熟？大多数人在向陌生人介绍自己时，都是这样讲的。弗兰克写了常规的介绍案例后，又根据书中提出的理论，以案例的形式做了标准示范。

印哥，印刷厂总经理；（我是谁）

提供一张起印的名片印刷服务；（有何不同）

目前是中国500强××公司的特约供应商。（何以见得）

接着，弗兰克又延伸出写自我介绍的另一个理论：品牌名、品类名、信任状，并写了对应的案例。

贺嘉，长江商学院CEO班演讲教练，从腾讯离职后，半年之内把公众号"粉丝"从4000做到了4万，知乎关注从0做到了10万。

在案例的后面又写了具体说明，让读者秒懂利用品牌名、品类名、信任状写自我介绍的应用方法：贺嘉是他的品牌，演讲教练是他的品类，演讲是他的标签。公众号"粉丝"和知乎关注是他能力的信任状。

弗兰克用具体的案例让读者明白，个人名字等于品牌，个人标签等于品类，个人成绩等于信任状。

在对案例进行解析后，弗兰克又告诉读者如何根据不同的场合改写自我介绍，比如，贺嘉在比较正式的场合做自我介绍，就可以这样写：

贺嘉，长江商学院CEO班演讲教练，FT和虎嗅撰稿人，组织策划TEDxZhuhai大会5年。

我们可以从弗兰克老师的书中总结出如下四点应用案例写作的套路。

（1）提出具备理论指导性的观点、方法。

（2）结合所提出的理论，写出具体案例。

（3）对案例进行解析。

（4）如有必要，写补充案例。

第三，增设情节。 心理学研究表明，人们普遍爱听故事。一篇原本枯燥的文章，只要加入有趣的故事，就会让人读之爱不释手，回味无穷。问题是如何把故事讲得有趣、有料。

有一天，上小学二年级的女儿跟我讲："爸爸，我不会看图写话。"我说："很简单啊，先用一句话总结你看到了什么，再把你看到的写成一个故事，最后用这个故事说明一个道理。"女儿听后一脸蒙，然后小声地说道："故事怎么写啊？"

故事怎么写，这个问题不仅是小学二年级孩子的困惑，很多成年朋友也同样面临这个问题。我做了一番调查研究后发现，很多写作"小白"不知道如何写故事，最大的问题在于不知道如何设置情节，更不知道如何用情节来推动故事的发展。所以，他们总是以平铺直叙的方式讲故事，三两句就把一个原本精彩的故事写完了。

我的建议是，描写细节，制造意外。

比如，某人坐公交车上班，由于发生交通事故而迟到。这个事件看上去非常普通，如果写成故事，就可以这样写：

主人公在等公交车，手里还拿着早点，边吃边看手机。（描写细节）

公交车来了，一群人蜂拥而上。（描写细节）

主人公挤上公交车后，他的前面是一位衣着时髦的美女。由于拥挤，他的前胸紧贴美女的后背，美女对他产生厌恶。（描写细节）

有小偷要偷美女的钱包，他急中生智，把早点蹭到了美女的脸上。（制造意外）

美女骂他，小偷也报复他，他百口莫辩，无地自容。（描写细节）

紧急刹车，公交车撞上一辆大货车，车内乱成一团。（制造意外）

主人公协助救人，救了美女，也救了小偷。（描写细节）

上班迟到，错过一位大客户，老板要辞退他。（制造意外）

他落魄地走在街上，遇到小偷，小偷感谢他，约他向美女澄清事实。（制造意外）

美女得知情况，帮助他并与他相恋。

……

从上面这个例子中，我们可以总结出写故事的基本套路，即平静生活、意外挫折、跌入低谷、贵人相助、进入巅峰、新的挫折、解决问题、回归平静。

平静生活 ▶ 意外挫折 ▶ 跌入低谷 ▶ 贵人相助 ▶ 进入巅峰 ▶ 新的挫折 ▶ 解决问题 ▶ 回归平静

02 共情复述技巧

针对不同受众进行复述

对于写作者来讲，写出来的东西没人看，是一件非常苦恼的事情。很多人把阅读量低归因于写得不好，然而有时候真的不是因为写得不够好，而是因为写作者在写作之前没有明确读者对象，导致文章没有稳定的"粉丝"群体。

英国有一句经典的话："对于一艘盲目的船来说，所有方向的风都是逆风。"写作也是一样，必须明确要写给谁看，针对不同的读者对象，深入挖掘对应读者群体的痛点和需求，不要试图写一篇文章，让所有人都打开看。

马斯洛需求层次理论

著名的马斯洛需求层次理论指出，人类的需求分为 5 个层次，分别是生理需求、安全需求、情感和归属需求、尊重需求、自我实现需求。我们复述原文时可以根据这 5 个需求层次，向读者讲述书中知识，从而引导读者与我们讲述的内容在不同层面上产生共情。

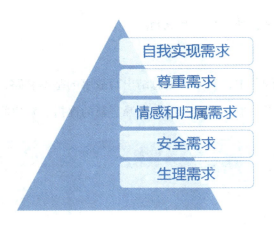

通常来讲，我们所写的文章对应的需求层次越低，读者群越广泛。

（1）**生理需求**。这是人类底层的需求，在极端条件下，人活着的全部意义就是解决生存的问题。当然，我们在写作时，可以把吃、穿、住、行都归入生理需求层面。如果我们的写作与人的生理需求相关联，就意味着几乎可以与更多的人产生链接。

（2）**安全需求**。当人们的生理需求得到满足后，人就会更加注重人身、健康、财产、工作、家庭、道德等方面的安全保障。比如，当一个人连填饱肚子都很困难时，就不太可能会购买保险。把写作与安全需求相关联，同样可以链接到较多的"粉丝"。

（3）**情感和归属需求**。日本近代著名社会派小说家德富芦花有一句名言："人类在出生时就是带着感情而来的。"人的感情是丰富而细腻的，尤其是当一个人衣食无忧，又生活在安全的环境下时，就会对友情、亲情、爱情等情感因素产生更细致、更深入的思考。把写作与情感需求相关联，非常容易引起读者共鸣。

（4）**尊重需求**。每一个人都有自尊，也需要得到他人的认可与尊重。所以，人会努力提升自身能力，让自己在某个专业领域有更多的话语权，从而拥有更高的社会地位。比如，我们告诉读者，如果按我们说的去做，就可以拥有某种能力、胜任某份工作、突破某种困境、获得更多收入……这样就可以拥有更多固定的付费读者。

（5）自我实现需求。俄国著名民族诗人莱蒙托夫有一句名言："没有奋斗，人生便寂寞难忍。"通常来讲，有自我实现需求的人都有特定的目标，他们极富奋斗精神，且希望通过自身的努力与付出，为社会与他人提供价值。把写作与自我实现需求相关联，可以链接到更多有情怀、有格局的读者。

利用马斯洛需求层次理论进行共情复述的操作步骤如下。

第一步，根据原文内容，明确以哪个需求层次为主进行复述。

第二步，根据目标读者，确定复述角度。

第三步，梳理原文提供的思想、知识、逻辑和价值。

第四步，共情复述，语言要比原文通俗，读者可清晰感知"与己相关"。

下面我们从美国沟通领域专家罗纳德·B.阿德勒和拉塞尔·F.曾罗科特合著的《沟通的艺术：看入人里，看出人外》中摘录一段话，示范利用马洛斯需求层次理论进行共情复述，供大家参考。

> **案例：利用马斯洛需求层次理论复述原文**
>
> 原文摘录如下。
>
> 研究显示，沟通者在网上会更诚实坦率地表达自我，他们变得不那么谨慎，也较少进行自我监控。学者将这种趋势称为网络抑制效应。不难理解，当人们看不见、听不见甚至有时并不认识他们所谈论的对象时，会更坦诚地表达自己的意见。
>
> 复述步骤如下。
>
> 第一步：明确需求层次。
>
> 情感和归属需求。
>
> 第二步：根据目标读者确定复述角度。
>
> 我在写作时确定文章的目标读者为暗恋者。
>
> 第三步：梳理原文。
>
> （1）思想：在网络上与人沟通更坦诚，但缺少自我监控，说话不谨慎。
>
> （2）知识：网络抑制效应。

（3）逻辑：线上沟通，由于相互之间看不见，更有胆量说真话，但因缺少自我监控，并不一定可靠。

（4）价值：线上沟通的优点是有勇气讲真话，缺点是讲话者不一定负责任。

第四步：共情复述。

当你暗恋一个女孩很久，却不敢当面表白时，不妨给她发一条微信，试探一下对方的态度。网络抑制效应告诉我们，在线上与人沟通时，人更有勇气把心里话讲出来。事实上，有很多人通过网络和梦中情人牵手成功。比如，我表哥暗恋了一个女孩3年多，去年情人节时，他在微信上向女孩表白后，二人很快就结婚了……不过，在线上表白后，只要对方没有明确表示拒绝你的示爱，你就要立即寻找机会给女孩送点小礼物，然后找理由约会。如果没有实际行动，人家就会觉得你太懦弱，缺少担当。

提升影响力的 6 条原则

有"影响力教父"之称的罗伯特·西奥迪尼在他的著作《影响力》一书中指出，影响他人的核心是坚守6条原则，即互惠、承诺一致、社会认同、喜好、权威、短缺。

我们在复述知识时，应该如何应用影响力的6条原则呢？我认为，对于写作者来讲，必须树立利他思维。比如，我们给平台写稿，我们的用户是编辑，在写稿时，我们必须搞清楚编辑的需求，按照编辑的要求去写，主动给编辑审稿节省时间。如果是做自媒体运营，用户是目标读者，那么在写作过程中就要经常反问自己，这样写对目标读者有用吗？

（1）互惠。若要取之，必先予之。我们的目标是写作变现，读者的目标是从我们介绍的知识中获得解决问题的办法。如在知乎、今日头条的悟空问答等问答平台，都可以通过回答问题获得收益。除问答平台外，我们还可以开设付费专栏，建立管道收入，做到一次写作，多次售卖，赚取收益。

（2）**承诺一致**。我们所写的内容，必须能切实解决问题。比如，我们给读者介绍一个方法或者一个小技巧，如果是偏理论型的，自己就要核实清楚，不能把道听途说的答案分享给读者，也不要简单地从网上搜索一个答案，然后复制粘贴就向读者做分享。如果是偏操作型的，就一定要亲自试验，确保亲测有效后，梳理出操作步骤，再分享出来。

（3）**社会认同**。在给读者讲述一个知识信息时，为了提升可信度，可以加入具体事例论证我们的观点，告诉读者我们所分享的信息已经得到社会的普遍认可。通常来讲，当我们无法确认一个信息的真伪时，如果有充分的证据说明这个信息得到了大部分人的认同，则这个信息更容易得到我们的信任。

（4）**喜好**。给特定人群讲述一个特定知识点时，可以根据目标读者的偏好确定讲述方式。同样是介绍一个概念，针对学者型读者，要重点讲述概念背后的原理和来龙去脉；针对功利型读者，要告诉他们应用这个概念可以得到什么好处；针对实践型读者，应该直接讲述操作的方法和步骤。

（5）**权威**。罗伯特·西奥迪尼认为，即便是那些有主见的人，在权威面前，也会因为服从权威而失去独立思考的能力，做出失去理智的事情。我们在写作时利用权威背书，目的并非让读者失去理智，从而盲目地相信我们所提供的信息。但是，只要我们讲的信息真实可靠，加入权威人士的言论，更容易让读者接受我们的观点，并在实践中获得有益价值。

（6）**短缺**。消费心理学中有个"稀缺效应"，直白点讲，就是物以稀为贵。知识也一样，我们在分享一个知识点时，可以适当加入一些超出读者认知的信息，让读者眼前一亮，从而提升读者的获得感。

在知识付费时代，只要我们在某个专业领域有独特的经验和见解，每个人都可以把知识转化成知识产品，获得额外收入。写作是制造知识付费产品最简单、最直接的方式。《爆款写作课：打造爆文的3个黄金法则》的作者弗兰克讲过一句经典的话："文字写出吸引力，它能把你自己的思想装进别人的脑袋里；文字写出生产力，它能把别人的钱装进你自己的口袋里。前者成功了叫作家，后者成功了叫商人。"

很多爱写作的朋友都有一个作家梦，有梦想当然是好事，不过，在梦想实现之前，利用写作提升收入、改善生活质量也是一件不错的事情。在公式写作训练营，我没有教人如何成为作家，我没有这个本事；我也没有教人如何成为商人，我同样没有这个能力。我只是教普通人写出可以变现的文字，权当是以写作的方式制造知识产品，希望帮助更多的人在知识付费领域分一小杯羹。

因此，写作变现并非一件高大上的事，也并不是一件很难的事，每一个会说话、能识字的朋友，都可以通过写作变现。当然，必须有人愿意购买你的产品，你才能获得收入。比如，你写一篇文章去投稿，必须有编辑收你的稿件，你的文章才能发表或出版；你在自媒体平台开设知识付费专栏、发布文章，必须有较高的阅读量，你才能得到平台的广告分红或读者的金钱赞赏。

这一切，皆源于你的作品对读者所产生的影响力。影响力越大，越能让读者与你产生共情，激发读者的阅读欲、购买欲和赞赏欲。

03 延伸复述技巧

根据不同应用场景进行复述

关于知识转化，我有一个观点："知识，要么转化成解决具体问题的能力，提升工作效率，助你升职加薪；要么通过写作、分享转化成金钱，改善你的生活质量。"要达成这个目标，就必须具备根据不同场景应用知识的能力。在这之前，要先结合应用场景，用恰当的语言把知识复述出来。我认为，延伸复述是解决这个问题的实用办法。

所谓延伸复述，是指为了更好地把问题解释清楚，针对不同的应用场景，采取补充、解释的方式复述原文，使知识在不同场景下得到正确应用。

我在通信领域工作了 10 余年，有一定的技术功底，且善于教学。每当单位组织岗前培训、技术竞赛活动、新技术推广应用时，就会委派我担任教练员。就算是讲解同一个知识点，我也会根据不同的教学对象，采取不同的讲述方式。在岗前培训班，我会尽量用生活中的例子把原理解释清楚；在技术竞赛集训班，我会根据竞赛规则，重点讲解这个知识点可以出哪些考题，在理论层面如何应答，在操作层面如何快速解决问题；在新技术推广应用讲座班，我会着重讲述技术特色，把知识点对应的应用价值和发展前景讲清楚。

同理，在写作过程中，我也会针对不同的读者群体，选择不同的讲述角度。比如，同样是讲一个写作技巧，针对写作"小白"，我只讲简单的操作步骤，把技巧做成拿来就能用的模板；针对有一定写作能力，但没有写作变现经历的学员，我就会阐述技巧背后的原理，不同场景的应用思路；如果和写作高手交流经验，我就会讲写作技巧之上的思维，以及写作者的修养、情怀、格局。

那么，如何才能掌握延伸复述的能力呢？从技巧应用方面讲，很简单，无非就是举例子、讲故事、打比方。很多人在复述原文时不知道从何处延伸，主要原因有两点：一是找不到与原文相关联的信息点；二是不知道如何处理其他信息与原文之间的关系。

为了解决这两个问题，我的方法是做"头脑风暴"，并培养建立"普适性思维模型"的习惯。

做头脑风暴的 4 个步骤

头脑风暴原本是精神病学上的专业用词，用来形容精神病患者精神错乱的状态。后来，现代创造学奠基人奥斯本提出了头脑风暴法，主要用于会议讨论时，让参会人员在融洽而不受任何限制的氛围中自由讨论，从而激发创意。因此，头脑风暴已经成为自由联想、自由讨论、发散思考的代名词。

在写作中复述一个概念，找不到合适的解释方案时，可以先停下来，采取自问自答的形式做头脑风暴，我把这个方法称为"一个人的头脑风暴"。如果条件允许，也可以召开小组会议，针对遇到的问题开展多人头脑风暴讨论。不过，对于普通的写作者来讲，大多数情况下都只能进行一个人的头脑风暴。

结合延伸复述的目的，如何做有效的头脑风暴呢？根据我的经验，建议按以下步骤进行。

读懂原文 → 自由联想 → 筛选 → 延伸复述

第一步，读懂原文。 正确理解原文观点，是复述的基础和前提。

第二步，自由联想。 结合原文观点，联想与之相关的案例、名言、故事。在联想时，想到什么就写出来，不要急于思考联想出来的信息是否可用。

第三步，筛选。 结合讲述场合，以排除的方式，把最贴合原文观点的信息筛选出来。

第四步，延伸复述。 总结原文观点，并采取举例子、讲故事、打比方的方式，把原文解释清楚。

我曾在一次剧本创作交流会上，谈到为什么艺术创作需要浓缩生活的精华，而不是记录生活的全部时，引用了美国著名编剧罗伯特·麦基的著作《故事：材质·结构·风格和银幕剧作的原理》中的观点。

从瞬间到永恒，从方寸到寰宇，每一个人物的生命故事都提供了百科全书般的可能性。大师的标志就是仅仅从中挑选出几个瞬间，却能向我们展示其整个人生。

下面我们就以这段话为例，示范通过头脑风暴实现延伸复述目标。

> **案例：头脑风暴**
>
> 第一步：读懂原文。
>
> 罗伯特·麦基这段话的意思是，创作一个故事，要选取典型的事件，反映普适的价值观，而不是像记账一样详细地记录每个事件。浓缩的才是

精华，大师级的创作者把精华部分提炼出来，并将其呈现在读者、观众眼前时，却能让受众看懂整个人生。

第二步：自由联想。

（1）小孩子问爸爸，为什么电影里的人都不吃饭？

（2）故事要呈现的是一种价值观，不是记录事情经过。

（3）人生，只有精彩的部分才能吸引眼球，人没有时间关心那些平淡无奇的事情。

（4）要写一个好故事，就必须学会提炼精华。

……

第三步：筛选。

我希望通过一个小故事，说明创作一个故事不需要面面俱到，只要通过几个典型事件，就足以让读者明白主人公的心理、人格和故事所呈现的价值观。

第四步：延伸复述。

罗伯特·麦基说："从瞬间到永恒，从方寸到寰宇，每一个人物的生命故事都提供了百科全书般的可能性。大师的标志就是仅仅从中挑选出几个瞬间，却能向我们展示其整个人生。"

我也认为，浓缩的才是精华，而且一个好故事的核心目标是呈现一种正向价值观，不是记录事情经过。

有一次，我带着7岁的女儿去看电影，她突然问我："为什么电影里的人都不吃饭？"我没有直接回答她的问题，而是反问："那你觉得这部电影好看吗？"

女儿："好看！"

我："这就对了，因为电影里播放的都是发生在主人公身上的精彩故事，你才会觉得有意思。如果把那些生活琐事都拍出来，你会不会看得瞌睡？"

女儿："就是，人人都要吃饭，这个道理大家都懂，所以电影就没必要播放了。"

> 由此可见，创作者必须有一双火眼金睛，在万千世界中把精华挑拣出来。因为，即便一个人的一生经历过许多事情，人们也只愿意关注精彩的部分，对那些平淡无奇的事情不感兴趣。
> ……

小贴士：在进行自由联想时，先设定问题标的，引导思考，这样做可以提升头脑风暴的效率。同时，头脑风暴还是激发创作灵感的好办法。

建立思维模型的 4 个步骤

在学生时代，有些老师特别受学生欢迎，因为他们总是能把复杂难懂的问题用三两句话解释清楚。成年后，在工作中结识到一些高人，他们总是能一语道破问题的本质。向他们请教问题，总有一种醍醐灌顶的感觉；与之交流，总能体会到"听君一席话，胜读十年书"的快乐。

当我们向他人讲述一个概念，却不知道如何表达时，就会产生一种"词穷"的感觉。很多朋友会把"词穷"的原因归结为"读书太少""书到用时方恨少"。然而，现实情况可能并非如此。得到 App 的著名讲书人成甲，在自己的著作《好好思考》一书中提道：

> 学习并不是追求更多的知识，而是要寻找更好的决策依据……我们只要学习各学科最杰出的思想，去抓关键的要害，就可以解决大多数问题。

我非常认同这个观点，作为终身学习者、知识传播者，我们务必要避开"急于知道答案和止步于答案"的坑。探索答案背后的逻辑，才有利于建立看透问题本质的底层逻辑。事实上，如果我们的认知停留于表面，没有向底层延伸，那么读再多的书也只是读过，学再多的知识也只是学过。

曾经听过一个笑话。有人提问，天上下雨会不会砸死人。然后就有一群博士开始应用各种理论，计算并论证这个问题，讨论得非常火热。这时，保洁大妈实在看不下去了，说道："难道你们没有在雨天走过路吗？"

这个笑话看似是在讽刺博士们不食人间烟火，但是细想一下，博士们所讨论的问题是，为什么天上下雨不会砸死人？而大妈所讲的是一个人人都知道的答案。大多数人的思维都和大妈一样，所以只有少数深挖根源的人，才能从生活的点滴中发现宇宙的奥秘。

作为一名专业领域的创作者，要用简单的语言把高深的理论呈现给读者，就务必养成探索底层逻辑的习惯。而超越答案本身去探索底层逻辑，最好的办法就是建立思维模型，这样才有利于我们看透问题的本质。

查理·芒格在介绍他的多元思维模型时提道："思考问题是有套路的，是有模板可以套的，当你碰到一个问题不知道如何解决时，只要使用正确的模板，就可以迅速地找到解决问题的方案。"

为此，查理·芒格还提供了100多种思维模型。但是，万千世界，100多种思维模型显然是不够的。我推荐大家按以下4个步骤去操作，建立专属于自己的思维模型库。

第一步，观察。 德国著名哲学家黑格尔有一句名言：存在即合理。关键是如何找到"合理"背后的原因和逻辑。《大学》中有一句话：致知在格物。意思就是说，要获得知识和智慧，就必须研究世间万物。建立思维模型的前提是，对事物的状态、变化进行细致入微的观察。

第二步，解释。 每当学到一个理论时，把能被该理论解释清楚的案例、现象列成清单；在生活中观察到某个现象时，则寻找相关的理论进行解释。

第三步，改进。 回忆过往经历，思考一下，曾经做过的事情能否用这个理论去指导，在行动方案上可以做哪些改进，从而提升效率。

第四步，方案。 结合自己的工作、学习、生活需要，思考可以把这个理论应用于哪些场景，并结合具体问题，制订落地方案，搞清楚如何应用这个思维模型。

本章小结

（1）对照复述：利用缩写和扩写的方式，复述原文。缩写：中心句+前因+做法+后果；扩写：采取关联概念、充实案例、增设情节等方式，把句子写成段落，把短文写成长文。

（2）共情复述：利用马斯洛需求层次理论挖掘读者的需求和痛点，使文章与读者产生共情；利用西奥迪尼提出的"影响力6条原则"进行写作，提升作者本人与作品的影响力，让读者主动与文章产生共情。

（3）延伸复述技巧：进行头脑风暴训练，增强联想能力，有利于自己在延伸复述时找到更多的解释方式和案例；注重积累思维模型，有利于自己快速看透问题本质，找到合适的延伸复述方案。

常见问题答疑

（1）对照复述是用自己的语言把原文表达出来吗？

答：严格来说，不是的。对照复述时，除需要用自己的语言表达清楚原文外，还要根据写作需求对原文内容进行取舍。比如，缩写时只取原文的核心意思；扩写时还需要提供知识增量。

（2）延伸复述和扩写有区别吗？

答：有区别。扩写时，重点在于通过关联概念、充实案例、增设情节的方式，扩充原文内容。延伸复述时，重点在于深入挖掘原文观点背后的原理，针对不同的读者对象，拓展文中的知识、概念并解释清楚。

练习题

（1）选取一个自己喜欢的主题段落，对其进行缩写和扩写。

（2）选取一个自己感兴趣的知识点或者一个观点，进行头脑风暴训练。

第二部分
旁征博引

◎ 触类旁通：用别人的故事写自己的文章
◎ 征名责实：增强表达的力度
◎ 博采群议：让读者主动和你对话
◎ 抛砖引玉：发表一个让读者主动传播的观点

第05章

触类旁通：
用别人的故事写自己的文章

寻找、选择、使用素材，全过程掌控写作材料

01 如何寻找素材

手中有粮，心中不慌

《文心雕龙·熔裁》有云："草创鸿笔，先标三准。履端于始，则设情以位体；举正于中，则酌事以取类；归余于终，则撮辞以举要。"这段文字给我的启发是，写文章需分成三个步骤。

第一步，确定与文章中心观点相符的思想感情。

第二步，用合适且具体的案例支撑中心思想。

第三步，用合适的文字把文章的主旨表达出来。

写作时，如果手头没有合适的素材，就会卡在第二步而无法继续创作。此时寻找素材就成了写作的一个主要工作。

如何快速找到合适的素材呢？常用的方法有三个：聊天、搜索和主题阅读。

如何通过聊天寻找素材？

当我们确定了写作主题后，不知道如何进行表述和论证时，不妨找人聊聊天，或许对方不经意间说出来的一句话，就能起到一语惊醒梦中人的作用。我建议大家在与非专业人士沟通时，最好采用闲聊的方式，逐渐代入话题；与专业人士沟通时，采取正式咨询的方式，直接抛出问题。

某平台编辑曾向我约稿，希望我针对初中历史与社会教材中的《义和团运动与八国联军侵华战争》一课写一篇讲书稿。读者对象是初中学生、家长和老师，目的是通过这篇文章让读者轻松地记住这个历史事件中的关键知识。

我接受约稿后，在写到八国联军时，希望能总结一句口诀，让读者快速记忆八国联军中的"八国"是指哪八国。但是我想了半天，也没想出一句满意的口诀。我给一位教初中历史的老同学打电话，寒暄几句后，直接问他："你在给学生讲课的时候，有没有什么口诀让学生快速记忆八国联军？"

这位老同学说："看来你初中学的知识都还给老师了，我们初中历史老师就给我们讲过一句口诀，'饿的话，每日熬一鹰'。"

接着我又和一些历史爱好者闲聊了这段历史，有人给我讲了点野史杂谈，说"饿的话，每日熬一鹰"这句话其实出自太监李莲英之口。

有了这些信息，我不仅在文中提供了记住"八国"的口诀，还给这个口诀编了一个故事，提升了阅读的趣味性。

1900年6月21日晚，慈禧坐在满汉全席的餐桌前，漫不经心地对太监小李子说："小李子呀，你说是哪些国家的公使，打算逼我退位，还政于皇帝？"

李莲英低眉顺眼地答道："回老佛爷，是俄国、德国、法国、美国、日本、奥匈帝国、意大利、英国。"

慈禧似懂非懂地点了点头，说道："是不是皇帝给他们什么好处了？"

李莲英："回老佛爷，奴才听有的公使说，自从来我们大清以后，就吃不饱饭。皇上曾下旨，饿的话，每日熬一鹰。"

好吧，怪不得很多历史老师一讲到八国联军，就告诉学生一句口诀："饿的话，每日熬一鹰"，帮助学生记忆八国联军中的"八国"，这居然是李公公的杰作。

……

在线精准搜索的5个小技巧

在写作过程中经常需要使用名言警句、新闻热点、典型案例、精准数据来支撑文章观点。很多写作高手都有自己的素材库，他们需要素材时，可以先通过素材库的索引快速找到所需材料。但是，个人建立的素材库的资料数量和时效性毕竟有限，不能满足所有的写作需求。写作"小白"可能连素材库都没有，几乎每写一篇文章都需要临时寻找资料。

在互联网时代，诸如百度这样的网站，给我们查找写作素材提供了一条快速通道。但是，如果我们不懂基本的搜索技巧，就很难获取到想要的内容。通常来讲，找不到想要的内容时，并非网络上没有符合要求的资料。事实上，我们所碰到的大多数问题都可以通过网上搜索来解决。

所以，如果我们对搜索的结果不满意，那么大多数情况是因为没有使用正确的关键词和正确的搜索方法。

（1）**关键词**。在网上搜索资源时，使用关键词是一个基本常识。很多不懂这个常识的朋友，喜欢把问题写成一个长长的句子，以为这样就可以找到精准答案。其实不然，计算机并不是人，它是通过关键词来识别信息的。

比如，在写一篇以"读书"为主题的文章时，要引用鲁迅的名言。一些朋友在利用搜索引擎时会在搜索框中这样写："关于读书，鲁迅讲过的名言""鲁迅先生讲过哪些读书的名言""鲁迅关于读书的名言"……其实，只要输入关键词"鲁迅 读书 名言"就可以了。

请牢记，使用关键词搜索，是快速找到合适资源的前提。

（2）**常用搜索方法**。以"百度"搜索引擎为例，在使用百度搜索时，百度网站上方有"网页""资讯""视频""图片""知道""文库""贴吧"等选项，在百度输入同样的关键词，切换到不同的选项，会让我们有更多的意外收获。

例如，在百度输入"鲁迅读书故事"，分别切换到"网页""资讯"选项，得到的结果就完全不一样（见下图）。

除此之外，我们还可以通过输入特定的符号、术语，精准获取资源。下面介绍几种常用的搜索符号、术语。需要注意的是，在使用符号、术语进行搜索时，要在前面加一个空格，所有的符号都要在英文（半角）状态下输入。

1. "+"：添加搜索项

比如，要同时搜索鲁迅和胡适的故事，就输入"鲁迅+胡适故事"，这样搜索出来的结果，一定会包含鲁迅和胡适两位大文豪的故事，而且关于他们二人的故事会排在最前面。

2. "-"：排除搜索项

我们使用百度搜索信息时，百度经常会弹出很多无效的广告信息，或者弹出某些我们明确不需要的信息。这时，我们就可以使用"-"来排除不想看到的信息。比如，我们在百度搜索框输入"股票"，结果出现很多广告信息，这些并不是我们想要的知识。这时只要输入"股票-广告"，就可以过滤掉大部分广告信息。

3. "*"：代替未知文字

"*"又称为通配符，在搜索诗词歌、赋、名言警句时，我们可能记得不准确，这时就可以使用"*"来代替没记住的内容。比如，我想知道"秋水共长天一色"这句诗的出处，只要输入"秋水共*"，就可以找到答案（见下图）。

4."filetype:"：指定文件格式

搜索一本电子书或一篇电子文档时，可以使用"filetype:"，指定文件格式。例如，搜索《文心雕龙》，文件格式为txt，可以输入"文心雕龙 filetype:txt"，这样就可以找到这本书txt格式的下载链接。

5."site:"：指定由某个网站提供信息

"site:"用于指定搜索某个网页中的内容。比如，输入"孔子与老子 site：知乎"，结果全部是知乎所提供的内容。

除此之外，还有很多可以帮助我们进行精准搜索的符号、术语，感兴趣的朋友可以在百度搜索框输入"搜索符号"或"搜索技巧"，学习更多方法。

如何使用 SMART 法做主题阅读？

我在写解读稿时，虽说是解读一本书，但免不了要做主题阅读，同时阅读 3~5 本同类书，便于快速找到支撑观点、解释概念的素材。那么，在有明确写作目的的情况下，如何做主题阅读呢？我建议在阅读时采用 SMART 法。

S：Specific（具体的）。在做主题阅读时，必须紧贴写作需求。比如，以写解读稿为目的做主题阅读，在列出主题阅读书单后，并非要把所有书都通读一遍，只要结合所需写作素材，阅读相关内容即可。

M：Measurable（可衡量的）。在做主题阅读前，必须先列出需要解读的知识点，以及每个知识点需要的素材数量、类型，便于我们通过主题阅读，快速在其他书中确定素材。

A：Achievable（可实现的）。在购买、获取主题阅读的书、文章或者其他文件资料时，先通过阅读书评、目录以及咨询他人等方式，确定准备阅读的资料，确实可以帮助我们达成写作目标。

R：Relevant（相关的）。通过主题阅读寻找素材时，先结合写作需求，做快速阅读，初步确认准备收集的素材与解读目标之间内部逻辑通顺、外部关联紧密，可以起到解释概念、支撑观点、丰富内容的作用，再进行精读。

T：Time-bound（有时限的）。考虑到平台要求写作者在规定时间内交稿，因此务必要牢记自己的阅读目标是寻找素材。在阅读时要做好时间规划，不能因为读到一本好书就爱不释书，我们可以在完成写作后再细细品读它。

02 如何选择素材

取其精华，去其糟粕

著名作家柳青讲过一句名言："人生的道路虽然漫长，但紧要处常常只有几步，特别是当人年轻的时候。"做出正确的选择，对人生意义非凡。写作亦是如此，我把这句话改写一下："写好文章的技法很多，但关键的环节只有几步，特别是在选择素材的时候。"

在公式写作训练营，有个别学员写的文章内容空洞、概念解释牛头不对马嘴，观点论证牵强附会。出现这种情况，根本原因是不会选择素材。关于选择素材，我推荐三个步骤。

第05章 触类旁通：用别人的故事写自己的文章

第一步：归类

找到写作素材后，要对素材进行归类整理，根据素材的特点和用途，把故事、案例、名言、金句等放到相应的主题、概念或者知识点下方，并且一定要标明素材来源，避免在文稿中引用素材内容时，因没有标明原作者而涉嫌抄袭，引发版权纠纷。

第二步：排除

根据写作需求，把与原文逻辑关系不强、关联度低的素材剔除。当然，不是要求大家直接删除素材，在删除之前应该做好备份，便于后期创作需要使用时，可以快速调取素材。

德国富豪博多·舍费尔的著作《财务自由之路Ⅱ：3年内让你的个人资产翻一番》中提出了"富人思维"的概念，并用穷人、中产阶级、富人的区别对富人思维进行了解释。我认为这个知识点很有意思，值得分享给读者。于是，我在写这本书的讲书稿时，把解读"富人思维"列入了写作提纲。下面我将以此提纲为例，示范如何选择素材，供大家参考。

> **案例：选择素材之解读富人思维**
>
> 原书知识点：与穷人、中产阶级相比，富人对待时间、收入、消费和困难，表现出来的态度是完全不一样的。
>
> 故事
>
> （1）褚时健破产后，74岁再次创业，成为"橙王"。（来源：百度网络）
>
> （2）一起长大的一对发小，梦想发大财，一个给村里人挑水挣钱，另一个准备给村里修一条自来水管道，摆脱"提桶收入"，实现"管道收入"。

（来源：贝克·哈吉斯，管道的故事，四川人民出版社，2018.09 第二版）

......

案例

一个破产的穷人中了彩票，很快又变回了穷人。（闲聊得知）

名言

（1）弗朗西斯·培根：金钱好比肥料，如不散入田中，本身并无用处。

（2）莎士比亚：金钱是个好兵士，有了它就可以使人勇气百倍。

（3）卢梭：我们手里的金钱是保持自由的一种工具。

......

金句

（1）生活里你所需要的任何事情都建立在金钱之上，它不是你的父母，却远比你的父母更实际。

（2）一定要有钱，如果没有钱，你会发现你少了很多选择。

（3）贫穷限制了我的想象力。

......

选择素材

原文在讲述富人思维时，重点分析了穷人、中产阶级、富人的区别。我认为用故事、案例来引入观点、解释知识，更利于读者理解原文。所以，我只留下故事和案例。接下来，我考虑到褚时健的故事既励志又可以用更简短的语言描述，便打算不再采用其他故事。

在选择素材时，我们总觉得收集素材不易，故把素材当宝贝。我们必须明白，堆砌素材只会导致文章条理混乱、文不对题，就如同懒婆娘的裹脚布——又臭又长。因此，在对素材进行取舍时，要有"弱水三千，只取一瓢"的信念。虽然符合主题的素材有很多，但不可能都用在同一篇文章里。我们只要选择其中一两个素材，把事情说清楚即可。

小贴士：在选择素材时，务必结合写作需求对素材进行筛选，不要等到使用素材时，再考虑素材的取舍问题，否则会不利于集中精力组织合适的语言，且会对写作质量产生不好的影响。

第三步：检查

结合写作需求，完成素材筛选后，还要再检查一次，重点检查素材的质量是否符合要求。我提供一张写作素材自查表（见下表），供大家参考。

写作素材自查表

素材类型	逻辑谬误	外部关联	趣味性	共情	敏感问题	表达难度	结论
故事	无	可关联	强	中等	无	中等	可用
案例	无	可关联	中等	强	无	易	可用
名言	无	可关联	强	强	无	易	可用
金句	无	可关联	强	强	无	易	可用

（1）**逻辑谬误**。主要检查素材本身是否符合正常逻辑，是否会在逻辑上误导读者，避免用错误的逻辑推导出错误的观点。在填写自查表时，填"有"或者"无"即可。

（2）**外部关联**。确保在使用素材时，能用合适的语言让素材与原文进行关联，确保不是牵强附会。在自查表中填写"可关联"或者"无关联"。

（3）**趣味性**。确认素材内容自带趣味，能引起读者的好奇心，提升文章的阅读趣味。在自查表中分"强""中等""弱"三个等级。

（4）**共情**。素材内容包含痛点，可提供实用价值，能有效激发读者情绪。在自查表中分"强""中等""弱"三个等级。

（5）**敏感问题**。素材不涉及政治、社会、色情、违背正常伦理道德的内容及其他负面的敏感信息和言论。在自查表中填写"有"或者"无"。

（6）表达难度。以自己的知识量，可以用通俗易懂的语言，把素材与原文结合并进行精准表达。如果认为表达有难度，就要舍弃素材。写作者务必牢记：坚决不写自己无法驾驭的文章，不分享自己没有掌握的知识。在自查表中分"难""中等""易"三个等级。

（7）结论。根据上述6项检查结果，得出结论。在自查表中填写"可用"或者"不可用"。

03 如何使用素材

写作是一种裁剪艺术

英国小说家斯威夫特说："要把最好的字句用在最好的层次。"也许这是所有写作者的梦想。之所以说是梦想，是因为大多数写作者都曾为两件事苦恼：第一是没有合适的素材；第二是素材过剩，却不知道如何堆放，如何组织。

写一篇好文章，需要把合适的素材放到恰当的位置。英国文学家斯蒂文森说："文学是裁剪的艺术。"不仅仅是文学作品，所有文章都是这样的，需要不断地打磨、修改。当然，裁剪不是把所有的枝枝蔓蔓都剪掉，而是把它们修剪得更漂亮。

如何使用素材呢？最重要的是谋篇布局，然后是表达恰当。

如何谋篇布局？

关于谋篇布局，需要注意两点：一是层次清楚，二是轻重分明。

（1）层次清楚。整篇文章读起来，从开头到结尾应该是一脉相承的，就像我们看到的山脉一样，有起伏高低。要达到这样的效果，最好的办法是在时间上分先后，先说清楚一个问题，再说另一个问题。千万不要在不同的小点中来来回回、反反复复地讲同一件事情，最后连自己都不知所云。最好是一篇文章只写一个主题，一个片段只写一个观点，观点要为文章的总主题服务。

（2）轻重分明。我推荐写作新手采用总分总结构，开头先做一个总结，讲清楚要表达的核心观点是什么；正文部分层层递进，由前面的内容引出后面的内容。结尾的时候，通常引用名人名言或者原创金句来总结文章的核心。

如何写才能表达恰当？

（1）用词。写作中，我们要尽量少用副词和形容词。很多写作者都有一个认识误区，以为多使用副词和形容词，不仅可以精准传递观点，还可以文采飞扬。著名作家斯蒂芬·金有一句名言："通往地狱的路是由副词铺就的。"美国作家本·布拉特在《纳博科夫最喜欢的词》一书中，用大数据对获得诺贝尔文学奖的作家进行了研究，发现他们的著作中，经典作品使用副词的频率明显较低。

（2）用语。用简单、通俗的语言把问题描述清楚，是写作者务必恪守的原则。在写作过程中，部分写作者为了提升文章"档次"，使文章内容看起来更有"深度"和"高度"，会刻意用一些普通人看不懂的句子描述问题，把简单的问题复杂化。这样做不仅不会让读者产生"敬意"，反而会让读者感到不舒服。我们分享一篇文章，不是为了展示自己多么博学多才，而是为了给读者提供价值。

（3）语气。表达时使用合适的语气，不仅可以有效刺激读者情绪，还能辅助读者接收信息并正确理解作者意图。在不知道该选择何种语气进行写作时，我建议，如果传递的是知识信息，就采用幽默、轻松的沟通语气，而非强硬的命令式、灌输式语气；如果传递的是观点，就采用正能量语气，少用或者不用消极的语气。因为消极语气容易使读者坠入情绪低谷，而幽默、轻松、正能量的语气更容易让读者兴奋并进入情绪高潮。研究表明，当一个人情绪高昂时，更容易与他人产生共鸣。

下面仍以博多·舍费尔的《财务自由之路Ⅱ：3年内让你的个人资产翻一番》为例，解读富人思维，示范在写讲书稿时如何结合原文讲述一个知识点。

案例：使用素材之解读富人思维

案例：穷人买彩票

如果没有富人思维，就算你运气好，买彩票中了500万元，你也会在很短的时间内把钱花完。这可真不是瞎说的，英国的一个研究机构调查发现，那些中了彩票的贫民，在中彩票后会选择疯狂购物、放纵消费，很快就把手头的钱挥霍一空了。这叫什么呢？用咱们老祖宗的话说，就是德不配位。没有富人思维，突发横财，也只是一个暴发户，很难守住财富。

故事：企业家破产

对于企业家来说就算是破产了，也大多可以在哪里跌倒就在哪里爬起来。比如，著名企业家褚时健，他曾是玉溪卷烟厂的厂长，号称中国的"烟草大王"。74岁开启第二次创业，于2002年在云南种植橙子。经过10年努力，褚橙问世，很快就成为家喻户晓的品牌，褚时健被业界称为"橙王"。

抛出问题，引入知识点

为什么暴发户守不住财富，而破产的企业家却可以在一败涂地的情况下，重整旗鼓呢？因为从根本上讲，暴发户虽然有钱了，但在思维层面，他们仍然一无所有。

讲述原文观点

本书的作者博多·舍费尔认为，不同阶层的人，其思维方式和看待问题的方式有着本质的区别。通常来讲，人可以分为三个阶层，即穷人、中产阶级和富人。

这三个阶层的人，在对待时间、收入、消费和困难时，表现出来的态度是完全不一样的。

第一，在对待金钱的问题上，穷人为了赚钱而工作，中产阶级为了赚钱更加努力地工作，而富人却让金钱为他们工作。

第二，在处理金钱和时间的关系上，穷人和中产阶级都认为钱比时间重要，而富人则认为时间才是最宝贵的。同样是买一件衣服，穷人可能会因为一件衣服的价格较高而不停地讨价还价，中产阶级可能会因为打折而高兴好几天，但是富人会时刻思考，用这些时间去做点别的事情的话，是否能挣到更多的钱。

第三，在面对风险时，穷人会选择逃避，因为穷人总是喜欢把风险和危险画等号，好像只要碰触风险，就会令自己陷入万劫不复之地。中产阶级认为风险是机遇和危险并存，他们既不想错失机会，又不敢过于冒险，所以经常会跟风投资，导致自己有时会被"割韭菜"。而富人会把风险当成一次盈利的机会，对每一次风险进行专业的评估，然后做出相应的投资规划，从而做到规避风险，但绝不放弃机遇。

……

（1）寻找素材：聊天+搜索+主题阅读。

（2）选择素材：归类—排除—检查。

（3）谋篇布局：采用总分总结构，同一件事情一次讲清楚，不要在不同的小点中穿插论证，避免文章结构复杂、逻辑混乱，增加阅读难度。

（4）用词：少用形容词和副词修饰句子；用语：简单、通俗易懂，说人话；语气：多用幽默、轻松、正能量语气，少用或不用消极语气。

（1）掌握了寻找素材的技巧后，还有必要建立知识库吗？

答：当然有必要。本章介绍的寻找素材的技巧，主要是针对写稿时需要临时寻找素材的情况。建立知识库，不仅可以帮助我们打造知识体系，还能为我们提供一条快速寻找写作素材的固定渠道。

（2）我知道选择素材要用排除法，但我做不到，怎么办？

答：选择素材是一个做减法的过程。第一，如果在选择素材时不知道剔除哪些素材，就可以先用"写作素材自查表"检查素材。在检查时，凭感觉为素材打一个具体分值，把得分高的留下。第二，结合写作需求，确定固定的素材数量。比如，确定只保留一个故事和一个金句，这样做可以强制你删除多余素材。第三，提醒自己，只需找到可以把问题说清楚的素材即可，剩下的素材无论有多好，写进文章里都是画蛇添足。在这个前提下随机选择素材，再用写作素材自查表对素材进行检查，找到可用素材后直接对其他素材进行备份，然后把文档中的多余素材删除。

（1）利用本章介绍的搜索技巧寻找同一个素材，对比结果并进行记录。

（2）选择一个知识点，做一次寻找、选择、使用素材的整体练习。

第06章

征名责实：
增强表达的力度

权威背书、情感激发、利益引导，全方位提升说服力

01 征用权威的3个要素

手持尚方宝剑，一句顶万句

俗话说："人微言轻。"在职场上，当我们需要跨部门沟通时，即便和对方从未谋面，只要把上级领导的指示说出来，对方就会更加重视我们的请求。比如，沟通时，我们可以这样说：

某经理，您好！我是市场部专员×××，集团王副总指示，×××项目下季度要取得阶段性成果，需要您的配合……

加入了王副总的指示后，表达力度明显增强，对方会因为王副总的权威而更加主动配合。

在写作中征用名人、专家的言论和权威机构提供的数据来支撑文章观点，可以提升文章的可信度。2020年新冠肺炎疫情期间，文章中只要引用钟南山院士的言论、国家权威机构发布的数据，文章就会更有说服力。

疫情初期，正值新春佳节。很多人不愿意戴口罩，也不愿意居家隔离。当钟南山院士发出号召后，从大城小市到偏远乡村，绝大多数人都主动戴上了口罩，也不再串门拜年聚餐……有网友甚至喊出了"躺在家里就是为祖国做贡献"的口号，得到了全国人民的普遍认同。

当全民自觉戴口罩后，市场上出现了口罩短缺的现象，网上发起了"口罩能否重复使用"之争。钟南山院士明确表示：口罩没必要戴一次就换，只要保护得好，把贴脸的那一面叠起来，脱口罩时手不要沾它，就可以继续使用。而且，普通人没有必要非得使用N95口罩，只要戴上普通医用口罩就行了。

广大人民见钟南山院士都这样说，就开始放心大胆地重复使用口罩，也不再迷信N95口罩了。戴普通医用口罩，心里一样很踏实。

当然，也不是每次征用权威都是有效的。比如，小米公司曾请梁朝伟为小米 Note 2 手机代言，结果用户并不买单，大家认为像梁朝伟这样的艺人不可能真的使用这款手机。由此可以得出结论，在文章中征用权威时，征用的名言、名人故事、专家言论、权威数据必须与文章内容高度贴合。

那么，在写作中征用权威，要如何做才能起到"一句顶万句"的效果呢？我的建议是，真实、准确、一致。

内容要真实

曾看过一个笑话，一个学生写作文时，喜欢写"孔子曰""孟子云"之类的句子，以此来向老师、同学展示自己的博学多才。有一次，老师给他写了一句评语——子曰："此语，非吾曰者也！"

这样的笑话，在成人的世界里无处不见。比如，一些管理学、成功学课程，动不动就把自己编造的言论说成是名人名言。网络上一些作者为了提升阅读量，实现销售目的，随意为个人观点加前缀，如"马云说……""李嘉诚说……""鲁迅说……"于是就有认真负责的网友发文纠正——鲁迅说："这些话不是我讲的，我不背这锅……"

除自己编造名人名言外，编造历史故事、新闻事件和虚假数据的做法也常有发生。有些推广文案，数据毫无根据，而且难以自圆其说。比如，一个推广课程的文案，前面说课程单价 9.9 元，已有 10 000 人购买，后面又说销售额超过了 100 万元。于是就有网友评论："老师，我数学不好，您不要骗我……"

在作品中征用权威必须有一说一，有二说二，千万不要随意编造，甚至制造谣言。因为读者会从我们的作品里读出文品，从我们的文品中看出人品。一旦读者发现我们提供的信息不可靠，那么我们的形象就和江湖骗子无异了。

当然，只要我们写进文章里的权威信息是真实的，这些信息就不仅可以增强文章的说服力，还能帮助我们快速成文。比如，某公司要举办一次周年庆典活动，请我们写一篇推广软文，这时我们就可以结合公司成立的日期，查一下历史上同一天发生了什么事情，用"清单体"写作，然后把话题转到该公司的庆典活动上，再介绍该公司的企业文化、创新技术、主流产品等。

我们可以把这类文章称为"历史上的今天"体，我在启思享文案团创始人王辉的著作《10000+软文：爆款软文速成36计》中读到几个同类案例，特摘录案例《12月16日历史上的今天 & 中国车史的今天》，供大家参考。

> **案例：征用权威："历史上的今天"体软文**
>
> 标题：12月16日历史上的今天 & 中国车史的今天
>
> 1770年12月16日，著名作曲家贝多芬出生。
>
> 1776年12月16日，德国物理学家里特出生。里特成功地电解了金属铜，并正确解释了伽乏尼电流的成因，成功研制了世界上第一个干电池。
>
> 1980年12月16日，法国著名生理学家、细菌学家、病理学家查理·里歇特第一次利用血清注射进行治疗并取得成功，为现代医学开创了一条新路，从此人们可以用免疫血清来预防治疗传染病。
>
> 1938年12月16日，德国物理学家奥托·哈恩和费里茨·斯特拉斯曼发现使用中子轰击铀原子能导致裂变，这在科学史上具有重大意义，人类由此进入利用核能的时代。
>
> ……
>
> 2015年12月16日，比亚迪精诚服务品牌荣膺"2015中国汽车服务金扳手奖——新能源服务奖"。
>
> 2015年12月16日，由《汽车与驾驶维修》杂志和搜狐汽车事业部于2006年联合发起、主办的第10届"2015中国汽车服务金扳手奖评选"的颁奖典礼在北京落下帷幕。
>
> 介绍比亚迪精诚服务品牌在行业内做出的贡献、过去获得的奖项。（略）
>
> 介绍比亚迪精诚服务品牌的创建时间、服务理念。（略）
>
> 介绍比亚迪精诚服务品牌的市场规模、品牌实力、创新技术。（略）

通过这个案例可以看出，在列举"历史上的今天"大事件时，首先要保证历史事件的真实性；其次，对于写作技巧也有所讲究。

第一，历史事件并非随意选择，而是要选择大众熟知的历史事件＋专业领域内发生的历史事件。

第二，在选择专业领域内的历史事件时，要紧密结合公司、品牌需求。在上述案例中，比亚迪精诚服务品牌的主营业务是新能源服务，选择的历史事件则要与新能源技术紧密相关。

第三，在行文手法上采取"先列举一个大众熟知的历史事件，再列举一个专业领域内的历史事件"的穿插方式。这样做的好处是可以解除读者"排斥"广告的戒备心理。

表达要准确

对于写进文章的所有名言、历史典故、新闻事件、信息数据，都要进行考证，尤其是数据，必须精准。无论是文案写作还是写其他类型的文章，恰当使用数据都是提升文章说服力的有效手段。

比如，我在写《财务自由之路Ⅱ：3年内让你的个人资产翻一番》这本书的讲书稿时，为了说明"复利"的好处，我采取了数据写作的方式，用实实在在的数据来支撑观点。

> **案例：征用权威——用数据提升说服力**
>
> 俗话说，你不理财，财不理你。《巴比伦最富有的人》一书的作者乔治·克拉森曾有一句经典名言："金钱只留给那些了解并遵守资本法则的人。"如果你无视金钱的增值规律，就算你拥有1000万元，也很快会花光。而清楚复利这个概念，通过复利来让自己的金钱倍增，是实现财务自由的必选方式。
>
> 比如，你投资1000元，年复利率为7%时，30年后，1000元就会变成7 612.26元；如果年复利率为12%，30年后就是29 959.92元；如果年复利率是20%呢？ 1000元的投资，经过30年的复利，就会变成237 376.31元，倍增了237倍。这时，相信大家都可以看出来，年利润率是复利效益的决定性因素。

在这个案例中,关于我所提供的每一项数据,我都进行了精准计算。在确定年利率时也并非随意列举,而是咨询了数位理财领域的专业人士,确认年利率7%、12%、20%并非无中生有,是通过正确的理财方式可以实现的收益目标。

逻辑、承诺要一致

在写作中征用权威,一致性主要体现在两个方面。

第一,逻辑一致。征用的名言、故事、案例、事件、数据等必须与我们的文章内容在逻辑上一脉相承。在文案写作中,最高级也是最常用的手法就是把看似毫不相关的两件事情关联在一起。

我们经常看到一些软文,从标题到文章开头的一大段正文都看不到任何广告的痕迹,就算后面看到了推广信息,我们也会坚持看完。其实,这类软文特别好写,几乎是同一个套路:故事+案例+推广。

比如,一些推广英语课程的软文,通常都是先写一个名人学英语的故事,或者一个普通人学英语的故事。总之,不管是名人还是普通人,最后都通过学习英语实现了逆袭,改变了现状,甚至改变了人生。

有一天晚上,我写作写累了,就随意翻看微信公众号文章,有一篇标题为《结婚9周年,孙俪直接喊话:"邓超,你变了!"》的推文吸引了我的眼球。看到这个标题时,我还以为邓超出轨了呢!八卦心理促使我打开了这篇推文,发现文章内容与我想的完全不一样,我居然没有失望,反而更想探个究竟。我把这篇软文的大致内容介绍如下,供大家参考。

第一步:文章开头写邓超和孙俪二人在结婚9周年之际,发了秀恩爱的微博,并配上了相应的截图。

第二步:列举了"粉丝"的评论并配上了相应的截图。

第三步:写了邓超在湖南卫视录节目的故事,还配了邓超讲英语的视频,称邓超的英语为"超式英语"。又列举了邓超因为英语不好,被网友戏称为"百度英语"的例子。

第四步:话锋一转,说邓超曾为了拍戏而苦练过英语,非常努力。顺便引用邓超用英语写的一句话:Learning English seems like opening a door and seeing a lot of new things。

第五步：抛出问题"到底如何才能学好英语"，并顺其自然地介绍了一位英语讲师的简历和他的课程特色。

就这样，作者成功地把孙俪和邓超在结婚纪念日发的一篇微博与学习英语建立了关联。

第二，承诺一致。写作者必须能兑现对读者的承诺，不能满嘴跑火车，一派胡言。如果我分享的知识并不管用，所讲的方法无法落地，所提供的数据并非真实，那么无论我用什么权威来支撑观点，读者也不会相信，我们还会遭受读者抨击。

自媒体时代并非一个脱离现实的时代，自媒体的世界也并非虚拟的世界。写作者必须牢记，我们和读者的距离仅是隔着一个屏幕而已。屏幕上不仅能显示我们的文字，也能显示我们的人品。我们每写一篇文章，都要围绕打造个人品牌的目的去行动，千万不能砸了牌子、毁了人设……

这个时代是一个容易让人选择相信的时代，也是一个充满了信任危机的时代。因此，要在自媒体写作领域分一杯羹，格局与情怀比写作能力要重要千百倍。说老实话、写诚实文，是写作者的上上策，也是在写作变现这个圈子里发展下去的唯一选择。

02 征用情感的 3 个维度

建立情感沟通管道，让陌生读者路转粉

法国启蒙思想家狄德罗有一句名言："感情淡薄使人平庸。"同理，如果一篇文章没有丰富的感情色彩，定然无法打动读者。反之，在文章中运用情感的力量表达观点，通常会取得比纯理性表达更好的效果。俗话说："动之以情，晓之以理。"我们表达一个观点时，最好先用情，再讲理。

三岁的小女儿不愿意吃饭，我劝道："宝贝，快点吃饭吧，你要不吃饭的话，就长不高了。你看，隔壁家的小弟弟都快比你高了……"然而，我讲再多的道理都不管用，我一点辙也没有，于是大声喝道："快点吃，再不吃我要揍你了！"没承想，她直接把勺子一扔，哇哇大哭起来。

这时，我妈赶紧劝她别哭，并对她说："宝贝，快点吃吧，你要再不吃饭，奶奶会很伤心的……"小女儿一听，居然主动把饭吃完了。

事后我逗她："为什么爸爸要你好好吃饭，你不听；奶奶一说，你就吃了？"她小嘴一歪，说道："奶奶爱我！"

在职场上，我们可以看到一种现象：有些领导天天训人，下属们却忠心耿耿；有些领导和颜悦色，下属们却阳奉阴违。究其原因，前者虽然训人，但讲感情，心里装着下属；后者虽然看着慈祥，却没有真情。

我20岁入伍当兵，如今已年近40岁。但是，我时常会想念我的新兵连班长。说起来，在我的军旅生涯中，对我最"狠"的就是新兵连班长了。他抽过我耳光，踢过我的屁股，还罚我在冰天雪地里站过军姿、跑过五公里……

但是，对我最好的人也是他。他曾手把手地教我叠被子、踢正步、做俯卧撑……在我发高烧时，他亲自把饭端到我的床前；在我郁闷时，他把我叫到厕所里，偷偷地给了我一根烟；在我崴脚摔倒时，他第一个冲过来，全然不顾我的脚臭，脱下我脚上的黄胶鞋就开始揉捏……

虽然新兵训练结束后，我就和班长失去了联系，但我对他有很深的感情。如今我已结婚生子，不再是当年的热血青年，已然成了一名油腻的中年大叔。经历的挫折多了，看过的人情世故多了，不再容易被感动。可是，我经常会在独处时，情不自禁地哼唱《我的老班长》，哼着哼着就鼻子发酸，眼睛发涩泪满眶……

正如亚里士多德所讲："我们无法通过智力去影响别人，情感却可以做到这一点。"如果你知道一个人是真心对你好的，就算他打过你、骂过你，你还是会感动不已，感恩不尽。

在写作中，如何写出动情的文字，和读者建立情感沟通管道呢？我建议大家牢记九个字：用真情，写实话，接地气。

第06章 征名责实：增强表达的力度

用真情

我听一位长辈讲过，和人交往，能讲感情就不要讲道理。尤其是家人、亲朋好友之间，要多讲感情。因为道理讲多了，我们可能会赢了道理，输了感情。我们通过写作发表观点，如果一味地说教，虽然我们的分析很理性，逻辑很清楚，道理很透彻，但终归会给人一种高高在上的感觉，读者很难和我们的文字进行平等的沟通。

如何才能让读者体会到我们的真情呢？这需要作者平时多注意观察生活，用细腻的情感去思考人生的种种经历。正如叶圣陶先生所说："生活充实，才会表白、抒发出真的深厚的情思来。"

我的第二份工作是在一家文化公司当写手兼文案编辑。当时我年轻气盛，对新事物特别敏感，因此总能想出一些很有意思的创意和点子。但是，当我把创意和点子写成文案时，老板却不满意："你的文案毁掉了你的创意……"

反复折腾几次后，我终于忍不住问老板，我的文案到底出了什么问题。老板是位书法爱好者，他什么话也没说，只写了副对联给我"世事洞明皆学问，人情练达即文章。"我当时没有悟透这副对联的含义，等我明白过来时，我已经搁笔从戎了。我至今都很遗憾，没有给公司写过一份让老板满意的文案。

让读者从文字中体会到真情实感，还需要寻找情感的源头，这个源头就是作者对生活的真实体验。

著名作家严歌苓30岁时去美国留学，初到异国他乡，她以一名普通留学生的身份到餐馆端盘子、照顾美国的老太太……正是这些人生经历让她得以创作《少女小渔》这部生动地刻画了移民形象的作品，这部小说后来被李安导演看中并买了版权，使严歌苓的生活得到了很大的改善。

正所谓"未经他人苦，莫劝他人善"。写文章、发表观点的大忌就是站在道德的制高点对文中列举的现象进行评论,然后告诉读者应该如何做。这样做会给读者一种被道德绑架的感觉。一个方法或做法,自己压根儿就没有实践过,也没有论证过,却要求读者去尝试,这样的分享,读者看到的全是纸上谈兵。

写实话

莎士比亚有一句名言:"老老实实最能打动人心。"由此可见,流露真情的文字必定是大实话。没有一个人喜欢虚情假意的问候,没有一位读者喜欢满纸谎言的文章。

在现实社会中,很多写作者为了吸引读者眼球,故意夸大事实。我们时常会看到一些标题很劲爆、内容很空洞的文章。读者对这类文章的评价就一句话:"开篇一张图,内容全靠编。"

当然,写实话也有技巧。写实话并非实话直说、不假思索地和盘托出。尽管读者喜欢听实话,但是读者更喜欢听有趣的实话。

如下3个案例摘自蚂蚁财富《年纪越大,越没有人会原谅你的穷》的系列文案,虽然都只有一句话,却不仅用打趣的口吻道出了实情,同时也告诉读者趁早开始理财的重要性。

例1:每天都在用六位数的密码,保护着两位数的存款。

例2:世界那么大,你真的能随便去看看吗?

例3:只有在因为请假扣工资的时候,才会觉得自己工资高。

如何才能写出幽默有趣的文章呢?我的建议如下。

第一,多看一些幽默小故事和有趣的段子,同时模仿着写。

第二,在生活中刻意使用幽默风趣的语言与人沟通。

第三,在写作之前,先读一篇风格有趣的文章,激活自己的幽默细胞。

接地气

一次,我在朋友的介绍下,去山里的一户人家买土蜂蜜。养蜂的老人已经年逾八十,他跟我交谈时,动不动就引用毛主席语录。从交谈中我得知,这位老人一天学都没上过,一个字都不会写。我很好奇,就问老人家,没上过学,说起毛主席语录却张口就来,这是怎么做到的?

老人家呵呵一笑,说:"毛主席的话接地气,全国人民都听得懂,记得住。比如,'好好学习,天天向上',刚学会说话的小孩也一听就会,我老汉咋能不行呢……"我仔细一琢磨,的确如此。比如,1940 年,毛主席给《通信战士》杂志题词:"你们是科学的千里眼、顺风耳";再如,"一切反动派都是纸老虎""活到老,学到老""一不怕苦,二不怕死""打扫干净屋子再请客"……

我认为,多读毛主席的文章,不仅能从中找到使写作"接地气"的方法,还能感悟到求真务实的真谛,更能在阅读中提升自己的格局与情怀。通常来讲,"接地气"的文章具有共同的特点:用语直白,通俗易懂;立场鲜明,直击要害;形象生动,意义深远。

那么,在写作技法上,"接地气"有何讲究呢?我的心得是三句话:用大白话描述问题;用小故事讲大道理;从大众语言中提炼金句。

03 征用利益的 3 个要点

帮读者解决问题,增强"粉丝"黏性

有位老师曾跟我讲过一句话:"最高级的聪明是靠谱。"在我追求写作梦想的过程中,总是为没有名气而苦恼,每当我呕心沥血写出一篇文章却不被编辑认可,发布到自媒体平台阅读量又低得惊人时,我就会把原因归结为自己没有名人推荐,"粉丝"太少……但是,当不断有平台向我约稿时,我突然发现,之前的苦恼有点庸人自扰。

在公式写作训练营，大多数学员在报名前关注的事情有如下几点。

（1）有没有投稿渠道；

（2）老师会不会向编辑推荐学员的稿件；

（3）老师与平台编辑的关系够不够铁。

很奇怪，只有少数人关心能不能通过训练提升写作能力。或许许多写作者和我有同样的情结，认为自己的写作能力没有问题，只是怀才不遇，所以，他们就想通过报一个写作课程打通投稿渠道，寻找伯乐。

我特别能理解这种心情，人在迷茫的时候，特别希望有贵人相助。然而现实情况是，我们是谁并不重要，我们认识谁更不重要，重要的是我们写的文章要靠谱。

不可否认，很多写作者写作功底确实不错，随便写一篇文章，都能引经据典、文采斐然。但是，仔细一看，文章除了证明作者本人很厉害外，并不能给读者提供多少有价值的信息。结果，一篇精心打造的文章，最终并不被读者认可。因为读者的潜台词是"你很厉害，和我有什么关系？"

经济人假设理论告诉我们，每个人的行为都会以自身利益最大化为目标。将欲取之，必先予之。我们想得到编辑的认可，就必须写出符合平台需求的文章；我们想获得读者的认同，就必须在文章中提供能给读者带来利益的信息。

最能引起读者共鸣，也最能激发消费者购买欲望的，有三个方面，即痛点、痒点和爽点。

如何写痛点？

每个人都会碰到一些特殊的问题，如果问题得不到解决，人们就会寝食难安，这类问题就是读者的痛点。很多文案高手会从读者的利益出发，细分读者群体，寻找读者痛点。

很多老板愿意花钱报一些动辄好几万元的管理培训班，并非真的奔着学习管理知识而去，他们更在乎通过几天的培训链接到有效的人脉资源。因此这类培训班的宣传文案就要针对"人脉"这个痛点，提供解决方案。文案的重点是展示培训环境有多好，预告哪些业内大佬将出席并可以与学员共进晚餐等。

但是，如果是针对企业员工的管理培训班，就要把重点放在"课程知识"上。因为企业员工报名的主要目的是升级创新思维，提升专业能力，解决具体问题。

解决痛点，是读者的刚需，只要提供了正确的解决方案，就很容易获得读者认同。挖掘痛点，可以从人性的弱点或优点入手。比如，针对人性中懒惰这一弱点，很多以"偷懒"为切入点的文案，特别容易取得成功。

例如，美国人乔·卡伯写了一本书，介绍致富经，此书成为畅销书，书名就叫《懒人致富》。又如某英语培训机构的文案："不用背单词，1个月就能和老外聊翻天。"

如何写痒点？

痛点是读者必须解决的问题，只要我们能提供有效的解决方案，就可以得到读者认可。痒点不一样，读者并不一定需要，但是如果我们能有效激发读者的某种欲望，就会变"不一定需要"为"特别想要"。

英国一名叫亚伦·卡尔的会计师，给广大烟民写了一本书《这书能让你戒烟》。他在书中写道："如果你是一个老烟枪，你完全可以一边点上一支烟，一边细细阅读这本书。你会惊讶地发现，烟瘾会在阅读中不知不觉消失。"

看到这个书名，即便没有戒烟想法的人也会感到好奇。读一本书就可以戒烟，这也太轻松了，购买欲望瞬间被激发。

那么，我们可以从哪些方面挖掘读者的痒点呢？

我们可以通过给读者传递一种价值：让自己变得更好。其实，大多数人都想活成自己理想中的样子。我们要做的，就是让埋藏在读者内心深处的理想种子重新萌发出生长的冲动。在具体的写作实践中，有两种表达技法可以实现这个目标。

第一，告诉读者，他们可以得到什么。

第二，告诉读者，他们即将失去什么。

如何写爽点？

我们看一些优秀的广告文案，都喜欢用"痛点"入题，用"痒点"引导，把读者的兴趣调动起来后，就会抛出爽点，让读者情不自禁付款购买。比如，很多学区房的推广文案，都喜欢采用一个套路。

开头写痛点：孩子上学难，咱这是学区房……

中间写痒点：分析给孩子提供一个好的教育环境，让孩子上一所好学校是多么重要；房价一直在涨，现在购买相比一年后购买更划算。通过几个案例分析，让读者感觉不买就对不起孩子，同时让读者担心越往后拖，越买不起房……

最后写爽点：现在公司搞活动，可以享受N种优惠，一下子省下N万元……

爽点就是卖点，是让读者付款、点赞的"杀手锏"。如何精准定位读者的爽点呢？意大利伟大诗人但丁在《神曲》中列举了"七宗罪"，根据其严重程度，从轻到重排列分别是：色欲、暴食、贪婪、懒惰、暴怒、嫉妒、傲慢。

这七宗罪讲述的是人性的弱点。但是，如果应用得当，就能利用人性的弱点写出让读者爽的文章。我们读金庸的武侠小说，总有一种爽到欲罢不能的感觉。因为小说中的主要人物，都在与这七宗罪作斗争，读者在看到傲慢者、贪婪者……被大侠灭掉时就会感觉很爽。

在文案写作中，我们同样可以从七宗罪中得到灵感启发。以"暴食"为例，我们可以结合不同需求，写出让不同读者对象"爽"的文章来。

例1：介绍健康饮食的技巧文。我们可以写暴饮暴食的坏处，讲名人克制饮食的励志故事,并提供健康饮食的解决方案。

例2:推销产品的文案。首先我们可以介绍一些关于节食的认识误区,然后给读者提供一个解决方案(吃我们的产品),可以吃遍天下美食都不胖。接着介绍现在购买该产品的优惠活动,或者免费试用……

小贴士:不管写什么文章,都要站在读者的立场去思考问题。只要紧紧抓住读者的核心利益,唤醒读者去维护自己的利益,读者就会主动采纳我们的观点、实践我们提供的方法,购买我们推荐的产品。

本章小结

(1)征用权威,一句顶万句:表达要真实、准确、一致。

(2)征用情感,陌生读者"路"转"粉":用真情,写实话,接地气。

(3)征用利益,增强"粉丝"黏性:痛点、痒点、爽点。

常见问题答疑

(1)征用权威时,照抄原文和用自己的话转述,哪种方式更好?

答:视情况而定。一般有四种情况:第一,若是通过征用名言警句引入主题,就照抄原文;第二,若是用名言警句总结观点,就既可以照抄,也可以结合写作需要将名言警句改成金句;第三,若是通过征用故事、案例、热点引入主题或佐证观点,建议用自己的话转述;第四,若是征用权威数据,具体的数字必须照抄,不能随意篡改。

(2)我天生就没幽默细胞,还能写作变现吗?

答:当然可以。首先,并非所有的文章都要用幽默有趣的风格去写,如表达忧伤的情感文、介绍方法的技巧文等就不需要。你完全可以创立自己的风格,能变现的文章并不一定非得幽默风趣,核心是给读者提供价值,内容必须大于形式。其次,你可以尝试用书中介绍的方法去训练自己，找到幽默表达的窍门。

（3）写文章容易自嗨，怎么办？

答：写作前，确定读者的问题是什么，明确你的解决方案。在写作过程中要换位思考，刻意提醒自己要为解决读者的问题去写。写完文章后再检查修改，重点是检查是否卖弄文采，把多余的修饰性词语（如副词、形容词）、名人名言、故事案例等全部删掉；是否跑题，把和主题关联度低的内容删掉；是否讲大道理，改写"号召式""口号式"的相关内容，用具体的实践措施、故事或者案例代替。

（1）找一篇能打动你的情感文，拆解文章并将其做成思维导图。

（2）找10篇能让你产生购买欲望的软文，选择1篇进行模仿写作。

第 07 章

博采群议：
让读者主动和你对话

话 题、论 述、增 量，全 视 角 关 注 读 者 注 意 力

01 制造话题
让读者参与评论

写作不是作者自说自话，有效的写作应该是作者与读者以沟通的形式进行对话。但是，如果读者对作者抛出的话题不感兴趣，就算作者竭力呼唤，读者还是不会与作者沟通。写作就是写话题，作者的话题能引起读者的关注，读者就会参与评论。

在自媒体平台发布文章，决定文章收益的因素主要有阅读量、点赞数和评论数，很多自媒体写作者会挖空心思想话题。那么，学习话题写作，可以从三个方面下功夫，即读者对哪些话题感兴趣、如何预判话题热度，以及如何制造话题冲突。

读者感兴趣的话题有哪些？

读者对哪些话题感兴趣呢？万千世界，只要我们表达得好，每一个话题都可以写成一篇优秀的文章。对于写作新手，我推荐如下 7 类话题。

（1）**热点话题**。自媒体写作圈流行一个词：蹭热点。通常来讲，重大事件、名人动态、传统节日、天灾人祸、社会不公平现象……都是大众关注的热点话题。利用热点话题写作，写出爆款文的概率更大。

（2）**情感话题**。由婚姻、爱情、亲情、友情等衍生出的彩礼、出轨、代沟、随份子、情感破裂与修复、婆媳关系等话题，是情感领域创作者屡试不爽的题材。

（3）**生活话题**。涉及普通人生活的小确幸、小惊喜、小技巧、小困惑、小八卦……只要对改善普通人的生活有帮助，通常就容易获得读者好评。

（4）**职场话题**。如何处理与领导的关系、与同事的关系；如何提升职场能力；如何做职业规划；如何要求老板涨工资；要不要辞职、跳槽、调换工作岗位……这些都是职场人士最关注的问题，如果我们能针对这些话题提出解决方案以及实用建议，那么通常可以拥有一批愿意付费的"粉丝"。

（5）**文化话题**。任何行业、任何领域的事情，一旦和文化挂上钩，立即就有了高大上的感觉。比如，曾经很火的一个电视节目《舌尖上的中国》，之所以受到广大观众的喜爱，就是因为节目内容不仅是讲美食，还结合风土人情把美食提升到了文化的高度。这样一来，它就不是一个简单的美食节目了，而是一个宣传饮食文化的节目。任何行业都可以和文化挂钩，写作的"域"很宽。而且，只要我们能把写作的话题和相应的文化匹配好，就更容易在精神上打动读者。

（6）**历史话题**。有时候，对过去的向往比对未来的憧憬更具有魅力，所以，人们总爱谈论过去，因为历史不仅是今天的写照，也是未来的参考。历史中的人物、发生的大事小情，都能引起广大读者的强烈兴趣，因为人们总喜欢探究历史背后的故事。如果我们能在文章中对历史人物的背景、历史事件的发生原因进行深入分析，结合当今的实际情况进行总结，启发人们思考或者提供给人们解决某类问题的参考建议，那么读者不仅会点赞，还会忍不住在评论区写上他们的见解。

（7）**冷门话题**。可以颠覆大众常识、深层次挖掘问题真相的话题，特别能唤起读者的好奇心，如飞机起降还是逆风好、"座右铭"原本是实物、"二百五"的来历、龙袍上到底有几条龙、清朝曾帮美国渡过难关等。

冷门话题不仅能提升文章的吸引力，还能增强阅读的趣味性。但是，如果没有强大的阅读积累、丰富的人生经历和逆向思维，我们很难找到合适的冷门话题。我推荐大家阅读两本书：王悦编著的《很冷很冷的冷门知识：话题达人的秘密武器》《很冷很冷的冷门知识（第2季）：探索未知，消灭无知的终极利器》，二者均由中国画报出版社出版。这两本书可以给我们提供很多特别有意思的冷门话题写作素材。

如何预判话题热度？

我们在"蹭热点"时，如何确保不会"蹭"到过时的热点呢？我认为，最好还是用数据说话。我们可以利用"百度指数"，分析"热词"和话题热度。

比如，我在写一篇关于读书励志的文章时，想用历史人物的故事引出主题，是采用屈原"洞中读书"的故事，还是采用司马光"警枕励志"的故事呢？我在"百度指数"中输入历史人物的名字，进行热度对比，如下图所示。

从"百度指数"给出的结果看，近期关注屈原的网友比关注司马光的网友更多。显然，选用屈原"洞中读书"的故事引出话题，提升阅读量的概率更高。

同时，在写标题时，对于一些同义词的使用，到底该用哪个词语，也可以利用"百度指数"进行热词对比。比如，写职场文时，是写"求职"好还是写"找工作"好呢？

通过对比（见下图）发现，"找工作"这个词语的热度指数是8943，而"求职"这个词语的热度指数是1153，显然"找工作"这个词语效果会更好。除"百度指数"外，今日头条、微博、易撰等平台都提供了"热搜"功能，可以帮助创作者更快、更准地追到热点并使用热词。

如何制造话题冲突？

戏剧创作者都有一个共识：没有冲突就没有戏剧。黑格尔有一个观点：冲突是戏剧的中心问题。实际上，不光是戏剧，诗歌、散文、小说等其他类型的作品，都是由一个又一个话题组成的。若话题没有冲突，就很难引起读者的关注、思考和评论。

如何制造话题冲突呢？最简单的办法是二元对立：针对同一个话题，呈现两种不同的理念，引导读者站队，激发读者的讨论热情。比如，让两种不同的思维、价值、利益产生对立。

二元对立的简单应用

（1）**思维对立**。阅读美国著名的心理学家卡罗尔·德韦克的著作《终身成长：重新定义成功的思维模式》会发现，持有固定型思维模式和持有成长型思维模式的人，在面对问题时的态度和行为截然不同（见下图）。

问题	固定型思维	成长型思维
挑战	规避挑战	接受挑战
改变	墨守成规	积极改变
批评	推诿抱怨	虚心接受
舒适	待在舒适区	寻求挑战
失败	自暴自弃	越挫越勇

（2）**价值**对立。同一个事物，对于不同阶层、不同行业的人，所体现出来的价值明显不一样。比如，一个从唐代流传下来的水槽，在偏远乡村的老奶奶眼里，它最大的价值就是放在墙根，盛水喂鸡；在考古学家眼里，它就是件值得研究的文物；在商人的眼里，它是件可以卖个好价钱的宝贝。

在文章中呈现不同的价值观，可以成功吸引读者讨论。比如，一名年仅18岁的军人为了救一位80多岁的老人而牺牲，到底值不值？这个问题曾引发社会各界的广泛讨论。

（3）**利益**对立。尽力维护自己的利益，是普通人的本能。俗话说："没有永恒的朋友，也没有永恒的敌人，只有永恒的利益。"父子、夫妻尚且可以为了利益而发生争吵，更何况陌生人呢。所以有一种说法：利益是冲突的根源。如果我们在写作中以利益为中心制造冲突，那么引发读者参与评论的概率会陡增。比如，某商场打折销售，到底是不是羊毛出在羊身上，这样的话题通常可以吸引读者主动发表个人见解。

02 讲述话题

简单实用的话题写作技巧

不管我们愿不愿意承认，所有的写作都是为了被人阅读。对于写作者来讲，每一篇文章都像自己的孩子。天下所有的父母，都希望自己的孩子能到外面闯出一番天地来。孩子在家里时，父母看着十分喜爱；孩子走出家门，父母希望别人也能为自己的孩子竖起大拇指。

我这几年主要是教人写读书类稿件，如书评、讲书稿、共读稿等。我发现，写读书类稿件特别简单，因为征稿平台对这类稿件的要求通常是，在原书中寻找 3~5 个重要的知识点，然后把选择的知识点讲透彻即可。

我的经验是，在定下一个写作主题后，把知识点模块化，每个模块由 3~7 个话题组成。因此，话题就是各分主题下的子模块。这样一来，我在写作的时候，只要写好每一个话题，然后用一些过渡和转折手法，实现上一个话题向下一个话题的自然切换即可。

事实上，不仅是写读书类稿件，写任何文章都可以使用这个办法来简化写作流程，降低写作难度。那么，如何写好一个话题呢？我们可以把每一个子话题看成是一篇小文章，重点要把握三个要素：结构、风格和可读性。

讲述话题的三种简单结构

在公式写作训练营，很多学员在讲述一个话题时，喜欢先说一堆原因，再表达观点。他们认为，过早告诉读者答案，读者可能不会读完全文。这种担心是多余的。读者阅读除文艺作品之外的文章，目的就是快速找到答案，我们必须为读者节省找到正确答案的时间。

大多数书评、讲书稿、共读稿等都具有说明文的显著特征，说明文的主要目的是传达信息、告知正确答案、解释原因，所以写作时最好在开头就总结话题观点，对于话题中的子信息，按先重要、后次要的顺序进行写作。

我推荐三种简单好用的话题写作结构：范畴结构、对比结构和因果结构。

范畴结构 → 对比结构 → 因果结构

（1）范畴结构。当话题中涉及多个子话题时，我们可以采用范畴结构表述。我们在写解读类稿件时，通常采用该结构引入子话题。例如，我在写威廉·庞德斯通的著作《无价：洞悉大众心理玩转价格游戏》的讲书稿时，便采用了范畴结构介绍讲书稿内容。

接下来，我将从三个方面为大家讲述这本书的精华内容。

第一个方面：精明的生意人都是怎么和你讨价还价的？

第二个方面：吃瓜的群众到底被多少价格骗局包围着？

第三个方面：傻傻的我们购物时如何识破商家的套路？

（2）对比结构。采用对比结构写作，不仅可以提升话题的表现力和说服力，还可以引导读者明辨是非，做出正确选择。比如，我在写安杰的著作《一本书读懂24种互联网思维》的讲书稿时，提出一个话题——走出发展误区：你需要一个团队，而不是成为超人。

在互联网时代，谁也别想当超人，你一开始就应该加入一个团队，只要团队的热度在，你就不会消亡。就如出海打鱼，一个人打鱼，一天不出海，就一天没有鱼吃，打多了，吃不了；吃多了，消化不良。众人打鱼，天天有鱼吃，若吃不了，就有人将多余的鱼做成鱼干存起来。大家一起操船撒网，一起捕鱼，可以省很多力气，可以少走很多弯路，可以轮流休息，却能一直保持收获和热度。

（3）因果结构。"因为……所以……"这样的表述，不仅能把原因分析清楚，还能传递出事实清楚、证据充分的信号，轻松获得读者认同。利用因果结构写作话题时，并非先写原因，再写结果，而是遵循结论先行的原则，分三段进行表述。

第一段：明确话题结论。

第二段：用具体案例、数据佐证观点。

第三段：重申结论。

我在写美国作家马尔科姆·格拉德威尔的著作《引爆点》的共读稿时，写到"神奇的六步分离法"这个话题时,采用了因果结构进行写作。

《引爆点》这本书中有一个理论,叫"神奇的六步分离法"。你和这个世界上任何一个陌生人之间,间隔的人都不会超过五个。也就是说,最多通过五个人,你就能认识任何一个你想认识的陌生人。(明确话题结论)

1960年,美国社会学家史泰林·米勒格曼曾经做过一个实验。他随机抽选了160个普通人,他们从美国中部的奥马哈市各发出一个邮包,送给住在美国东部沙伦市的约翰先生。当然,这个邮包不能通过邮寄的方式送达,而是把邮包给自己生活中的一个熟人,让他代为转交。结果,当约翰收到这160个邮包时,发现中转次数最多的也没有超过6次。(案例佐证)

所以说,在这个世界上,就算是远在天边的陌生人,也极有可能是你朋友的朋友。(重申结论)

如何确定话题的讲述风格?

新媒体写作中,话题本身就包含干货信息,这一点很重要。但是,如果我们的表达枯燥无趣,那么即便分享出的全是有用的干货,也不见得会有人阅读。

在学生时代,有些老师讲课喜欢照本宣科,我们听着就想睡觉;而有些老师能够结合课本知识讲一些相关的小故事、小案例,结尾时还会总结一些快速掌握知识的小技巧,这样的老师讲课,不仅能激发出我们的求知欲,还能使我们在听完课后有意犹未尽之感。

什么样的风格是读者喜欢的呢?对于写作"小白"来讲,保底的做法是,内容简单,描述有趣,案例个性化。

第一,内容简单。 主要体现在以下3个方面。

(1)讲述话题要口语化。需要使用专业名词时,一定要解释清楚;

(2)使用短句。如果一句话超过15个字,就最好用标点符号隔开,或者选用其他表达方式,把长句改写成短句;

（3）紧贴主题论述。不要插入无关信息或关联度不强的内容。

第二，描述有趣。主要体现在以下两个方面。

（1）戳中读者痛点。所讲的内容要与读者对象息息相关；

（2）语言轻松幽默。使用肯定语气和正能量描述，激发读者的信心。

第三，个性化。主要体现在以下两个方面。

（1）结合读者对象，列举相应的案例；

（2）表达要具体，不要泛泛而谈。

例如，对于"他非常爱学习"这句话，进行具体表达时，可以这样写："他是一位终身学习者，尽管工作很忙，但每天都会抽出两个小时用于读书学习。"

下面这段文字是我在一次写作交流会上的发言，讨论的话题是如何克服成长焦虑，供大家参考。

观点：欲望太多，专注度不够，导致焦虑。

关于成长中的焦虑问题，根本原因是欲望太多，在同一件事情上倾注的心血太少。我们总是见异思迁，只要是自己未曾拥有的，就都想占有，因此很容易患上焦虑症。

论述：分析原因。

在这个快节奏的时代，我们总觉得时间不够用，知识不够用。我们一会儿想学理财，一会儿想学历史，一会儿想学哲学，看到别人某个方面很厉害，我们就想学习。然而，我们学得越多，越焦虑。我们会发现，自己什么都懂，但什么都不精通。由于不精通，我们所学的知识压根儿就不能给自己带来任何好处。

论述：个性化案例。

就拿写作来说，在我的写作训练营，很多小伙伴都顺利地拿到了稿费，但是，还有很多朋友，写了十几万字，却连原创都没有开通。原因很简单，如果我们写作的内容是垂直的，就容易开通原创，也容易拿到稿费，如果我们写的内容很散，一会儿写历史，一会儿写育儿，就很难实现写作变现。

总结：提出解决方案。

人的精力是有限的,我们不是无所不能的。历史上的能人异士很多,但很少有全才。不管是谁,哪怕是那些一专多能型人才,也必须先在一个方面精进,在某一个领域有了比较深厚的功底以后,才可以涉猎别的领域。任何人都必须先有一项本领让自己活下来,才有条件去谈其他。要拥有可以提高生活质量的本事,就必须在一段时间内集中精力专注于一个领域。

如何提升话题的可读性?

我曾在网上看到一句话:"灰姑娘是因为有了公主般的打扮——穿上了公主裙,穿上了水晶鞋——才吸引到了王子。"我们不去评论这句话的价值观是否正确,但是爱美之心,人皆有之。尽管我们都说不要以貌取人,但是美丽的外表总能给人留下美好的印象,能让人产生与之继续交流的意愿。

一篇文章,内容再好也需要包装。如果字体很小,页面上密密麻麻地全是小黑字,即便是世界名著,也没有多少人可以耐着性子读下去。不可否认,好文章必须内容大于形式,必须有独特的见解、丰富的金句、精彩的情节。但是,好文章首先要解决的问题是让人读着舒服。

如何提升一篇文章的可读性呢?我的经验是,始于排版、定于提纲、终于金句。

1. 始于排版

我们读纸质书时,是以"页"为单位的,而读电子书时,是以"屏"为单位的。在自媒体时代,读者在线阅读文章的主要工具是手机。通常来讲,不管是什么自媒体平台,为了使排版美观,都要求图文并茂,统一字体、字号、行间距和段间距。

(1)图文并茂。在文中插入图片,建议每一个分主题插入一张图片,且图片含义要与主题相符。如果找不到合适的图片,建议自己动手制作知识卡片、绘制思维导图、写手绘笔记，并将它们作为分主题的配图。这样做既可以省去找图片的烦恼，又可以对核心知识进行汇总，给读者提供额外价值。

（2）统一字体、字号、行间距和段间距。在自媒体平台发布文章，推荐大家参考下图中提供的信息。

序号	项目	字体	字号	行距	段距	颜色
1	文章标题	方正小标宋简体	20-24	默认	默认	黑（RGB:#000000）
2	一级标题	黑体	16-18	1.25倍	段前/段后（空0.5行）	黑（RGB:#000000）
3	二级标题	微软雅黑（加粗）	14-16	1.25倍	段前/段后（空0.5行）	黑（RGB:#000000）
4	三级标题	与正文一致	14-16	1.25倍	段前/段后（不空行）	灰（RGB:#7F7F7F）
5	正文	微软雅黑或宋体	14-16	1.25倍	段前/段后（不空行）	灰（RGB:#7F7F7F）

（3）其他注意事项。文中图片均采用"居中"布局，文字均采用"两端对齐"方式，每个段落尽量保持在6行以内。通常来讲，段落的首行要空两个字符，但很多自媒体写作者在发布文章时，会采取段落首行顶格的方式，阅读体验也很不错。目前，网络上有很多自媒体文章排版软件，如"135编辑器""96编辑器""巨怪兽"等，都提供了很多个性化排版功能。本书只提供一些基本的排版常识，高级的排版技巧请读者朋友自己去摸索。

2. 定于提纲

提纲是一篇文章的脉络，简单地说，就是文章中的各级标题必须紧贴主题，高度提炼。在拟定提纲时，尽量使用双句，同级标题的字数最好一致，尽量工整对仗。我在具体写作中，会把开头的引言部分也放入提纲中进行重点打磨，因为引言是文章的第一段，能否吸引读者继续阅读，关键看第一段是否有足够的吸引力。就如我们去参加宴会，看到餐桌上摆满了各种菜肴，当我们决定吃一道菜时，会先夹一点尝尝味道，然后决定是否继续吃这道菜。

3. 终于金句

金句之于文章，就如招牌菜之于餐馆。读者在阅读完一篇文章后，或许并不记得我们写了什么，但是如果文中有好记又经典的金句，就能让读者回忆起部分内容，甚至让读者产生重读并将文章推荐给朋友的冲动。我们在平时要注重积累金句，建立金句素材库。在写作过程中也要注重搜索与主题相关的金句，并将它写进文章中。我们也可以自己写金句，本书第三部分会重点介绍写金句的技巧，读者朋友可以参考练习。写金句对我们写标题的帮助也非常大。

03 知识增量

让读者收获意外惊喜

写作不是要我们做信息的搬运工，也不是做知识的拼凑者，而是要对知识进行再加工、再创作，通过对知识进行重新整合，创造出新的思想、新的观点。我们在自媒体平台发布一篇文章，或者回答一个问题，不仅要坚持原创，还要提供知识增量，这样才能获得读者认同。

什么是知识增量呢？直白地讲，就是我们的文章中要有"彩蛋"，读者在阅读文章后，会得到超出期待的收获。比如，我们在分享一个生活小技巧时，可以在文末提供一个便于记忆的口诀；分享一首古诗词时，把诗词的创作背景、作者的经历和与诗词相关的奇闻逸事也分享给读者。

提供知识增量的条件

如何才能提供知识增量呢？我认为，这主要涉及三个层面：一是知识储备，二是写作态度，三是表达技巧。

为什么要加强知识储备？

每当有人向我咨询写作变现的事情时，我都会反问他们："读过什么书？"因为要通过自媒体写作变现，必须有一个专业的知识体系支撑写作者在专业领域内垂直创作，内容越垂直，在自媒体写作变现的路上走得越远。为了解决大多数零基础学员没有专业知识体系的问题，我提供的写作训练公式，第一个要素就是阅读理解。

事实上，很多写作者的问题根本不是不会写，而是专业领域内的书读得太少，没有足够的知识储备。我有一个学员，他定位写理财领域的文章，却连 GDP、CPI 都解释不清楚，甚至连"指数基金定投"也没听说过。试想一下，一个理财领域的创作者，仅仅读了一两本与财富思维相关的书，连基本的经济常识都没掌握，怎么可能写好理财文章。

正所谓巧妇难为无米之炊，知识储备是写作灵感的取水源，是升级思维的粮草库，是创新思考的补给线。

突破自嗨，端正写作态度

在新媒体写作圈子内，经常听到一些写作者开玩笑："如果我今天不更文，就会被浩瀚的网络世界遗忘。"所以，几乎所有的流量大号都坚持"日更"，有的甚至一天更新数篇文章。这让很多刚入行的写作者望尘莫及，同时也让他们在追逐"日更"的路上日渐焦虑。

为了缓解"日更"带来的焦虑，有人分享经验，称一个月出两篇精品文，或者一周最多出一篇精品文就可以了，剩下的20余篇文章可以写得随意些，重点是保持更文热度，让"粉丝"知道写作者还活着。这个观点只能说仁者见仁，智者见智，但从运营的角度讲，确实可以缓解"日更"的压力。

我们重点从端正写作态度这个层面来谈谈如何写出精品文。我认为，做到这一点，要解决两个问题：一是突破自嗨，二是坚决死磕。

1. 突破自嗨

斯坦福大学的社会心理学家李·罗斯提出了一个著名的心理效应：虚假同感偏差。简单地说，就是指人们总是会习惯性地高估自己的信念，并且认为只要自己喜欢，别人也会喜欢。曾听过一句玩笑话："老婆都是别人的好，孩子都是自己的好。"而文章之于写作者，就如孩子之于父母。当我们写完一篇文章后，由于虚假同感偏差效应的作用，我们总是高估自己的文章质量。

被称为"诗魔"的唐代诗人白居易，写诗以通俗易懂著称。他每次写完一首诗，就会把诗念给一些老妇人听，如果老妇人都能听懂，他才认可自己写的诗。为什么白居易的诗老妪能解呢？根本原因是他写诗不自嗨，没有孤芳自赏。

白居易的做法完美地避开了虚假同感偏差效应。我们也可以效仿他，写完一篇文章后，将文章分享给身边的朋友读，让大家评价一下，广泛征求建议，以免呕心沥血写出几千字，居然是一篇自嗨文，发布出去后无人问津。

2. 坚决死磕

成语"洛阳纸贵"讲的是西晋著名文学家左思写《三都赋》的故事。左思写《三都赋》，历经10年思索和打磨。这10年间，他在家里的任何地方，连厕所都放置了纸和笔。就算在"人有三急"之时，只要一有灵感，他就第一时间把所思所想写出来。

死磕精神就如南宋大诗人陆游在《书叹·人生如春蚕》中所写："人生如春蚕，作茧自缠裹。一朝眉羽成，钻破亦在我。"如果我们在专业领域内坚持探索，持续精进，写出精品文便是水到渠成的事情。

必须遵守的两条表达原则

在信息时代，困扰人们的不再是获取信息的渠道，而是每天涉入的信息太多，难以快速精准地获取有用信息，这才是广大网民的痛点。写作者在呈现知识信息时，信息必须简单实用，最好让读者拿来就能用。因此，我们写出来的文章必须简单而详细。

研究数据表明，很多畅销书的内容都非常简单。尤其是自媒体时代，内容简单，容易理解，已经成为爆款文的基本条件之一。因为读者是来寻找答案的，作者的文笔怎么样，文采怎么样，不是读者关心的重点。读者打开文章链接，是来寻找答案的，而不是来和作者共同思考的。读者最关心的是文章能不能解决他们眼前的问题。

既然要简单，就必须适可而止。我们在选取素材时，贵在精，在于把问题解释清楚，把观点讲透彻。把问题说清楚，要遵循宁可少、不可多、少即多的原则。针对同一个问题，讲到什么程度，要根据读者对象设定一个尺度。当然，简单不等于简短，而是要围绕中心主题进行详细阐述，避免无休止、无边界地东拉西扯。

我写过《引爆点》的讲书稿，这本书是加拿大作家马尔科姆·格拉德威尔的著作。书中在介绍"环境威力法则"时，讲到一个概念，叫"涟漪效应"。我觉得这个知识点很有意思，于是决定在讲书稿中专门安排一个分主题对其做重点讲述。我的分主题标题是"掀起巨浪的是一波涟漪，引发狂热的是你在人群中多看了我一眼"。

案例：解读"涟漪效应"

美国教育心理学家杰考白·库宁说，一群人看到有人破坏规则，而没有对这种不良行为进行制止的话，就会模仿这种破坏规则的行为。这种现象称为"涟漪效应"，也称为"模仿效应"。

涟漪效应是指往一片平静的湖水里扔一块石头，泛起的水波会逐渐向外扩散，波及很远的地方。在生活中，符合涟漪效应的现象有很多。比如，交通拥堵时，有人不遵守规则，见缝就钻。这时，如果第一个这样做的人没有被制止，那么其他司机就会模仿。本来只有一小段路程是拥堵的，结果最后导致几公里甚至十几公里路程严重堵车。

那么，这个涟漪效应和引爆点有什么关系呢？

我有一次逛街，看到商场在推销一款水杯。推销员宣称，这个水杯里植入了一种物质，只要把水倒进这个杯子里，水杯就可以自动对水进行消毒、净化。推销员边讲解边做试验，用 pH 试纸测试水的酸碱度。看到测试结果，人不信都不行。

于是，有人购买了这个水杯。其实，前面几位购买水杯的人并非真正的消费者，他们只是商场专门安排的托儿。推销员会趁着这个机会宣称数量有限，营造货源紧缺，低价购买，机会难得的氛围。围观的群众脑子发热，会因为一心想抢购这款水杯而无法理性思考，压根儿没有思考是不是真的需要一款这样的水杯。他们只是觉得这个杯子好，别人都抢着买，我不买就亏了。

可是，买回家以后真的会用吗？未必。他们只是钻进了推销员提前设计好的圈套。为什么会钻进营销圈套呢？不就是因为被好奇心给害了，在人群中多看了一眼嘛。

这样的现象在《引爆点》这本书里被称为"环境威力法则"：利用涟漪效应可以制造环境威力。而在上述场景中，营造出这种威力的人就是产品推销员和率先"抢购"的托儿。商场利用人对水质安全特别重视的心理，设计话题，营造了抢购环境，从而成功制造了一波狂热抢购的风潮。

本章小结

（1）读者感兴趣的话题主要有7类：热点话题、情感话题、生活话题、职场话题、文化话题、历史话题、冷门话题。

（2）制造话题冲突的技巧：思维对立、价值对立、利益对立。

（3）话题结构：范畴结构、对比结构、因果结构。

（4）读者喜欢的话题风格：简单、有趣、个性化。

（5）提升话题可读性：始于排版、定于提纲、终于金句。

（6）提供知识增量的表达技巧：简单+详细。

（1）在制造话题冲突时，必须采用二元对立的方法吗？

答：最好采用二元对立的方法，这样有利于我们把话题阐述清楚。如果在一篇文章中呈现多维视角，则容易出现逻辑混乱的情况，导致观点不明确。其他因素引发的观点，不如交给读者讨论。

（2）如何把一个专业话题写得简单易懂？

答：第一，用日常生活中与之相关的案例、现象进行解释。第二，如果找不到解释的素材，就阅读同类文章或书籍，看别的作者是如何阐述这个话题的。第三，详细介绍专业话题背后的原理。第四，提供解决方案，告诉读者如何应用。

（1）寻找一个话题，将其写成短文，并在自媒体平台发布（至少3个平台）。

（2）在一本你喜欢的致用类图书中选取一个知识点，将其写成短文并在网上发布。

第 08 章

抛砖引玉：
发表一个让读者主动传播的观点

传 递、认 同、传 播，全 周 期 引 导 读 者 正 向 思 考

01 向读者传递观点
如何把握传递时机与传递策略

如何让读者对我们的文章感兴趣，并让读者愿意在评论区和我们聊上几句呢？核心是引发议论。对于写作者来讲，议论是向读者分享知识、传递观点的有效解决方案。很多平台在征稿时，专门提出写作要以论述为主，一些读书平台征收讲书稿、共读稿时，甚至要求"论"要占到全文的60%以上。

为什么呢？因为只有把观点"论"清楚，才能向读者传递一个精准、清晰的观点。只有在"论"的过程中，才能引发读者参与评论的热情。

当然，并非"述"就不重要。在一篇文章中，"论"的主要功能是通过分析定下结论、抛出观点；"述"的主要功能是讲述事件、现象的原委，是"论"的对象。如果没有对象，就没得"论"了。在写作中，我们可以把"述"作为"论"的线索，将"论"作为"述"的目的。

如何通过论述向读者传递观点呢？重点是注意论述的时机，讲究论述的策略。

零基础写作者易犯的错误

我点评过上千篇学员的作业后，发现很多零基础学员不擅长论述，他们没有向读者传递观点的意识。这类学员的文章主要存在以下三个问题。

（1）不写分主题标题，结构层次不清晰；

（2）拼凑现象和故事，没有分析原因；

（3）重讲述轻议论，有的甚至没有结论，没有自己的观点。

当我问他们为什么不写标题、不分析原因、不总结观点时，有的学员不知所措，回答道："不知道……"这类学员是真正的"小白"，根本不知道文章还要写一级标题、二级标题、三级标题……

有的学员告诉我："我把现象和故事写得很清楚，事实就摆在那里，道理也不言自明。如果再发表议论、总结观点，就有点画蛇添足了。"这类学员应该是对"多给读者留一些思考空间"这句话存在误解，以为只要拼凑一个故事，不发表任何观点，就可以提升文章的"境界"，让读者"醍醐灌顶"。其实，写作者向读者传递明确的观点，提供思考线索，帮助读者激活思考意识，不仅能给读者留下思考空间，还能让读者的思维更发散、思考更理智。

传递观点的 4 个时机

对于零基础写作者来讲，在写非虚构类文章时，建议采用自上而下的结构，从上到下、由前到后按照"文章标题、引言、正文（含分主题标题、分主题引言、分主题内容、分主题总结）、全文总结"的顺序进行写作（见下图）。

```
        文章标题
引言：XXXXXXXXXXXXXXX
分主题1：XXXXXXXXXXXX
内  容：XXXXXXXXXXXXXXXX
分主题2：XXXXXXXXXXXX
内  容：XXXXXXXXXXXXXXXX
分主题3：XXXXXXXXXXXX
内  容：XXXXXXXXXXXXXXXX
……
全文总结：XXXXXXXXXXXXXXX
```

当然，我们并非一定要按照这个顺序进行写作。零基础写作者用这个套路进行写作练习，可以规范文章结构。文章结构稳定，文章要素齐全，便可以适时地向读者传递观点。

第一，标题。 无论是文章标题还是分主题标题，都可以约束写作者主动明确文章立场、传递文章观点。好标题的首要特征就是立场鲜明、观点明确，读者一看到标题就知道写作者要讲什么。所以，我们在写作时一定要反复打磨标题，我的建议是，标题即金句。

我写过日本汉学家白川静先生的著作《中国古代文学：从〈史记〉到陶渊明》的书评，在"今日头条"发布后，获得1000元稿费。

> **案例：《中国古代文学：从〈史记〉到陶渊明》书评标题**
>
> 文章标题：《从司马迁到陶渊明，士人的风骨：我曾逼着自己接受现实，但一辈子都在追逐梦想》
>
> 一、从《史记》到陶渊明，是一个必定要把理想写进辞赋和诗里的时代
>
> 二、司马迁忍辱负重写《史记》，是什么力量让他的信念坚如磐石？
>
> 三、陶渊明在乱世之中写《桃花源记》，是什么经历让他有情怀构想乌托邦？

我阅读《中国古代文学：从〈史记〉到陶渊明》这本书后，认为这本书的核心是中国古代士人的风骨与情怀，这才确定我要向读者传递的观点——士人的风骨：我曾逼着自己接受现实，但一辈子都在追逐梦想。

第二，引言。 一些零基础写作者不重视"引言"的写作，觉得引言没什么用处。其实不然，引言既可以实现观点向具体论述的自然过渡，又可以提前抛出诱饵；作为论述观点的引线，还可以对文章要阐述的具体内容做出解释和概括。

> **案例：《中国古代文学：从〈史记〉到陶渊明》书评引言**
>
> 从汉武帝到晋元帝，历经500多年，仿佛过了很久，又似乎只是一瞬间，各路风云人物各领风骚，为中华文化留下了无数名垂千古的篇章。

> 翻开《中国古代文学：从〈史记〉到陶渊明》这本书：
>
> 　　领略一下辞赋文学与政治力量之间的爱恨情仇；
>
> 　　倾听一首乐府诗与民间歌谣之间的喜乐哀怨；
>
> 　　坐论一回建安七子与嵇康七贤的诗与志，剑与情；
>
> 　　合唱一首山水诗，陶渊明和谢灵运该是怎样的回应？
>
> 　　和中国隔海相望的日本，其文化传统基本上是复制中国的，所以，日本有不少学者研究中国的传统文化。《中国古代文学：从〈史记〉到陶渊明》是日本著名汉学家白川静先生的作品。白川静一生痴迷于汉学研究，他的口号是，学者80岁后才能成为真正的学者。
>
> 　　士人的风骨，决定了士人的命运。中国文人总有一种"学而优则仕"、胸怀天下的报国情怀；又有一种"田园耕读"的避世情结。这颗矛盾的种子早就种下了。

　　我结合中国古代士人为了梦想可以在现实的打压下隐忍，但不忘奋进的风骨，采用抒情手法写了这篇书评的引言，介绍了《中国古代文学：从〈史记〉到陶渊明》的主要内容和作者，最后抛出了"胸怀天下的报国情怀"与"田园耕读"这颗矛盾的种子，为下文论述士人的风骨作了铺垫。

　　第三，正文。文章的具体内容一般分布于各分主题内。在写具体内容时，为了佐证标题所抛出的观点，必然会讲述与观点相关的现象、故事、数据等，我们可以先描绘一种现象，然后讲具体故事和数据，接着剖析故事背后的原因，最后以总结的形式说明故事、数据与现象之间的关系，得出结论。

　　第四，总结。无论是分主题总结还是全文总结，都是向读者重申观点，引导读者重视观点，再一次激发读者的讨论情绪。

　　我在写《中国古代文学：从〈史记〉到陶渊明》这篇书评时，在分主题"司马迁忍辱负重写《史记》，是什么力量让他的信念坚如磐石"中有一个子观点：司马迁写《史记》，是古代士人风骨与气节的体现。

　　我针对这个子观点进行总结：《史记》被很多学者称为古代士人的命运之

书，司马迁看透了士人阶层与皇权之间的矛盾与纠葛。士人是夹在皇权与普通百姓中间的阶层，他们既要依靠皇权来获得生存空间，发挥人生价值，又有治国安民的大情怀，想替老百姓办点实事。士人是矛盾的，他们需要调和这种矛盾，需要在现实和理想中找到一个平衡点。一旦皇权进入非正常的状态，现实社会和士人理想中的社会偏离过远，士人就会奋起反抗。

这个总结与引言中提出的"矛盾的种子"相呼应，进一步说明了士人内心的矛盾、产生这种矛盾的原因及处理矛盾的方法。

论述观点的 2 种策略

如何传递观点，让观点在读者心中留下深刻印象呢？在揭晓答案之前，我想给大家讲一个男孩追女孩的故事。

有一个"坏小子"，名叫小伟，学习不好，没事还喜欢欺负班上的同学。有一天，班上来了一位新同学，叫小颖。小伟对小颖一见钟情，可是小颖是好学生，从骨子里看不上小伟。小伟总是做出一些令人费解的事情，比如，没事就迟到，上课睡觉，甚至和老师顶嘴……试图引起小颖的关注。

小伟这一系列操作显然无法打动小颖。有一天，学校里突然冲进来一个人，手里拿着一把大刀，见人就砍。小伟二话没说，冲上去就和歹徒搏斗……小伟保护了大家的生命安全，自己也因此受伤进了医院，但他的英雄壮举却给小颖留下了好印象。

可是，小伟出院后却不再找理由和小颖搭话，放学后也不再故意站在门口堵小颖。小伟变了，小颖却觉得不适应了，她开始主动找机会和小伟说话……

看完这个故事，大家是不是觉得很熟？这是很多言情剧中常用的套路，只要换换人物和场景，就可以写出无数个唯美的爱情故事。读着这样的故事，一代又一代的青春少女就如同尝到了爱情的味道，时而满怀伤感，泪眼婆娑；时而芳心萌动，满面春风。

我们仔细分析一下，这种故事中包含了两种吸引人的手段：渲染氛围和结果反差。我们在论述一个观点时，同样可以用这样的策略，吸引读者的注意力，从而实现对观点的有效传递。

第一，渲染氛围。在传递一个观点时，先在标题层面抛出一个疑问，让读者产生继续阅读、探索真相的冲动；然后，每描述一种现象、每讲述一个案例就发表一段议论，对现象和案例进行分析，并发表紧贴主题的结论。

比如，我在写《中国古代文学：从〈史记〉到陶渊明》这本书的书评时，有一个子观点：陶渊明写《桃花源记》，是为自己的内心搭建避难之所，用以化解壮志难酬的憋屈与苦闷。在论述这个观点时，我着力渲染氛围，试图激发读者情绪，引导读者思考。此处摘录一个片段，供大家参考。

人们都津津乐道于陶渊明四次辞官的故事。（案例）然而，仔细想一下，陶渊明是一个不为五斗米折腰的名士，又怎么可能四次出来做官呢？这就说明陶渊明出来做官，真不是因为生活贫穷，为了养家糊口。他当官，是想实现自己的政治抱负，用自己平生所学治理一方水土，造福一方百姓。他心怀天下，关心百姓疾苦，希望自己的治国理念能得到英明君主的认可，从而普惠天下。（议论）

陶渊明的政治理想注定实现不了。因为当时的社会环境已经乱到极点。当然，抛开社会乱象不说，像他这种既胸怀壮志，又不想入俗的性格，也注定难以实现自己的政治理想。（议论）因此，《桃花源记》的背后，一定饱含着他被现实压抑的情感，他不得志而又不想郁郁而终，便需要一方水土，来安放自己的理想世界。（分论：重申论点）

第二，结果反差。利用人的认知差异，让读者以为答案是A，写作者却说答案是B，使读者在读完文章后有"意料之外，情理之中"的感受。在具体写作中，我们在标题层面就要使用与人普遍的认知形成反差的表达，引起读者注意，让读者在心中打问号，引导读者思考写作者为什么要这样说。然后，用案例、故事来论述，支撑我们的观点，同时也向读者说明我们发表这个观点的原因。

我在写《中国古代文学：从〈史记〉到陶渊明》这本书的书评时，为了把"司马迁忍辱负重写《史记》，是什么力量让他的信念坚如磐石"这个分主题写得更有趣，我提供的其中一个子观点是，司马迁写《史记》，是为了报复汉武帝。

我是如何论述这个观点的呢？我通过讲述司马迁因替名将李陵求情而被汉武帝处以宫刑的故事，强调了司马迁的祖辈是名门望族，而汉武帝的祖上是市井出身，论述了司马迁的士人风骨，以"玩笑"的口吻描写了司马迁写《史记》的心情："你让我生不如死，我就让你死不如生。"于是他把汉武帝那些横征暴敛，穷兵黩武的事迹全给记下来了，让汉武帝无论创下多少丰功伟业，都难以掩盖其暴君的形象。

当然，这只是增强文章趣味性的一种表现手法，如果我们的观点是存在问题的，就必须秉着负责任的态度告诉读者真相。比如，我在论述"司马迁写《史记》是为了报复汉武帝"这个观点时，还在末尾加了一句：

当然，这是笑谈，司马迁是有风骨的士人，是不屑于做这种事的。

小贴士：我们可以应用任何写作手法来增强文章的趣味性，引导读者思考，激发读者参与讨论的热情，但不能误导读者。

02 让读者认同观点

邀请读者一起实现小目标

当我们向读者传递一个观点时，读者可能会点赞，也可能会口诛笔伐。我想，谁也不愿意看到自己的文章发布后，评论区骂声一片。如何写一个让读者认同的观点呢？可以分三步走：定制选题、替读者发声、邀请读者实现小目标。

如何定制选题

为什么我们有时既有创作冲动，又有写作灵感，却写不出文章来？为什么读者对我们的文章不感兴趣？这极有可能是"灵感泛滥"惹的祸，因为灵感只是一个瞬间的想法，它可以给我们提供选题思路，但不是所有选题都适合创作，并非突然冒出来一个点子，就可以写成文章。我们可以把这种突然冒出来的"好点子"记录下来，将其作为日后创作的素材。

确定一个选题，要有"定制思维"。所谓定制，就是选题要符合一定的创作条件，才可以动笔写。我个人的经验是：三不碰，三必写。

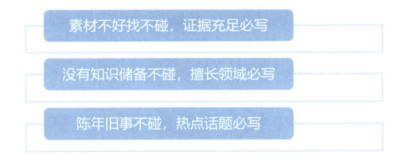

第一，素材不好找不碰，证据充足必写。一方面，没有足够的故事、案例、数据作支撑，无法写出内容丰富、有理有据的文章来；另一方面，素材不好找，说明这个选题很偏，大众不关心，文章写出来后遭遇"冷门"的概率很大。反之，如果获取与选题相对应的素材很容易，就必须写。

第二，没有知识储备不碰，擅长领域必写。俗话讲，隔行如隔山。如果没有选题所需的专业知识，只是不懂装懂地硬着头皮写，靠现学现卖、临时找素材拼凑文章，就无法写透问题本质，无法给读者提供有价值的知识。这种自毁口碑的事情坚决不能干。反之，如果选题和自己的创作领域相关，就必须写，写得越多，越能提升自己在专业领域内的品牌影响力。

第三，陈年旧事不碰，热点话题必写。很多有经验的新媒体写作者都擅长追热点，诸如名人动态、重大新闻、公共事件等社会热点，主流媒体上一小时发布，下一小时就有写作者写出相应的观点文，速度之快，令人佩服得五体投地。为什么新媒体写作者要追热点呢？热点事件就如流量收割机，每"蹭"一波热点，都能涨不少"粉丝"。很多新媒体写作者表示，利用热点事件向读者传递观点，不仅可以提升文章的阅读量，观点也更容易获得读者认同。

替读者发声

著名社会学家拉扎斯菲尔德享有传播学"四大奠基人之一"的盛名，他在《人民的选择》一书中提出了"意见领袖"的概念，俗称"KOL"。意见领袖并不一定是团队的领导者，但他们的言行却有"风向标"的作用，能直接影响他人的决策和行为。

为什么意见领袖具有影响他人的能量呢？除去他们是某方面的专家、有渊博的知识、掌握了大量的信息外，他们强烈的责任意识，是赢得他人信任的重要因素。在一个团队中，若有人为了维护团队成员的共同利益而出谋划策，其言行能让大伙得到实实在在的好处，这人就更容易获得他人的信赖和认同。

写作者可以通过在某一领域持续发布文章，成为特定领域的意见领袖。但是，前提是要树立"读者思维"，明确读者对象，搞清楚读者的真实需求。写作者的文章要站在读者的角度，维护读者的利益，帮读者说话。

写文章和做营销活动一样，要把产品卖出去，就必须做市场调研，找准目标客户，再针对目标客户设计文案。精明的写作者在下笔之前，都会给读者画像，再构思文章的具体内容。

比如，以"如何缓解压力"为主题进行创作，读者对象不同，写作角度、素材选取和最终提供的解决方案均不同。

针对学生群体，重点是围绕"学习压力"讲故事，站在学生的角度发表观点，讲述学生面临的压力，提供相应的解决方案。

针对中年男人，重点围绕"养家糊口""中年危机"来写，讲述他们的不容易，提供解决职场危机、提升收入的解决方案。

针对家庭主妇，重点围绕"相夫教子""夫妻关系""婆媳关系"带来的压力来写,讲述相应的故事并提供解决方案。

……

从这些案例中我们可以得出结论:替读者发声,要深入了解目标读者群的教育背景、社会地位、认知层次和面临的现实困难,挖掘到读者的痛点,让读者意识到我们的文章"与己相关",更容易与读者产生共鸣。当我们在特定领域成为固定读者群的意见领袖后,读者不仅会信赖我们的作品,更会相信我们的人品。他们会主动在评论区和我们对话,甚至给我们发私信。从读者的评论和私信中我们可以获取大众调研无法得到的真实信息,给我们升级知识产品提供独特的参考价值。

邀请读者实现小目标

互联网时代,得"粉丝"者得天下。既然"粉丝"这么重要,那么如何增强"粉丝"黏性呢?最好的办法是让读者付出具体行动,实践我们分享的观点,让读者使用我们分享的方法。如何写才能引导读者参与行动呢?我的解决方案是在文章中发出3个信号:容易实践,超额回报,全程陪伴。

第一,容易实践。每个人都希望改变自己,也有过美好的愿望和远大的目标。但是,大多数人都会中途放弃,甚至不敢开始。一些写作者为了鼓励读者行动,会告诉读者:"越努力越幸运。"读者很认同,但就是不行动。精明的写作者换了个说法:"只要比身边的人努力一点点,你就可以脱颖而出,成为圈子里的强者。"这样就可以鼓励更多人付出行动。

我认识一位读书达人,他想做一个读书活动,目标是带领1000人一年读52本书。他的文案标题是《一年读52本书,约吗?》,推广文案发布出去近1个月,只有15个人报名,这打击着实不小。通过调查,这位达人发现,大多数人都认为没有时间读书。于是,他把文案标题改成《每天只需30分钟,带你一年读52本书》。不到半个月就有200多人报名加入社群。

每个人都有畏难情绪,当我们向读者发起行动邀请时,一定要考虑目标读者群的时间、精力、能力,通过把目标具体化,执行计划阶段化,给读者传递一个很容易执行的信号,让读者对执行计划充满信心。

第二，超额回报。在以提供知识为主的文章中，超额回报主要是指提供稀缺信息，让读者觉得关注这位写作者很值得，阅读这位写作者的文章总是能体会到满满的获得感。

以解读人物传记类书为例，如写大文学家辜鸿铭，告诉读者辜鸿铭是中国第一个获得诺贝尔文学奖提名的人，读者就会眼前一亮；若写国学大师黄侃，就告诉读者，他以国学和骂人闻名海内外，他反对胡适在新文化运动中提倡白话文，在课堂上赞美文言文比白话文简明，还拿胡适开涮，让胡适的妻子"躺枪"。黄侃声称，假设胡适丧妻，家人给胡适发电报，要写11个字："你的太太死了，赶快回家啊！"如果用文言文，只要4个字即可："妻丧速归"，可以省下近三分之二的电报费。

在推广文案中，超额回报就是给读者提供超出预期的收益。如上文中提到的读书活动，我那位朋友后来又修改了文案，告诉读者加入社群，不仅可以实现一年读52本书的目标，还可以收获如下3个大礼包。

（1）认识1000位爱读书的朋友；

（2）社群会定期邀请自媒体领域的"大咖"、原书作者参加分享会，社群成员可一同参与；

（3）提供写读书笔记变现的渠道。

这一波操作显然给读者带去了意外惊喜，再加上老会员的转发推广，仅3天时间，申请参加读书活动者已爆满。

第三，全程陪伴。在新媒体领域写作变现，必须持续创作，让平台编辑觉得我们是可靠的作者，让关注我们的"粉丝"碰到某类问题就会想到我们，从而主动到我们的文章中寻找答案。对于编辑来讲，他们渴望"召之即来，来之能写，写之必行"的忠实作者；对于读者来讲，他们希望自己关注的作者能持续发布给他们带来价值的文章，而不是三天打鱼，两天晒网，偶尔玩失踪。

一句话：要让关注我们的人有归属感。

我自从当了写作教练后，发现很多学员最在乎的不是我能教给他多少写作技能，也不是我能提供多少投稿渠道，而是担心我会不会讲完课就把群解散，不管他们了。原来，陪伴才是最稀缺的资源。所以，我们在文章中邀请读者实践我们提供的方案，邀请读者与我们共同完成一项行动，必须要承诺：我们会一直在。

03 让读者帮你传播观点

引导读者转发文章

一天半夜，有一位在体制内工作的小姐姐给我发信息，说她喜欢写作，问我如何才能得到领导的支持。我告诉她："如果你能把爱好和工作结合起来，领导就会支持你。"我这个回答背后的逻辑是什么呢？如果你的写作爱好不能给单位、领导带来半点价值，那么领导可能会欣赏你的才华，但最多给点精神鼓励。说白了，你的才华又不能为领导所用，与领导有什么关系呢？

同理，我们发布一篇文章，读者为什么要转发呢？要让读者转发，在具体写作时可以分两步走：第一步，捆绑读者的转发动机；第二步，激发读者的传播情绪。

捆绑读者的转发动机

新媒体领域有一定写作经验的作者，均对读者的转发动机做过调研和分析。他们发现转发率高的文章具备 5 个特点：能代替读者发表感悟，能帮助他人解决某个特定问题，能引导读者站队，能给读者提供谈资，能展示读者的个人品位。

（1）**关于发表感悟**。读者在日常工作、生活中看到一些社会现象，或者遭遇挫折时，会有发表感悟的冲动，但自己又写不出来。如果读者看到一篇能表达自己的所思所想的文章，就会立即将其转发到朋友圈。我们在写励志类文章时，可以好好地琢磨一下，如何满足读者"发表感悟"的需求。

（2）**关于利他心理**。一些可以解决工作、生活、学习中具体问题的技巧类干货文章，容易得到读者转发，其背后的原因是每个人都有利他心理，都希望给别人带去价值。所以，读者看到一篇文章可以解决实际问题，就会忍不住转发分享给别人。但是，我们在写技巧文时，一定要擅于归类总结，让读者能拿来就用。

（3）**关于站队心理**。每一个人看待事物，都有自己的判断和立场，尤其是写有争议的社会热点、名人动态、娱乐八卦的文章，只要观点鲜明，总能激发读者的"站队心理"。比如，以知名人物的情感、婚姻、友情变故为题材写文章，知名人物自带"粉丝"，"粉丝"和普通读者会以转发文章的形式进行表态，表示自己支持某人或某个观点。

（4）**关于提供谈资**。我们经常在朋友圈、微信群内看到有人转发提供新奇信息、敏感话题或具备独特观点的文章，他们转发这类文章的目的就是引起好友注意，制造话题让大家讨论，活跃氛围。

（5）**关于体现品位**。读者展现自我形象，向他人展示自己的工作、生活和兴趣爱好，目的就是告诉他人自己的品位。读者会通过转发一些带有人文、时尚特点的文章，来装点自己的朋友圈，让他人对自己另眼相看。

针对读者的转发动机，我们可以根据不同的文章类型，选择不同的捆绑读者动机的策略，核心要点是必须帮读者拟定好"观点精练、文采斐然、干货满满"的转发语，读者只要在文章中复制某一段话，就可以直接转发。

激发读者的传播情绪

如果一篇文章干货满满，但转发率不高，那么问题很有可能是没有渲染情绪，引导读者传播。因为信息只能驱动读者进行思考和分析，而情绪却可以驱动读者行动。那么，如何激发读者的传播情绪呢？

我读过英国著名文案写作培训大师安迪·马斯伦的作品《如何写出高转化率文案》。他认为一篇好的文案，必须向读者提供三种证明，即信誉证明、情感证明和逻辑证明。

信誉证明　　情感证明　　逻辑证明

我认为，信誉证明指的是读者凭什么相信你，可以征用名人、专家以及产品本身的品牌影响力来提供信誉证明；情感证明指的是情感诉求，可以通过加入亲情、友情、承诺等因素抓住读者的情绪；逻辑证明指的是从理性的角度进行阐述，可以重点分析读者的需求，用案例证明选择相信你是一个正确的选择。

以给某口红销售商写一篇文案为例，从信誉证明的角度写，可以通过讲述写作者个人对口红产品的研究，表明写作者的专业身份以及研发、生产这款口红背后的故事；从情感证明角度写，可以假设读者曾答应要送一份礼物给爱人，刚好情人节快到了，如果送一支口红给她，将给她带去快乐与幸福；从逻辑证明的角度写，可以通过提供具体的案例和数据，用事实告诉读者，购买这款口红是实惠、明智的。

为方便零基础写作者快速写出激发读者传播情绪的文章，我研究了一个写作方法，即1个吸睛标题+2个精彩故事+1个销售环节=激发读者的传播情绪。我将其命名为"T3S"，即吸引（Tempt）、故事（Story）、销售（Sell）。

吸引（Tempt）。吸引读者打开文章，重点打磨标题。

故事（Story）。先写一个激发读者阅读情绪的故事，再写一个激发读者行动的故事。

销售（Sell）。根据文章目的，顺其自然地邀请读者转发文章或购买产品。

下面以拟定一篇面膜营销文案的提纲为例，示范具体的写作过程，供大家参考。

> **案例：用 T3S 激发读者的传播（购买）情绪**
>
> 第一步：写一个吸睛的标题。针对面膜的功能，拟定 3 个标题。
>
> 标题 1：结婚 10 年，和老公在一起像妈妈和儿子，我用 90 天美成初恋的样子
>
> 标题 2：满脸雀斑，用这款面膜可以让你嫩回 18 岁
>
> 标题 3：色斑女人的福利来了，3 个月让你嫩出水来
>
> 标题 1 没有明显的广告痕迹，若确定使用该标题，则须同时配一张与标题相符的图片。比如，一位"油腻"大妈与"小鲜肉"的合影。
>
> 第二步：写一个激发读者阅读情绪的故事。
>
> 写一对帅哥和美女的恋爱故事，然后写写他们的婚后生活，写一个从"甜"到"苦"的转折，讲述美女为什么会变成照片上"油腻大妈"的样子，让多数女性读者产生共情。

第三步：写一个励志故事，鼓励读者行动，尝试改变。

故事：当老公向我提出离婚时，我感到很惊讶、很委屈，哭了一整夜。但是，我知道哭是解决不了问题的，我要挽救我的婚姻、我的家庭，也要挽救我自己。所以，我开始尝试改变自己的形象……

（这时候很多文案写作者会直接推广面膜。实际上，这时千万不要急着叫卖，因为读者刚刚进入状态，他们想继续听你讲故事。所以，此时要用真诚的语言和具体的案例说服读者。）

然而，逝去的青春又怎么能找得回呢？我去美容院，尝试使用各种美容产品，还用过很多民间土方，折腾了快一年，不仅没有效果，脸上的色斑反而越来越多。直到一次同学聚会，我看到了当年长相平凡的室友瑶。在瑶的脸上，时光好像是倒着走的。她给我讲了她保养皮肤的经历，我按照她所说的去行动，果然找回了美颜的自信。下面这张图片就是我现在和老公的合影……

（配一张合适的图片，让读者自己去对比，通过视觉冲击激发读者的购买欲望。）

第四步：抛出购买链接，趁读者情绪高涨时催单。

针对这款面膜，写使用方法、优惠政策、折扣信息。内容要简短，不要让读者看更多的案例，不要给他们提供太多的信息，因为到了销售阶段，重点是让读者下单，而不是提供更多的信息让读者思考分析。

本章小结

（1）传递观点的时机：采用自上而下的结构，按照文章标题、引言、正文、全文总结的顺序进行写作。

（2）论述观点的策略=渲染氛围+结果反差。

（3）读者认同观点=定制选题+替读者发声+邀请读者实现小目标。

（4）引导读者传播=捆绑读者的转发动机+激发读者的传播情绪。

（5）T3S：1个吸睛标题+2个精彩故事+1个销售环节=激发读者的传播情绪。

（1）可以利用"结果反差"策略，改变读者的认知吗？

答：当然可以，只要论述得当，还能让读者"路"转"粉"。但是"结果反差"作为一种向读者传递观点的论述策略，主要目的是给读者提供一个参考答案，引导读者换一个角度思考，从而让读者产生评论的冲动。只要能让读者认为你讲得有道理即可，并非一定要改变读者的认知。

（2）如何通过写作成为读者的意见领袖？

答：第一，储备足够的专业知识；第二，在专业领域内持续创作；第三，树立利他思维，有长期为固定读者群提供有效信息、解决具体问题的情怀，防止"铁杆粉丝"变成路人。

（3）T3S中的"Sell"是销售，和传播有什么关系？

答：T3S应用于推广文案写作时，"Sell"的功能是销售；应用于其他非虚构类作品创作时，"Sell"的功能是催促读者转发文章。比如，写一篇观点文，在"Sell"环节可以通过金句总结观点，让读者发出赞叹并情不自禁转发文章。

（1）写一篇观点文，要求标题、引言、分主题标题、总结等要素齐全。

（2）用T3S法写一篇产品推广文案。

第三部分
原创金句

◎ 金句速成：如何写一个脍炙人口的句子

◎ 修辞艺术：如何写一段文采斐然的文字

◎ 爆款标题：如何写一个招揽读者的标题

◎ 凤头豹尾：如何写出精彩的开头和结尾

第09章

金句速成：
如何写一个脍炙人口的句子

从遣词造句到才气侧漏，一学就会的金句创作技法

01 金句之美

绽放 6 朵金花，诠释金句之美

金句之所以受人喜欢，除了因为其思想深邃，总是能一针见血地点透问题的本质之外，还因为其在表现形式上也能给人美的体验。就如一位修养很好的女子，再配以精致的妆容，总能让人一见倾心。

那么，金句之美到底美在何处呢？我研究了 1000 多个名言警句、300 多首诗词和 100 多篇散文，发现美的句子结构，或如列队的军人，整齐对仗；或如连绵的山脉，错落有序。其内容丰富饱满，听之如歌，读之如泉，品之如酒。

金句之美主要体现在 6 个方面，分别是整齐美、错落美、丰富美、韵律美、意象美、意境美。

整齐美

句式整齐而匀称，最明显的特点就是每个句子的字数基本相等。比如，我曾写过一篇散文《生活的女人》，在描写我是如何理解"生活的女人"时，我是这样写的：

我所理解的生活的女人，首先是她有包容的气息，使人如听着晨鸟清脆的鸣啼，嗅着米粒的淡香。和她来往，就如扑倒在草原的怀抱里。她如初春的暖阳，盛夏的冰水，深秋的圆月，寒冬的火炉。

在这段描述里，为了展现整齐美，"初春的暖阳""盛夏的冰水""深秋的圆月""寒冬的火炉"，每句的字数一样，句子与句子之间形成了排比，工整对仗。

错落美

依据表达的需要，灵活自由地变换句子的长度和结构，使句子之间错落有致。我曾仿古体，写过一篇古体散词《醉透红颜》。

暗夜风寒树寂，流水无声，昏鸦梦吃。持觞抬望眼，繁星早寝云遮月，人去无影，但见珠帘成红泪，小心哭泣。

壶空宵醉人愁，胭脂尤在，执手还柔。暖意渐消情未逝，一袭白衫，浸透金珠成斑点，半字难筹。路漫漫，远山遥，容颜易，岁月稠。

衣单酒烈身疲，孤寞难消，过往如烟成忆。最开怀，懵懂少年，纯白如初雪，剔透如早露，灿烂如晨曦。初相识，两颊桃花羞，艳若玫瑰，触指长相依。

花簇灯红月瘦，市井虚华，前程堪忧。粗茶略少味越浓，半缕清风，回眸浅笑尽欢颜，倾泻千愁。巨浪涌，扬帆破，遍获殊荣盏交错，绵绵软语私相授。抛忘佳人，正点红烛照空楼。

浮云断梦残席，妖肢素面，妩媚含情，不过美人心计。饮尽杜康心愈冷，回看依人憔悴，天真不在，覆水难收。醉透红颜莫如意，良辰虚设与谁宵。痴情若顾我，白发如雪互为杖，夕阳故里相偎依。

错落美的描写，就像我们看到的山峰一样，有高有低，但整体看上去却高低有致，有一定的规律可循。

丰富美

金句的丰富美，重点体现在词汇丰富，而且没有雷同和重复，表达方式多变，不拘泥于固定的模式。我在散文《生活的女人》中描写女人的穿衣打扮时是这样写的：

她们没有浓浓的妆，也没有艳艳的服，却一个个收拾得干净利落，一个个都显得精致大方。或略施粉黛，或简描柳叶眉儿；或着一袭白色长裙，或披一肩浅色丝巾，淡雅而端庄，朴素而高贵。

这段文字从"没有浓浓的妆""也没有艳艳的服"到"干净利落"，再到"精致大方"；从"略施粉黛"到"柳叶眉儿"，从"白色长裙""浅色丝巾"到"淡雅而端庄"和"朴素而高贵"，从不同角度对女人的着装进行了精细的描写。

韵律美

展现句子的韵律美，核心技巧是整齐而多变。整齐体现在语言铿锵而朗朗上口，富有音乐的节奏；多变体现在语言自由而活泼，跳跃着欢快的音符，就像一首优美的乐曲，充满美的韵律。比如，五代时期诗人李煜的《相见欢》，整首词的韵律非常优美，读之朗朗上口，唱之悦耳动听。

无言独上西楼，月如钩。寂寞梧桐深院锁清秋。

剪不断，理还乱，是离愁。别是一般滋味在心头。

意象美

在写作时，依据大众的审美特点，把主观情感融入客观事物的表现中，能给人以美感，使人产生心理上的愉悦感，获得美的享受，从而令人在情感上产生共鸣。朱自清的《女人》里有这样的描述：

她的一举步，一伸腰，一掠鬓，一转眼，一低头，乃至衣袂的微扬，裙幅的轻舞，都如蜜的流，风的微漾。我们怎能不欢喜赞叹呢？

这段文字通过描写女人的动作，使人眼前立即浮现出一个"活"的美女，就像有一位仙女在眼前跳舞一样，令人心情舒畅，从而产生"欢喜赞叹"的共鸣。

意境美

在写作时把主观情感与要描绘的客观事物进行有机融合，创造一种艺术的境界。这种境界可以美到"只可意会，不可言传"的程度，让人陶醉，一切尽在不言中。如《诗经》中的一篇文章《蒹葭》：

> 蒹葭苍苍，白露为霜。
>
> 所谓伊人，在水一方。
>
> 溯洄从之，道阻且长。
>
> 溯游从之，宛在水中央。

读《蒹葭》，就算不懂诗所表述的意思，也可以被其中的文字带入苦苦寻觅和浓浓忧愁的意境之中。

02 炼字：如何体现文字之美

学会咬文嚼字，写出点睛之句

写文章时的咬文嚼字，就是我们通常讲的炼字，即通过修改某个句子中的某一个或者某几个字，让整个句子读起来更通顺、更舒服，从而增强句子的表述力和感染力。

炼字有什么好处呢？给大家讲一个故事。郭沫若先生的剧本《屈原》里有一句这样的台词："你是没有骨气的文人！"演出的时候，郭老在台下观看，听到这句台词，总觉得从演员嘴里说出来时不是那个味——不硬气，于是他想把这句台词改一下。想了半天，也没想出来怎么改。等演出完了，和演员讨论的时候，一位演员提出来，把"是"改成"这"。"你是没有骨气的文人"和"你这没有骨气的文人"，一字之差，语气强弱完全变了，观众听后，内心的情感也完全变了。

正因为炼字很重要，所以古人才有"为求一字稳，耐得半宵寒"的感慨。古人的文章为什么写得好？为了文章中的一个字用得合适，写得贴切，写得巧妙，古代文人愿意忍受大半夜的寒冷去思索。正是因为有这种精神，古人写出来的文章才如诗圣杜甫纪念李白的诗《寄李十二白二十韵》中写的那样："笔落惊风雨，诗成泣鬼神。"

那么，如何炼字呢？可以从巧、新、奇三个字上下功夫。

如何写得巧妙？

巧就是巧妙，在写一个句子时，采用可以增强句子语气、加深印象、提升意境的字，把这类字或词提溜出来，然后用相同意思的字或词进行替换。修改完成后，再读一读整个句子，看看这个句子的表达是否在语气表达、加深印象、提升意境方面有所改善。通过反复琢磨，就可以将句子写得巧妙生动。

比如，我刚才写了一句话："把这类字或词提溜出来"，如果把"提溜"改成"提取"呢？"把这类字或词提取出来"，是不是听着感觉没那么"爽"了？因为"提溜"更口语化，而"提取"更书面化。

除了自己反复琢磨，也可以向朋友请教。有时候我们冥思苦想半天也不得要领，或许听听他人的建议，就能"一语惊醒梦中人"。唐代诗人贾岛，人称"诗奴"，他尊称韩愈为"一字师"，这个典故缘于贾岛写《题李凝幽居》时碰到的难题。

> 闲居少邻并，草径入荒园。
> 鸟宿池边树，僧敲月下门。
> 过桥分野色，移石动云根。
> 暂去还来此，幽期不负言。

这首诗刚写完时，"僧敲月下门"这句原本为"僧推月下门"。贾岛纠结于到底应该使用"推"字还是"敲"字，由于心思全在炼字上，贾岛走在路上一不留神，居然冲撞了韩愈的官轿。贾岛见冲撞的是大文豪韩愈，不仅忘了道歉，反而趁机请教韩愈，要韩愈给他改诗。

韩愈见贾岛对写诗如此着迷，心想今天要是提不出合理的建议，是别想按时去"上班"了。于是，在略作沉思之后，韩愈建议贾岛使用"敲"字为妙，因为大晚上去造访，而且是隐居之所，如果用"推"字，就有唐突擅闯之意，显得很不礼貌，也不能很好地衬托主人的隐居氛围。韩愈的一席话令贾岛茅塞顿开，从此以后，贾岛每次见到韩愈，便尊称他为自己的"一字师"。

如何写出新意？

所谓"新"，就是要写出新意，不要随意套用固定的字或词。比如，一写到才子就都是"学富五车""才高八斗"，写风景都喜欢用"春花秋月"这样的词。这些都是套词，套词用多了，就会产生"套板反应"，很难再写出新意来。

正所谓"别人嚼过的馍不香"，我认为，不仅不香，还恶心。所以，我们在写作的时候一定要自己思考，尽量少用那些陈芝麻烂谷子的老调子。虽然原创新意很难，但我们可以通过修改经典名句或成语，写出点新意来。

2018年我做读书专栏，吹牛说自己读书多、有才华，就说"读书三十麻袋"。如果我说"学富五车"，不仅没有新意，估计也会被人讨厌。把"五车"改成"三十麻袋"，就有新意一些，而且有调侃的味道，网友们也就不会讨厌我吹牛了。

如何写出奇思？

"奇"就是要写得奇特，出其不意，让人产生惊叹、联想或者疑惑。2014年，女诗人余秀华写了一首爱情诗，题目是《穿过大半个中国去睡你》，这个"睡"字用得很奇特，达到了出其不意的效果。试想一下，如果写成"穿过大半个中国去爱你"，那么档次就要下降不少。因为"爱"这个字大家都能想到，也喜欢用，没什么值得惊叹和关注的。所以，大家都觉得"睡你"比"爱你"有意思。

尽管"睡你"会让人产生某些猜想和疑惑，但这个句子会吸引人们的关注，人们读完整首诗后，就会恍然大悟，反而进一步产生了情感和道德上的共鸣。

03 炼句：如何写出让人传颂的句子

写美轮美奂的句子，树才华横溢的形象

我在鼓励零基础写作者大胆写作时，经常会讲："写文章就是写话，你会说话，就会写文章。"但是，并非所有人都能写出令人赞叹的句子。同样是写在晚霞中看到一只鹭鸟，普通人和才子的表达是不一样的。

普通人的朋友圈可能是："哇！好美的晚霞，好大的鸟！"

如果是唐代诗人王勃呢？他会写："落霞与孤鹜齐飞，秋水共长天一色。"

不得不说，能写出文采飞扬的句子，的确可以体现写作者的才华。唐代诗人杜甫在《江上值水如海势聊短述》一诗中写道："为人性僻耽佳句，语不惊人死不休。"那么，如何才能写好每一句话呢？我推荐的方法是，掌控6种感觉，熟知3个要素，写出3重境界。

掌控6种感觉

优秀的写作者会通过文章中的每一个句子，把读者的心灵和身体都带入一种特定的氛围中，在思维上给读者留足想象的余地，在身体上给足读者身临其境的空间。当读者看到文字描述后，便能想象出无限种可能。

很多写作者都希望自己的文章能够引导读者，让读者主动依据文章中提供的思维方式去思考、去想象，让读者在想象中产生身在其中的感觉。同时，写作者又不愿约束读者的思维，希望读者可以在作者想象出来的氛围中随意游走，想干什么就干什么，尽情地享受自由行动的快乐。

如何做到上述这些呢？我们可以从视觉、嗅觉、听觉、味觉、触觉、心觉6个方面入手，进行多维度写作，把文字立体化，让读者能看到场面，闻到气味，听到声音，尝到滋味，摸到实物，因有共鸣而产生联想。

当然，我们不需要刻意在一个句子或者一段文字中把6种感觉都写进去，只需要用到其中一种或者某几种就可以了。比如，朱自清的《荷塘月色》中有这样一段描写："沿着荷塘，是一条曲折的小煤屑路。这是一条幽僻的路；白天也少人走，夜晚更加寂寞……"

阅读这段话，视觉上我们可以看到荷塘、幽静且偏僻的煤屑路；听觉上感受到的是安静；心觉上感受到的是无限的想象空间，如孤独寂寞的夜晚一个人走在小路上的忧愁。

再举一个例子——改写句子"今晚的月亮好美"。

视觉：今晚的月亮特别的圆，就如一只修着金边的玉盘，闪着金灿灿的光芒，但并不刺眼，时而还会透出浅浅的红，活像个害羞姑娘的脸蛋儿。

嗅觉：看着这美丽的月色，似乎闻到了嫦娥的体香。

听觉：月亮在冲我浅笑呢，我们悄悄耳语起来，互诉衷肠。

味觉：这月色是醉人的，如品着美酒；这月色是甘甜的，如含了一嘴的蜜。

触觉：痴痴地望着这轮圆月，娥宫的仙女们开始翩翩起舞，飘起的衣袂从我的鼻尖划过，滑滑的，痒痒的。

心觉：微闭双眼，便又要思念那远方的姑娘，梦中的情人……

熟知3个要素

想要写出华丽的句子，可以从3个方面入手：轮廓、造型、色彩。比如，在街上看到一名农村妇女，最干瘪的写法是"我在街上看到一个农村妇女"。

看到这个句子,读者会怎么想呢?我所想到的是,这个妇女长什么样,穿什么衣服?多大年纪?凭什么说她是农村来的?

升级版的写法如下。

"一位妇女站在街头的地摊边上,她长得非常坚实,皮肤被太阳晒得黝黑。双手因劳作而变得粗糙。"进步一点点了,读者能通过文字看到一个穿着不时髦,还有泥土气息的妇女。

接下来,我们利用3个要素去写,看看有什么不一样的地方。

第一步,勾画轮廓。

一位妇女站在街头的地摊边上,个子不高,大概50来岁的样子,但看上去很老气,从头到脚的穿着略显寒酸。

第二步,描写造型。

一位妇女站在街头的地摊边上,她膀大腰粗,皮肤很粗糙,嘴唇干裂,额头上的皱纹很深,眉眼间透着沧桑,从头到脚的穿着略显寒酸。

第三步,添加色彩。

一位妇女站在街头的地摊边上,她膀大腰粗,皮肤黝黑而粗糙,嘴唇干裂出好几条血口子,有些还是鲜红的,有些已经结成老红色的伤疤。妇女额头上深褐色的皱纹就像被揉搓过的旧布条,眉眼间透着沧桑,发白的眼珠看上去很浑浊。妇女穿着也很破旧,上身是一件淡黄色的碎花格子衬衣,下身是一条黑色的硬布条裤子,脚上套着一双粉红色的拖鞋。

写出3重境界

所谓3重境界,是指把看不见的展现出来;让静止的活动起来;使能动的都进行个性化表演。

第一步,把看不见的展现出来。 继续使用上文中提到的例子。可以写那位妇女看上了某件衣服,反复打量,却又舍不得花钱。她可能在想,如果不买这件衣服,就可以给上大学的小儿子买本书了。或者她在想,如果不买这件衣服,就可以给刚出生的小孙子买糖吃了，等等。

第二步，让静止的活动起来。 可以描写那位妇女思考再三后，终究还是开口问了价钱，也扭扭捏捏地试穿了那件衣服，但最终还是决定不买了。接着描写她作为一个老实的农村妇女对卖家充满歉意的心情，她脸上表现出来的表情是什么样子的。

第三步，使能动的都进行个性化表演。 可以写卖家瞧不起这位妇女，讽刺她时的表情、动作和语言，以及妇女的反应、脸部表情变化，围观者的语言，以及事情最后是怎么解决的。

训练方法

写金句，需要刻意练习，我推荐的训练方法是：模仿、套用和发散思维。

1. 关于模仿

我认为，无论是好文笔还是好文采，都是读出来的。我们可以通过阅读大量的诗、词和散文，找到美的感觉，然后模仿写作。模仿并非一件丢人的事情，连鲁迅先生也仿古人的佳作写文。比如，他写《我的失恋》，就是以汉代著名天文学家张衡的《四愁诗》为模板，全篇进行模仿的。

《四愁诗》的开头：

> 我所思兮在太山。
> 欲往从之梁父艰，侧身东望涕沾翰。
> 美人赠我金错刀，何以报之英琼瑶。
> 路远莫致倚逍遥，何为怀忧心烦劳。

《我的失恋》的开头：

> 我的所爱在山腰。
> 想去寻她山太高，低头无法泪沾袍。
> 爱人赠我百蝶巾，回她什么：猫头鹰。
> 从此翻脸不理我，不知何故兮使我心惊。

模仿不是照抄，模仿时，原文里的文字在我们的文章里不能超过10%。我建议零基础写作者刚开始做模仿训练时，不要随意发挥，字数、意境、结构、逻辑、情节发展都要以原文为模板。若原句是15个字，我们也写15个字。同时，词性也要遵循原句，原句中用动词，我们也要用动词。

朱自清的《女人》里有一句话是这样写的：

她的一举步，一伸腰，一掠鬓，一转眼，一低头，乃至衣袂的微扬，裙幅的轻舞，都如蜜的流……

我们模仿时，就可以这样写：

她的一抬手，一弯腰，一咬唇，一回眸，一蹙眉，乃至衣袖的微卷，裙摆的轻舞，都如烟的轻……

2. 关于套用

套用有个很高大上的名字，叫"引经据典"，简称"用典"。引经据典是体现写作者才气的一个重要方面。看过《红楼梦》的朋友应该会发现，书中有很多对诗、对对联的桥段，而写诗者每写一个诗句，都讲究诗句所表达的内容要有出处，这个有出处就是指要有典故。

零基础写作者训练"套用"的能力，可以分三个阶段培养。

第一阶段，储备知识。很多写作学员问我，如何才能在文章中引经据典。我想，除了大量阅读之外，别无他法。如果没有知识储备，那么抄都不知道到哪儿去抄，更别谈引用了。当然，一些朋友认为互联网时代，不会的话可以在网上搜索，可问题是如果没有知识积累，搜索时都不知道输入什么关键词。

第二阶段，直接引用。要表明一个观点，又不知道怎么证明，就先这样写："某某说"或者"某某文中说"。接着打个冒号，后面跟个双引号，把某某说的原文复制过来，就解决问题了。

第三阶段，用典不留痕。《文心雕龙》关于用典的诠释："据事以类义，援古以证今"。意思是以古比今，以古证今，借古抒怀。用大白话讲就是指把别人写的文字进行精简或扩写，用自己的文字表达出来，但不留下原文的痕迹。

3. 关于发散思维

在具体写作中，我们可以从多个角度去思考，然后把思考转化成文字表述，通过"一题多解""一事多写""一物多用"等方式，培养写作的发散思维。如苏东坡的《题西林壁》："横看成岭侧成峰，远近高低各不同。不识庐山真面目，只缘身在此山中。"苏东坡提到的横看、侧看、远看、近看、高看、低看都是看，但看的视角不同，所展现出来的画面就不同，这就是发散思维在写作中的典型应用。

如何在写作中训练发散思维呢？

第一，多角度思考。 在平时生活中不管碰到什么事情，或者看到、听到什么观点，都要刻意多角度思考，主动设问，以自问自答的形式，多问几个为什么。

第二，多维度描写。 尝试在纸上写一个观点或者一句话，从多个维度，尽最大努力用多种方式表达。

第三，多联系思考。 在纸上随意写几个字或者几个词，然后开始思考，寻找这几个字或词之间的联系，并把它们写成句子。

最后，推荐几种常用的金句句式，目的是帮助大家在确定中心词后，快速写出脍炙人口的金句来。

1. 对比句式

勇气通往天堂，怯懦通往地狱。（古罗马·塞内加）

2. 转折句式

我这个人走得很慢，但是我从不后退。（美·林肯）

3. 重定义句式

生命不等于呼吸，生命是活动。（法·卢梭）

4. 递进句式

最大的挑战和突破在于用人，而用人最大的突破在于信任人。（马云）

5. 排比句式

阅读使人充实，会谈使人敏捷，写作使人精确。（英·培根）

小贴士：写金句，需要写作者具有独特的思想。建议大家大量阅读名言警句和哲学类书，以提升自己看透问题本质的能力。

（1）金句之美：整齐美、错落美、丰富美、韵律美、意象美、意境美。

（2）炼字=巧+新+奇。

（3）写好句子的6种感觉：视觉、嗅觉、听觉、味觉、触觉、心觉。

（4）写好句子的3个要素：轮廓、造型、色彩。

（5）写好句子的3重境界：把看不见的展现出来；让静止的活动起来；使能动的都进行个性化表演。

（6）训练写金句的方法：模仿、套用、发散思维。

（1）依次用6种感觉各写一句话，是否就可以写成一段优美的文字？

答：的确有人这么操作，而且写出了文采飞扬的文章。尤其在偏重于描写的文体中，再与3个要素和3重境界结合起来，不仅可以使句子优美，文章内容丰富饱满，还可以呈现立体化效果，读之可以产生强烈的画面感和场景感。

（2）书中介绍了金句的6种美，我认为还应该加入思想美，如何才能实现呢？

答：本章内容主要是围绕金句的表现形式，介绍一些简单的技法，思想美属于金句的内涵，需要写作者有丰富的知识积累、生活经历和强大的思考力。建议采用本书"阅读理解"和"旁征博引"中介绍的方法，多读书，多思考，日益精进，便可写出展现思想美的金句来。

（1）仿写自己最喜欢的一首诗或者一篇美文。

（2）参照书中介绍的5种常用的金句句式，各写2个金句。

第 10 章

修辞艺术：
如何写一段文采斐然的文字

从笔下生花到直戳心灵，提升文采表现力的终极绝招

01 笔下生花

编织妙趣横生的幽默感

儒学大师朱熹去拜会他的好朋友盛温如,老盛提着篮子,准备出门逛街。

朱熹问:"你这是要上哪儿去呀?"

老盛:"去买东西。"

朱熹又问:"为什么不买南北?"

老盛一听,呵呵笑道:"东方属木,西方属金,凡木类、金类,我这个篮子可以装回来。南方属火,北方属水,水和火,我这篮子没法装。所以,只能买东西。"

这个故事通篇都是对话,但对话的内容妙趣横生,其原因是这段对话用了一种修辞格,叫"歧解"。什么是修辞格呢?修辞格是修辞的一种固定的表现格式,也就是我们通常所讲的修辞手法,如比喻、对比、夸张,等等。据统计,修辞格有63大类,78小类。

如何增强文章的幽默感呢?我推荐3种修辞格:歧解、倒反、飞白。

歧解的使用技巧

什么是歧解呢?歧解是指在写文章或者说话时,对某些词语的意思故意做出歪曲的解释,即曲解词语的意思。

在一个"怎样使婚姻幸福"的讨论会上,主持人问一位嘉宾:"你们两口子有什么共同之处？"嘉宾回答："我们是同一天结婚的。"

在这个例子中，"共同之处"有多种理解，嘉宾不想正面回答这个问题，就故意用"同一天结婚"来搪塞。这是歧解在生活中的典型应用，我们写文章时，也可以采取同样的方式为文章增添笑料。

在写作中，我们可以使用4种技巧达到歧解的效果，分别是利用同音字、利用多义词、标点误用、利用特定语境。

同音字 + 多义词 + 标点误用 + 特定语境 = 歧解

第一，利用同音字产生歧解。

我曾看过一则笑话。老师问学生："郑成功的母亲叫什么名字？"学生回答："他母亲叫失败，因为失败是成功之母。"

写作者利用"成功"这个同音词，设置了学生的回答，令人看后捧腹大笑。

第二，利用多义词产生歧解。

我曾在一篇文章中看到一个故事。"精明"和"糊涂"是兄弟俩，精明喜欢指使糊涂干活儿。一天，精明要糊涂去买鸡蛋，特意叮嘱他，一定要仔细检查，不要买坏的。糊涂把鸡蛋买回来后很得意地说道："我办事，你放心，这鸡蛋绝对不是坏的，我每一个都仔细检查过了。"结果精明一看，傻眼了，因为糊涂把鸡蛋都打碎了。

在这个故事里，作者故意让糊涂对"坏鸡蛋"产生歧解，糊涂只注重没有变质就是好的，把"破损"也是"坏鸡蛋"这层意思给忽略掉了。

第三，利用句子中的标点产生歧解。

小时候听过一个故事。一位秀才去财主家当教书先生，秀才知道财主抠门，于是在协议中写了一句话："无鸡鸭也可无鱼肉也可素菜一碟足矣。"财主一看，非常高兴，立马在协议上签字了。结果吃饭的时候，财主真的只给秀才做了一道素菜。秀才就拿出协议跟财主说："你违约了！"财主当然不答应，秀才说:"你看这协议上明白地写着:'无鸡,鸭也可;无鱼,肉也可;素菜一碟足矣。'你每餐都得给我整两荤一素啊!"

这则故事中,写作者利用标点在文章中的作用,通过一份协议产生歧解,把两个人物的形象刻画得活灵活现,整个故事也妙趣横生。

第四,利用特定语境产生歧解。我曾在一个剧本中看到一个木讷老实的男孩和一个女孩的对话。

女孩:"为什么我们的目光碰触到一起时,我总觉得你眼睛里有很特别的东西?"

男孩:"你是怎么知道我有沙眼的,但请你千万不要因为这个而嫌弃我,医生说我很快就会好起来的。"

写作者给女孩设计的话里透着浪漫,却故意让男孩对女孩的语境产生歧解,一来一回的简单对话,把一个木讷的男孩形象写活了,男孩就如站在读者眼前一样。而且男孩深爱着女孩,生怕女孩不爱自己的心理活动,字里行间也表现得淋漓尽致。

倒反的使用技巧

什么是倒反?倒反就是正话反说。比如,有一篇文章,在描写一对恩爱又有情调的老夫妻形象时,是这样写的:

情人节那天,老李决定浪漫一把,就陪老婆去逛街了。两个人来到服装店,老婆每试一件衣服,老李都说好看。老婆埋怨老李,说:"你这个人不管什么事情,都这样随随便便,怪不得一辈子没出息。"老李答道:"当年我就是这样随随便便地迷上了你。"

作者笔下的老李利用"随随便便"作为戏言,正话反说,缓解气氛,把一对有情趣的老夫妻写得生动形象。在写作中,倒反有两种情况:赞美式倒反和嘲讽式倒反。

第一，赞美式倒反。 运用跟本意相反的词语来表达本意，戏谑而不嘲讽，可以令语言更加生动活泼。有一篇文章，在描写闺密之间的对话时，是这么写的：

"我现在才认识你？你就是个坏坏的女人啊！"

在这里，"坏坏的"其实就是"很好很好"的意思，利用赞美式倒反，一句简单的话就把闺密之间无话不谈的亲密关系写透了。

第二，讽刺式倒反。 运用与本意相反的词语来表达，但字里行间包含着嘲讽之意。有一篇文章写女人们聊天，聊天的内容是关于男人的。其中一个女人说：

"不管是婚前还是婚后，男人的好处都很多。婚前，他会给你买电影票，请你下馆子，给你写情书，没事都要绞尽脑汁来讨好你。

婚后的好处也是不少的。他能让你成为大厨师，自个儿在外面下馆子，吃到美味了，回来就跟你说，让你学着做；

他能培养你各种美德，每个月给微少的家用，你不仅学会了节俭，还长了理财的本事；

他天天和你说，结婚的女人不用打扮，教会了你朴实无华，他自己却走到哪儿都只盯着美女看，眼珠子都被吸走了，锻炼了你的忍耐力。

简直可以说，女人的完美全是男人一手创造的。

……"

这段文字通篇在讲男人的好处，实际上是运用了嘲讽式倒反，正话反说，把大男子主义狠狠地批驳了一番。

飞白的使用技巧

所谓飞白，是指为了特殊表达的需要，将明明知道是错误的字、词、句、篇，故意如实地反映出来。在写作中，飞白有三种用法。

第一，利用白字构成飞白。 我曾看过一个讽刺写字潦草的故事，是这样写的：

古代一个县太爷字写得很差，一天，他写了一张字条，吩咐下属去买猪舌头做下酒菜。他把"舌"字上半部分的"千"字写得很长，并且和下面的"口"字明显没有连接起来。下属就将字条意思理解成了一千口猪，结果县衙里的人倾巢出动，忙了三天三夜才把一千口猪买回来。县太爷一看，怒了："老爷我写的是'猪舌'，你们给我买一千头猪回来干吗？"下属们被骂了，很不爽，私下里议论说："老爷给老太爷写信的时候，可千万别把'爹'写成'父多'。"

故事中的"千口"是"舌"的白字，"父多"是"爹"的白字。作者利用两个白字写出了一个幽默风趣的故事，同时也对一些写字潦草的人提出了批评和讽刺，内含哲理。

第二，利用词语构成飞白。《刘胡兰传》中有这样一段对话：

玉莲不懂什么是持久战，她悄悄地问金香："顾县长说的是什么吃酒战？"金香答道："你真是个笨蛋，连吃酒战都不知道，就是喝醉酒打架嘛，喝了酒打人最厉害了……"

作者利用"吃酒战"和"持久战"发音类似的特点，把"吃酒战"当成"持久战"的飞白，通过一段对话把两个人物的性格特点、身份背景描述得非常清晰，并达到了风趣幽默的效果。

第三，利用病句构成飞白。 在写作中，为了塑造人物形象，刻画人物的某种特性和感情，可以使用一些不符合逻辑或不规范的句子。

小李给她女朋友打电话，为白天的事情道歉。女朋友不想理他，就让室友告诉小李，说她不在。室友顺口就说道："她说她不在……"

这样写的好处是，故意让小李女朋友的室友在说话时出现逻辑错误，表达了小李女朋友正在生气，不想搭理小李的意思。同时，也通过一句话刻画出了小李女朋友的室友马大哈的人物形象。

02 声情并茂

描绘扑面而来的画面感

所谓画面感，是指通过活灵活现的描绘刺激读者的视觉神经，给读者带来视觉冲击，再延伸到精神层面的思考。简单地讲，是指文字本身具有视觉化效果，让读者先看到特定画面，在视觉享受中思考文字背后的内涵。

如何写出画面感呢？我推荐3种修辞手法：比喻、比拟、排比。

比喻的使用技巧

所谓比喻，是指在描述事物或说明道理时，用与它相似的事物或道理来打比方。比喻从结构上分为本体、喻体和比喻词。

本体：被比的事物或情境。

喻体：把本体具体化、形象化的事物或情境。

比喻词：用来表明本体和喻体关系的词语。

根据本体、喻体、比喻词的隐现、异同和结合情况，比喻可分为11种类型（见下图）。

如何使用比喻，让笔下的文字活起来，给读者带来视觉享受呢？古往今来，很多知名作家都描绘过女人的美，而且有一个说法：第一次把女人比作花的是天才，第二次把女人比作花的是庸才，第三次把女人比作花的是蠢材。下面就以描写女人的美来举例，说明比喻在描绘画面感方面的功能。

描写女人的头发：她的头发乌黑发亮，轻如丝，香如兰，美如波。

描写女人的眉毛：她的眉毛就如春天里嫩出的柳叶。

描写女人的眼睛：看她那双大眼睛，就如装着一池的秋水。

描写女人的嘴唇：樱唇未启笑先闻。

描写女人的脸蛋：她那娇滴滴的脸蛋儿就如挂在叶尖尖上的露珠儿。

描写女人的风姿：她的娇羞媚态，如刚出水的芙蓉。

使用比喻手法写出画面感，需要我们平时仔细观察事物，发掘本体的千姿百态，然后通过联想写出纷繁多姿的喻体，使比喻充满新意。

比拟的使用技巧

比拟分拟人和拟物，是指描述一个事物时，转变其原来的性质，将其化成另一种在本质上截然不同的事物，使描述更加形象。

第一，拟人。 把事物人性化，把人以外的事物当作人来描写，赋予该事物人的动作或思想感情。在写作中，我们可以把无生物、有生物和抽象概念拟人化。

高尔基的《海燕》中有这样的描写："雷声轰响，波浪在愤怒的飞沫中呼叫，跟狂风争鸣。看吧，狂风紧紧抱起一层层巨浪，恶狠狠地把它们甩到悬崖上，把这些大块的翡翠摔成尘雾和碎末。"

这段文字给人带来了强大的视觉冲击，作者连续用到"呼叫""争鸣""紧抱""恶狠狠""摔"这样的字眼。"波浪"在呼叫，在争鸣，"狂风"紧抱巨浪，恶狠狠地把巨浪甩到悬崖上，把翡翠摔成尘雾和碎末。

当我们需要采用拟人手法写作时，只要把人所具备的表情、心理活动、行为动作附加给描述对象就可以了。

第二，拟物。 拟物是指把人当作物来写，或者把此物当作彼物来写。在具体应用中，我们可以把人当作物，把此物当作彼物，把抽象概念当作具体事物来描绘。

美国学者伯纳德·伯伦森在90岁高龄时，他的朋友问他最珍惜的是什么，他说："我最珍惜时间。我愿意站在街角，手中拿着帽子，乞求过往的行人把他们不用的时间扔在里面。"

伯纳德·伯伦森把"时间"这个抽象概念当作具体的可感的事物进行描绘。在他的描述中，时间看得见，摸得着，并能被放进帽子里，描绘得有声有色。

排比的使用技巧

所谓排比，是指用结构相似的句法，接二连三地表现同范围、同性质的内容。排比可以用来叙事、抒情或议论。其特点是，构成排比的一组语句，一定包含三项或三项以上内容，且构成并列关系。排比常常带有提示语，提示语一般会反复出现，从而使排比句的结构紧凑，语势强劲。

排比的类型通常有3种：短语排比、句子排比和复句排比。那么，如何应用排比手法写出有画面感的文字呢？

著名作家魏巍写的《谁是最可爱的人》，结尾是这样写的：

当你坐上早晨第一列电车走向工厂的时候，当你扛上犁耙走向田野的时候，当你喝完一杯豆浆，提着书包走向学校的时候，当你安安静静坐到办公桌前计划这一天工作的时候，当你向孩子嘴里塞着苹果的时候，当你和爱人悠闲散步的时候，朋友，你是否意识到你是在幸福之中呢？你也许很惊讶地看我：

"这是很平常的呀!"可是,从朝鲜归来的人,会知道你正生活在幸福中。

这段文字中,作者连续用了6个"当你"作为这组排比的提示语。我们每读到一个"当你"后面的描绘,都能看到一个画面。

小贴士:在应用排比写作时,一是不要生硬地拼凑,句子与句子之间所表达的意思应是相关的;二是表达的内容范围和性质必须相同,结构上力求相似,整齐匀称;三是句子和句子之间可以重复某些词语,而且非常推荐这么做,尽量让相同的词语在不同的句子中重复使用不少于三次;四是写排比句时,句子不能少于三句,且相互之间必须是并列关系。

03 直戳心灵
勾勒悲欢离合的场景感

好的场景写作就像春雨一样,润物无声,但可以让万物响应并破土而出。我们阅读一些经典作品时,经常会在不知不觉中被带入某种场景,要么捧腹大笑,要么陷入沉思,要么多愁善感。无论是哪种感觉,我们都和作者产生了共鸣。

由此可见,场景感可以把读者带入某种特定场景,让读者有身临其境的感觉,从而触动读者的心灵。在写作时,要侧重从心灵的角度出发,引导读者把场景视觉化。

在写作中,哪些修辞手法可以写出场景感呢?我推荐衬跌、夸张和叠字。

衬跌的使用技巧

所谓衬跌，是指先不说出正意，而是先用一句话或者几句话做陪衬，然后突然转变思维逻辑，表明观点。也就是先将读者引入一个思路，当读者正对这种思路着迷时，立即转入另一个思路，产生"意料之外，情理之中"的表达效果。

我曾看过一个这样的故事。话说老张、老李和老王三个人出去旅游，住进了一家高档酒店的45层。晚上几个人吃喝玩乐回来后，酒店的电梯坏了，酒店的服务生向他们表示歉意，并告诉他们，可以给他们在大厅找个休息的地方。

老李跟服务员讲，不需要，他们可以走楼梯，然后三个人就开始爬楼梯。为了解闷，老李出了个主意，前15层由自己给大家讲笑话，中间15层由老张给大家唱歌，后面15层由老王给大家讲故事。终于，三个人走到了30层，累得够呛，老李建议休息一会儿，同时要老王讲个故事听听。

老王说："累得够呛，脑子都短路了，不知道讲什么好。"老李说："你随便讲，故事要短一点，结尾最好是伤心一点的。"老王说道："好吧，我这个故事很短，也非常让人伤心，我刚想起来，我把房间钥匙忘在酒店大厅了……"

这则故事中，作者把读者引入一种场景，读者正准备看老王讲的故事呢，作者突然转变思路，把三个人在深夜里爬酒店楼梯的故事拉回现实。故事的结尾在意料之外，却也在情理之中，读者看到这样的故事结尾，会心一笑的同时，眼前肯定能出现三个落魄的男人东倒西歪地坐在楼梯上的样子。

夸张的使用技巧

所谓夸张，是指为了表达强烈的思想感情，突出某种事物的特征，而采用的有意夸大或缩小事实的修辞方式。运用夸张手法，一定要大胆地夸，要么从多、重、大、高、长、深、强等方面使劲往大里夸；要么从少、轻、小、矮、短、浅、弱等方面往小处夸。当然，也不能胡乱夸，要有底线，这个底线就是要有真实感，必须夸张而可信。

在实际写作中，夸张有三种应用技巧，即放大、缩小和超前。

夸大是对事物的形象、特征、作用、程度等加以夸大。

缩小与夸大正好相反，是对事物的形象、特征、作用、程度故意缩小。

超前是在时间上的超前夸张。

下面举3个例子，示范夸张手法的应用技巧。

例1：日照香炉生紫烟，遥看瀑布挂前川。飞流直下三千尺，疑是银河落九天。（李白《望庐山瀑布》）

"飞流直下三千尺，疑是银河落九天。"应用了夸张手法的夸大技巧，把读者带入一种场景，让读者产生了身临其境的感觉。读者会感觉自己好像进入了美丽的梦境一般，心旷神怡，哪怕是刻意让自己从这种场景中脱离出来，依然会心有神往。

例2：有一则小故事，形容当地的面包很小，讽刺面包生产商的黑心，是这样写的：小李刚从监狱里出来，对他的朋友说自己在监狱吃面包的滋味。他朋友就说："可以啊，监狱里还有面包吃。"

小李答道："监狱里没有面包，但看守的女儿非常可爱，她常常来看我，从钥匙孔里送来很多圆面包。"

这是典型的缩小技巧，面包能塞进钥匙孔里，那得多小啊，这面包生产商的心得多黑啊！

例3：著名作家马克·吐温讲述和妻子的幸福生活时，是这样表达的：如果一个人结婚后的全部生活都和我们一样幸福，那么我算是白白浪费了三十年时光。假如一切能从头开始，那么我将会在咿呀学语的婴儿时期就结婚，而不会把时光荒废在磨牙和打碎瓶瓶罐罐上。

马克·吐温采用了超前的夸张手法，表达了与妻子莉微相见恨晚的感情；他利用时间上的超前，表达了对自己婚姻生活的肯定。读者读到这些句子，会情不自禁地想象幸福婚姻的样子。

叠字的使用技巧

所谓叠字,是指把相同的字或词接连叠用,在同一个句子中重复地使用,增强文字的音乐感,同时使描绘的形象更加清晰。

李清照在《声声慢》中这样写道:"寻寻觅觅,冷冷清清,凄凄惨惨凄凄。"连续写了14个叠字,层层铺叙,表现了作者寂寞、悲凉和难过的心境。读者看到这14个字,联系到李清照的身世,眼前很快就会浮现出一个场景:一个才女站在荒草丛生的院子里,散开的乱发贴在布满泪痕的脸上,哀伤自怜。

小贴士:在写作中,每一种修辞手法都不是独立存在的,只有把它们结合起来,综合应用到每篇文章、每个片段、每个句子中,才能写出文采斐然的作品,达到令人赏心悦目的效果。比如,朱自清在散文《女人》中描写什么是艺术的女人时,这样写道:

我以为艺术的女人第一是有她的温柔的空气;使人如听着箫管的悠扬,如嗅着玫瑰花的芬芳,如躺在天鹅绒的厚毯上。她是如水的密,如烟的轻,笼罩着我们;我们怎能不欢喜赞叹呢?这是由她的动作而来的;她的一举步,一伸腰,一掠鬓,一转眼,一低头,乃至衣袂的微扬,裙幅的轻舞,都如蜜的流,风的微漾……

这段文字只有百余字,却同时用到了比拟、排比、叠字等多种修辞手法。

(1)幽默感=歧解+倒反+飞白。

(2)画面感=比喻+比拟+排比。

(3)场景感=衬跌+夸张+叠字。

常见问题答疑

（1）我想对修辞手法进行系统的学习，有没有这方面的书？

答：推荐两本书。第一本是民国时期著名语言学家陈望道的著作《修辞学发凡》。这本书对修辞学进行了系统的介绍，学术性比较强，阅读时需要有一定的耐心。第二本是孙汝建和陈丛耕的合著《趣谈：汉语修辞格的语用艺术》。这本书把52种汉语修辞格的语用艺术分成34组做了比较介绍，内容通俗易懂，且有很多有趣的案例和故事。我写本章内容时，不仅在理论上参考了上述两本书，很多素材也取自这两本书。

（2）修辞手法是不是只适合在文学作品中应用？

答：不是的。任何类型的文章都可以使用修辞手法，而且可以产生意外惊喜。比如，写解读稿时，可以用比喻、对比、比拟等修辞手法，把专业名词解释清楚；写推广软文时，先讲故事，然后用衬跌、跳脱等修辞手法，转入产品介绍，提升软文的吸引力；写观点文时，可以用排比修辞手法，增强观点的说服力……

（3）叠字修辞手法，在新媒体写作中用得着吗？

答：当然用得着。很多广告文案中都使用了叠字这一修辞手法。比如，某聊天软件曾有一个广告语是这样写的："嘻嘻哈哈，恍恍惚惚，相聊甚欢，全靠演技"；再如某品牌的酸梅汤广告词："小别意酸酸，欢聚心甜甜。"

练习题

（1）用本章介绍的修辞手法，改写一篇旧作，增强文章的幽默感、画面感、场景感。

（2）使用衬跌修辞手法，写一个故事或者一篇推广软文。

第 11 章

爆款标题：
如何写一个招揽读者的标题

只需套用 3 种标题模型，就能写出流量爆棚的标题

01 标题的作用

标题就如店铺的门头，功能是招揽读者

几乎所有的爆款文章都有一个引人注目的标题。据统计，一篇文章的点击率，80%的功劳由标题贡献。我原本是非常讨厌"标题党"的，直到接触新媒体写作后，一位朋友告诉我，标题就如店铺的门头，可以招来精准客户。经过店铺的路人凭什么光顾一家店铺呢？他们主要就是通过店铺的名字来判断，店里是否有他们需要的商品。

我在做写作训练营时，经常碰到一些学员，他们和当初的我一样，对写好标题存在误解。似乎花大量的时间打磨标题，就是"标题党"，就是哗众取宠。其实，标题也是文章的一部分，就如店铺的门头也是店铺的一部分一样，只是我们过分在意店铺中的商品，而忽略了自己是在店名的引导下才进入店铺的。

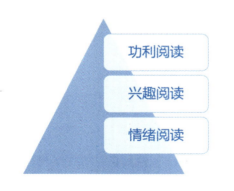

那么，什么样的标题能吸引读者的眼球呢？我曾在"今日头条"订阅过"标题学院"创始人崔阳（笔名：肿么破）的专栏。他认为写爆款标题，首先要清楚读者的阅读动机。一般情况下，读者的阅读动机分为三种，即情绪阅读、兴趣阅读、功利阅读。

崔阳老师围绕读者的阅读动机，提出了爆款标题的3个要素，即情绪、信息量、价值。我从结果出发，给出的建议是，标题要有趣、有料、有效。

有趣：激发读者阅读情绪

我所讲的有趣，指的是一切能引发读者阅读兴趣的情绪点，能让读者在看到标题后产生阅读的兴趣，期待阅读正文内容。在心理学领域，有一个著名的"罗素情绪环状模式"（见下图），罗素认为情绪可分为两个维度：愉快度和强度。

通常来讲，罗素情绪环状模式中的高等强度情绪词，可以瞬间击中读者痛点，快速唤醒读者的阅读情绪；而中等强度的情绪词，虽然没有直击人心的效果，但能让我们笔下的文字产生一股暖流，悄然渗透读者的内心。

在写标题时，我们可以利用分布在罗素情绪环状模式不同区域的情绪类型，专门订制情绪标签，投放情绪炸弹，点燃读者的阅读情绪。在具体写作中，我们可以根据文章的具体内容，确定具体的情绪传递方案，如恐慌、惊喜、悲愤、温暖、猎奇等情绪。

如何传递恐慌情绪？ 相比得到，人更害怕失去。如果我们告诉读者，不怎么样就会失去什么，则很容易引起大众关注。当然，千万不能夸大其词，捏造虚假事实。除了要承担造谣所带来的违法犯罪风险外，"标题党"的人设也会让读者诟病。因此，我们传递"恐慌情绪"的目的只是引起读者重视，切实为读者的利益着想。

比如，职场领域的创作者，为了帮助读者提升职场竞争力，让读者拥有适度的本领恐慌，他们在撰文规劝人们参与学习时，会写以下标题：

- 35岁还不多读点书，你不仅会失去看世界的机会，还可能保不住现在的饭碗
- 全职妈妈不学会理财，失去的不仅是财务自由的机会，还有你喜欢的护肤品
- 大学生不学好英语，不仅会考场失利，还将错过原本属于你的高薪工作

如何传递惊喜情绪？ 在标题中设置彩蛋，让读者看到标题，就像哥伦布发现新大陆一样欣喜若狂，令读者产生"踏破铁鞋无觅处，得来全不费工夫"的惊喜。通过标题传递惊喜情绪，重点是通过设置"转折"和"转机"，告诉读者文中藏有猛料，吸引读者了解详情。

- 你以为这只是一份普通的理财险？错，我们还送给你100万元重疾保障
- 这个课程不仅教英语，还有30位Boss直播讲故事，链接你花钱买不到的人脉
- 美国制裁华为，高通一年损失80亿美元，川普搬起石头砸自己的脚

如何传递悲愤情绪？ 针对读者的爱国、同情、正能量心理，在标题中设置不公平遭遇、违背伦理道德、英雄没落等情绪标签，让读者产生悲愤情绪，并期待了解事件详情。

- 明星资助贫困生，不料养了只"白眼狼"，不被感恩反被咬
- 八国联军侵华，慈禧带皇帝跑路，民不聊生，《辛丑条约》告诉我们弱国无外交
- 老人有两个儿子：一个定居上海，一个在深圳买房，老人却靠拾荒为生

如何传递温暖情绪？ 很多读者因为工作、生活的压力，每天处在焦虑之中。在标题中设置幽默、温暖的情绪标签，可以抚慰读者心灵，读者可以有效释放焦虑情绪，找到生活的美好并重拾信心。

- 恋爱10年分手，女孩说："谢谢你没娶我。"
- 致父母：感谢那个高考失利的孩子，他是上帝派来陪你老去的天使
- 疫情之下，健康地活着就是人生最大的幸福

如何传递猎奇情绪？ 具有好奇心是人类共同的特点，有些人喜欢窥探隐私和秘密，原本平淡无奇的事情，只要增添一些神秘色彩，就会让人产生兴趣。在标题中设置猎奇的情绪标签，重点是让读者提出"为什么"，这样读者就会忍不住要一探究竟。

- 她3个月瘦了20斤，中年大妈变女神，却说没吃减肥药
- 胡适又帅又有才，为人谦逊却屡遭人骂，连好朋友鲁迅也批他颠倒黑白
- 如果崇祯皇帝不杀袁崇焕，明朝还可以延续多少年？

有料：透露文章关键信息

我们每个人都有在外就餐的经历，很多饭馆都会把店内的特色菜在门头上展示出来，一些饭馆甚至直接以招牌菜命名，顾客一看就知道进店后可以品尝到何种特色美味，如"××虾仁水饺""××骨头汤""××鸭掌王"。同理，在标题中透露文章的关键信息，有利于精准定位读者群体，获得高质量"粉丝"。

很多零基础写作者为了提升阅读量，标题含糊其词，试图让更多人点开文章链接。其实不然，读者只会阅读自己感兴趣的内容，如果读者无法从标题中获取文章关键信息，通常不会打开链接。就如我们去购物，如果不清楚一家店

铺内是否有自己想要的商品，通常不会进入店内。因此，在标题中明确告诉读者，阅读这篇文章可以获得哪些信息，反而可以获得更多读者。

在互联网时代，人们获取信息的成本越来越低。如今，相对于获取信息，如何获取优质、对自己有用的信息才是人们最关心的问题。因此，在标题中透露关键信息，不仅可以帮读者快速找到有效信息，更是激发读者阅读兴趣的关键因素。

如何在标题中透露关键信息呢？既然是关键，就不能在标题中罗列文中干货，不能把正文中提到的所有信息，都总结成关键词。否则不仅不会激发读者的阅读兴趣，反而会分散读者的注意力。

我在做读书活动时，与群内100多人共读了日本作家山本一成的《你一定爱读的人工智能简史》。这本书把人工智能的学习历史分为"机器学习""深度学习""强化学习"三个阶段，讲述了人类让机器向人类学习，让机器学习人类的技能、经验的探索历史，读者可以快速了解人工智能到底是怎么回事。

根据活动规则，每个人都要写一篇书评。群内有人听我讲过，写标题要透露正文中的关键信息，于是我就看到了各种罗列关键词的标题，此处列举3例：

- 机器学习＋深度学习＋强化学习＝人工智能的学习历史
- 机器学习的关键技术是仿真和模拟，深度学习和强化学习的关键技术是什么？
- 机器人可以学会谈恋爱吗？人工智能的学习史：机器学习＋深度学习＋强化学习

各位读者朋友，你们看到上面这些标题是什么感觉？我读到这些标题时，感觉这些标题是生拼硬凑出来的，我真的无比后悔要求书友们在标题中透露关键信息。如果我没说这句话，或许他们就不会这么做。为了帮助大家写好书评，我组织了几位善写标题的书友，共创了10个标题，给大家参考使用。

- 人工智能的发展史，是一部机器向人类学习的成长史
- 人工智能是怎么回事？看一下它向人类学习的历史就全明白了

- 阿尔法狗战胜围棋界高手李世石,人工智能经历了怎样的涅槃?
- 阿尔法狗战胜围棋界大神李世石,说明人工智能超越了人类智慧?
- 机器人:人类很奇怪,一边赋予我们智能,一边害怕被超越
- 人类:我们都想拥有一台聪明的机器,但它必须听话
- 科学家正纠结,要不要让人工智能学会独立思考
- 智能机器人能否学会恋爱,可以在人工智能发展史中找到答案
- 当智能机器人拥有自主意识时,人类该如何与机器相处?
- 掌握学习力有多可怕?连机器都可以开启智能,学习人类智慧

我们可以看一下这10个标题,每个标题都透露了特定的关键信息,一看就知道可以从正文中获取何种信息。我认为,标题的作用就是引导读者打开文章链接,阅读正文第一句话。只要标题能击中读者痛点,就能达到这个目的。

如何通过标题抓住读者的痛点呢?千万不要试图吸引所有人的目光,好莱坞大片也总有人不喜欢看,甚至会受到批评,何况我们普通写作者的一篇文章呢。我们只要抓住特定群体的眼球即可。事实上,如果我们文章的内容正好是读者所需要的,就算文章质量差一点,他们也会给我们点赞。反之,文章写得再好,也可能会遭到无视,甚至是批评。

综上所述,写标题时只要把握好3个要点,就一定能抓住特定群体的痛点。

(1)明确读者对象,一个标题只透露一个具体信息。

(2)写小不写大,只选择一个点做关键引导,就如鞭炮的引线。

(3)打磨关键信息的表达方式,确保把文章最具特色的信息体现出来。

有效:展示文章具体价值

如果说情绪是标题的点金石,信息是引导阅读的导火索,那么价值就是引爆阅读欲望的小火星。所谓价值,就是告诉读者,阅读这篇文章可以解决什么具体问题。从提升阅读量的角度考虑,我们所提供的价值要尽量具有普适性,通过标题告诉读者,文章中提及的解决方案可学习,可操作,可复制。

第一，可学习。当我们买一双鞋子时，首先会考虑鞋子是否合脚，其次会考虑鞋子的质量，最后是考虑鞋子的售后问题。也就是说，适合自己、产品质量和售后保障是决定用户产生购买行为的3大重要因素。文章作为知识类产品，只有读者体会到文章内容与自己相关，适合自己阅读，读者才会点开链接去阅读正文。

写作者可以通过标题消除读者顾虑，告诉读者文章所提及的内容不仅值得学习，而且容易学习。比如，日本大学教授坂井丰贵写了一本书，中文版书名是《小学二年级就能读懂的经济学》。我们在平时生活中也经常读到一些如下的文案标题。

- 读原著只需1000词汇量，×××老师带你突破英语阅读难题
- 学会这个阅读方法，小学生一年轻松读完100本书
- 卖菜大妈学习自媒体运营，兼职月入万元，只因掌握了这5个小技巧

第二，可操作。互联网时代，人们的生活节奏加快，因此更加注重阅读的时间成本，尤其是知识技能文章或者推广文案。读者阅读此类文章，往往是因为在工作、生活中碰到了相应的困难，急于知道答案，从而会通过标题快速过滤无效信息。因此，写作者要通过标题给读者传递两个关键信号：简单和实用。告诉读者，文章所介绍的方法具有强效的可执行性。

- 普通人3个月练出6块腹肌，只要掌握这3个简单的动作
- 从业10年的电脑维修"老司机"，教你3个大招，轻松排除蓝屏故障
- 只要学会这个坐姿，不用训练、不吃减肥药，照样拥有小蛮腰

第三，可复制。我自从开写作训练营以后，看到朋友圈有人转发文章就特别敏感，不管是什么类型的文章，总会习惯性地打开看一看，并且会分析文章

被转发的原因。通常来讲，高转发率的文章，无论是观点文、情感文、热点文还是技巧文，从标题开始就具有普适性，要么符合大众的普遍情感诉求，要么能解决某类群体普遍存在的实际问题。

因此，我们在写标题时，在表达上一定要通俗易懂，不要写生僻字，不要用专业名词，要充分考虑不同阶层、不同背景的读者的接受情况，用最直白、最简单的表达方式，让读者读懂我们的表达。要告诉读者，文章提供了普适的价值观、普适的解决方案，我们的文章不仅能满足他们自己的需求，也能满足其圈中好友的需求，从而激发读者的转发欲。

- 给年轻人的忠告：你所谓的佛系，不过是用眼前的苟且，消费原本美好的未来
- 送你一套Excel公式使用攻略，内含200种报表模板，从此不再加班做资料
- 你家的熊孩子玩手机上瘾？这套少儿游戏绘本，能让他放下手机爱上学习

02 自媒体标题的特点

先过机器推荐关，才有机会闯读者喜好关

在新媒体平台写作，文章的阅读量、转发量、点赞数、评论数等，都是影响作者收益的关键指标。而提升这些指标值的关键一环是平台的推荐量。所以，有经验的作者都会研究平台的推荐机制。通常来讲，几乎所有的新媒体平台都有机器审核和人工审核两道关口。所谓机器审核，就是平台利用人工智能技术，对文章进行审核并给出推送方案。

一些有经验的写作者，时常会开玩笑说："现在写文章，不仅要读者喜欢，

还要想办法让机器喜欢。"如果平台的人工智能审核系统看不懂我们写了什么，那么我们写得再好，也不太可能获得高推荐量。

那么，自媒体标题到底要满足什么要求呢？我认为，重点要把握两个要素：一是把准新媒体平台的推荐机制；二是抓住热门传播的基本规律。

新媒体平台的推荐机制

新媒体写作人入驻任何一个平台，除了研究平台的整体风格，熟知平台的推荐机制也是非常重要的工作。很多传统纸媒写作者的写作内容质量非常高，转行新媒体创作后却屡屡受挫的案例时常发生。原因是他们在写作时，从标题到正文均只考虑"人"的阅读理解能力，而没有考虑"机器"的阅读偏好。

几乎所有的新媒体平台都会采用人工智能算法，我们形象地称之为"机器"。说白了，就是用机器把合适的内容推送给合适的人。机器就相当于一个文章的分发系统，这个系统中有两个数据池：一个是用户数据池，一个是内容数据池。

第一，平台是如何把内容池中的文章，精准推送给读者的呢？ 答案是，贴标签。平台的智能推送系统通过分析读者的年龄，以及点赞、转发、评论、举报等行为，确定读者的阅读喜好，在内容池中发现相应的内容时，就会给对应的读者推送。这就是为什么我们用手机阅读文章、观看小视频时，如果连续浏览历史类的内容，平台就会给我们推送历史类文章或者视频的原因。

第二，平台是如何确定一篇文章适合某类读者的呢？ 答案是，关键词。机器通过抓取标题及正文中的关键词，确定文章所属领域，并为文章打上相应的标签。事实上，关键词不仅是确定文章类型的方式，也是给内容池和用户池牵线的红娘，通过它可以实现内容和用户的精准匹配。

当然，机器并不知道关键词的意思，它只能通过分析用户的偏好，来确定文章属性和用户属性。比如，机器发现职场领域的文章经常提到"加班"，就会为标题及正文中包含"加班"的文章打上"职场领域"的标签，并将此类文章推送给对"职场领域"感兴趣的用户。再如，在某一个时间段内，职场人士经常讨论"996"，机器就会把"996"定义为职场领域的关键词。

第三，如何正确使用关键词，确保被机器精准识别呢？我们在创作标题时，一定要使用与创作领域相关的关键词，尤其是很多喜欢蹭热点的创作者，尽量不要跨领域蹭热点，以免机器误判。比如，你写了一篇职场领域的文章，却被机器定位到情感领域，这样既影响你的创作垂直度，又导致文章无法被精准地推送给需要的读者，影响文章的点赞数和好评率。

我建议在标题中使用关键词时，最好保持关键词的唯一性，并确保正文中有相应的内容，对标题中的关键词进行支撑，以免被机器误定为"标题党"，停止对文章的推荐，甚至给账号扣分或者取消账号的发文资格。

第四，新媒体平台向读者推送内容的流程。在常见的新媒体平台，除了微信公众号属于私域平台外，像今日头条、微博、知乎、百家号、大鱼号等都属于开放式平台。所谓私域平台，就是文章只会被推送给关注本平台（如微信公众号）的"粉丝"。开放式平台则不一样，不管"粉丝"是否关注了当前账号，平台均会根据相关规则，把文章推送给平台用户。

通常来讲，开放式平台采取分批推送的方式，把文章推送给读者。其主要包括两种方式，一种是在某一个固定时间段内进行多次推荐，如在24小时内多次向读者推送；另一种是分周期推送，如以24小时、72小时、7天为一个周期，每个周期向读者推送一次。

分批推送、推荐文章，又分为首次推荐和二次推荐。首次推荐时，系统会优先把内容推送给固定账号的"粉丝"，以及"用户标签"与"内容标签"匹配度最高的读者，因为系统认为这部分读者对这篇文章最感兴趣。而且，系统会根据首次推荐后文章的阅读量、点赞数、读完率、评论数、转发数等指标，来决定二次推荐的力度。

第五，不被平台推荐的主要原因。我加入了很多新媒体写作交流群，发现一些群友的文章质量非常好，但推荐量和阅读量却很低。有的高质量内容的推荐量只有几百，而阅读量更是低到个位数。这是一件让人痛心的事情，写作者辛苦创作出来的佳作，发布后连和读者见面的机会都很少。

出现推荐量很低的情况，一般是因为踩了3个大坑：内容不垂直、相同内容多、受众范围小。

（1）内容不垂直。我们在新媒体平台注册账号以后，平台会根据我们的发文情况，给我们的账号定位一个固定的创作领域。如果我们是文化领域的创作者，却发了一篇科技领域的文章，大概率不会得到高推荐量。所以，真心想做好自媒体运营的朋友，一定要注意发文的垂直度。

（2）相同内容多。这种情况一般出现在存在热点话题时，很多写作者同时写相同的内容，文章内容可能会大面积雷同，导致信息饱和，尤其是平台大V和我们追同一个热点时，平台会启动消重机制，对部分重复内容减少推荐，甚至不推荐，流量会向大V和质量特别优秀的文章倾斜。所以，普通作者在发文时，应该尽量保证内容的稀缺性。

（3）受众范围小。文章过于专业，或者写作领域与特定平台的读者偏好存在差异，就算文章质量很高，也会受到用户基数太小的局限，导致文章的推荐量和阅读量都上不去。所以，普通人要通过新媒体写作变现，在选择领域时，要尽量避开小众领域，最好选择文化、历史、情感、职场、汽车、娱乐等大众领域，这样有利于快速获得更多的流量和"粉丝"，提升写作收入。

热门传播的基本规律

追热点是新媒体写作者无法避开的话题。在标题中加入热点词汇，是提升阅读量的重要手段。然而，很多零基础写作者即便追热点，依然无法实现蹭热度的目标，主要原因是不清楚热门事件的传播规律。

通常来讲，一个热点话题的传播，可以分为快传、热议、爆料、思辨4个阶段。我们在写作时，可以根据热门传播的4个阶段，采取不同的发文策略。

第一，快传阶段。对于普通写作者来讲，由于获取第一手信息的渠道有限，只能通过关注媒体大号或者大V账号，及时获取新闻信息。而且，大多数普通写作者没有敏锐的新闻嗅觉，对于一个新闻能否成为热点不具备成熟的判断力。当然，我们可以通过总结、分析过去的热点话题，提升这方面的能力。

通常来讲，民生、职场、安全、经济、教育等直接影响老百姓生活的信息，超出人们正常认知的观点，与大型企业、名人、官员相关联的事件，成为热点的概率相对较大。

在快传阶段，重点是快速把信息传播出去。据统计，一个热点事件在快传阶段的生命周期最多只有12个小时，如果是白天，可能只有6个小时甚至更短。因此，我们在快传阶段写标题的策略，应该符合快传信息的特殊要求，重点强调短、平、快。

- ×××发布婚讯，10年恋情终于修成正果
- 大力调控房价：政府又出新招，假离婚买房甭想了
- ×××发生重大交通事故，车上有×名参加高考的学生

第二，热议阶段。当一个新闻事件成为热点，在社会上广泛传播，引起人们强烈关注后，我们可以通过激发读者情绪，引导读者议论。当然，切记不要

煽动负面情绪，以免受到平台处罚甚至承担法律责任。在这一阶段，写标题的侧重点是提出疑问，也可捎带大众观点。

- ×××半夜发文，官宣婚变，到底经历了怎样的心理过程？
- ×××获得×××企业100万元年薪的offer，你还觉得读书无用吗？
- ×××枪杀案，罪恶的背后到底是谁之过？

第三，爆料阶段。 当一个事件成为热点后，人们会非常关注其后续信息。随着权威机构对事件的深入调查，以及事件当事人之间的博弈，各平台会发出与事件相关的新信息。我们既然选择蹭热度，就要时刻关注特定事件，确保及时为读者提供事件的最新进展信息，尤其是有猛料爆出或事件发生情节反转时，我们要立即撰文。在这一阶段，重点是通过标题告诉读者，某事件有内幕、新消息和反转情节，以吸引读者持续关注。

- ×××婚内出轨？原来已分居3年，双方都有地下情
- 任正非：美国制裁华为，我们早有准备
- ×××强奸案，居然是仙人跳

第四，思辨阶段。 当事件的真相浮出水面时，我们应该透过现象看本质，着重分析事件当事人和大众心理，找到恰当的理论做支撑，撰文表达观点，引导读者反思，给读者提供更深层次的思考路径。我们要尽量帮助读者通过热点事件升级认知，从事件中吸取经验教训。

- ×××出轨事件：婚姻的本质不是包容，更不是忍耐，而是有效沟通
- ×××出人头地后却与亲戚断交，网友：未经他人苦，莫劝他人善
- 名校毕业月薪2500元，初中学历年薪100万元，但读书依然是人生逆袭的捷径

03 标题创作模型

套用 3 种标题模型，轻松写出好标题

如何判断一个标题的好坏呢？我认为，自媒体标题的基本配置有两个要点：精练和直白。精练并非标题的字数越少越好，而是减少使用形容词和副词，尽量使用名词和动词把主题描述清楚；直白是指直戳读者痛点，直说文章重点。为了达到这个目标，我建议采用三段式标题结构。

三段式标题的主要特征

所谓三段式标题，并非用标点符号把标题隔成三段，而是为三个具有独立含义的短句建立特定的逻辑关系，然后将它们组成一个逻辑通顺、结构清晰、主题鲜明的长标题。从这个定义可以看出，利用标点符号把标题分成几段并不重要，重要的是标题中要包含至少三个独立短句，且短句之间能构成特定含义的逻辑关系。

> **错误案例**
>
> 加班熬夜，全年无休，为什么月薪只有 3000 元？
> 老李月薪 2500 元，我年薪 30 万元，他凭什么比我过得好？
> 春天来了，万物苏醒，×××市×个 5A 级旅游景点约你来玩

上述标题看上去很像三段式标题，其实不然。

标题1："加班熬夜"和"全年无休"，都是对"加班"进行描述，不符合"独立短句"的要求。三段式标题中的"独立短句"指的是每个短句所描述的内容要独立，不能雷同。

标题2："月薪2500元"与"年薪30万元"形成对比，但整个标题其实是把一个句子，用标点符号隔开成了三段。

标题3："万物苏醒"是对"春天来了"进行描述，并无实际意义。由此可见，标题中的修饰性短语不能理解为独立短句。

> **正确案例**
>
> 夫妻变路人，只因一次普通的家庭会议，×××和×××为何从相爱到相杀？
>
> 去×××旅游，千万别对漂亮女孩说这句话，你会被扣下当上门女婿
>
> 阎锡山的晚年有多惨？老婆跟他分居，儿子与他反目成仇

上述三个标题都是三段式标题，每个标题中的三个句子均独立成句，各自描述不同的信息，且相互间存在特定的逻辑关系。

标题1：由"事件＋原因＋悬疑点"构成三段式标题。

标题2：由"事件＋悬疑＋结果"构成三段式标题。

标题3：由"悬疑＋事件1＋事件2"构成三段式标题。

我们可以从上述标题中看出，三段式标题具有以下两大特征。

第一，标题中必须有独立短句，每个短句可独立描述一个事件且含义不同；

第二，独立短句之间存在因果、并列、递进等特定逻辑关系。

那么，三段式标题到底有什么优势呢？其主要体现在三个方面。

第一，化长句为短句，提升阅读舒适度。 把传统纸媒的标题和自媒体文章标题进行对比，自媒体文章标题的字数明显较多。而如果标题超过15个字，

而且没有用标点分开，就会降低读者的阅读体验。

第二，重点突出，利于读者快速阅读。三段式标题中的独立短句，可以精准提炼文章的关键信息，让读者一目了然。读者只需扫视一眼，即可抓住文章主旨，在很大程度上帮读者节省了阅读时间。

第三，逻辑顺畅，利于读者快速理解。各独立短句之间逻辑关系清楚，读者看到标题后，无须思考即可明白文章重点是什么，作者为什么要这样写，提供了什么解决办法等。

- 大叔 30 年前卖掉北京四合院去美国打拼挣了 500 万元归来买不起一套两居室

这个标题读起来非常绕口，要憋一口气才能读完，阅读体验非常差。如果改写成三段式标题，效果就会好很多。

- 大叔 30 年前卖掉四合院去美国，如今携 500 万元回国，在北京买不起两居室

三段式标题的万能模型

标题的写法不一，很多有经验的自媒体创作者都有自己的套路。就算大家都用三段式写标题，不同的写作者对三段式的概念也有着不同的理解。我并不能说只有我讲的方法才是正确的。我称之为万能模型，也并非适合所有人，就如万能钥匙也不是真的能打开每一把锁一样。但我提供的这 3 种标题模型，确实可以给零基础写作者带去便利。

模型 1：应用场景 + 具体问题 + 干货提醒

这个模型适用于干货类文章的标题。核心技巧是先写一个独立短句，展示文章的应用场景；再写一个独立短句，描述文章可以解决的核心问题；最后用一个独立短句，说明文章中有详细的解决方案或惊喜福利。

- 邻家妹妹写作月入万元，我写 2 年没赚 1 毛钱，掌握这个技巧立即变现 1000 元

- 读书可以赚钱？写讲书稿是一个不错的选择，这里有10篇知名平台的样稿解析
- 月光族：上班10年无存款，买房已成白日梦，×姐教你如何凑够首付

我们仔细看一下上述三个标题，会发现它们有如下三个特点。

（1）场景清晰，容易让目标读者产生带入感；

（2）问题直戳痛点，使用数字描述细节，有效提升可信度；

（3）明确阅读预期，告诉读者实现目标的门槛很低；

模型2：事件描述 + 矛盾对比 + 传播情绪

这个模型适用于观点类文章的标题。先写一个独立短句，用具体事件构建场景，然后采用对比、反差的方式凸显矛盾，最后用一个独立短句渲染情绪，引发读者共鸣或争议。

- 你没有必要合群，通往成功的路上本就孤独，如果人人都能坚持梦想，岂不拥挤
- ×××被领导骂哭，向朋友诉苦却被怼：别卖惨，出来赚钱谁不受点委屈
- 同样是画家，凡·高穷困潦倒，毕加索富可敌国，美好的人生需要带点铜臭味

观点类文章获取流量的关键手段就是渲染情绪。首先给出一个前置条件，引导读者想象一个特定的事件场景；再给出选择条件，通过"隐性"或"显性"的对比，提示读者站队；最后抛出一个情绪化的观点，刺激读者情绪，使读者无论是否赞成观点，都忍不住打开文章，看个究竟。

模型3：设置悬疑 + 戏剧冲突 + 详情指引

这个模型适用于娱乐、兴趣、休闲阅读类文章的标题。先确立一个悬疑点，以设问的方式构建场景；再以戏剧化的形式，制造情节反转或递进；最后以揭秘的方式引导读者打开文章链接。

- "巴铁"向武汉捐赠口罩，包装不统一？网友：不容易，这才是中国人

的真朋友

● 夫差不灭越国，真的是昏聩无能？伍子胥：这事大王和我商量了，实力不允许

● 诸葛亮唱空城计，司马懿当真没看透？专家：才不是呢，仲达有自己的小心思

利用这个模型写标题，我有3点小经验。

（1）悬疑点要紧贴某个特定群体的兴趣，并且要具有娱乐、休闲阅读的性质。

（2）无须专门写短句描绘冲突，通过设问和详情指引展现出来即可。

（3）采取"引用第三方语言"的方式揭秘，轻松写出详情指引。

小贴士：使用上述3种标题模型创作标题时，构建一个恰当的、清晰的场景非常重要。它能够让读者产生强烈的代入感，增强读者的阅读欲望。

1. 标题应达到的效果：有趣、有料、有效。
2. 爆款标题=机器喜欢+读者喜欢
3. 热门传播的4个阶段：快传、热议、爆料、思辨。
4. 三段式万能标题模型：应用场景+具体问题+干货提醒；事件描述+矛盾对比+传播情绪；设置悬疑+戏剧冲突+详情指引。

（1）如何避免成为"标题党"？

答：第一，不要过分夸大事实博眼球，避免言过其实；第二，标题中出现的关键词，一定要能在正文中找到相应的描述；第三，各平台都有相应的规则约束"标题党"，入驻平台时要认真学习平台规则；第四，不要传播负能量和未经证实的小道消息。

（2）微信公众号与头条号的推荐机制有什么区别？

答：从目前的情况看，以微信公众号为代表的自媒体平台，采取私域流量推荐机制，也就是说，只有关注你的"粉丝"，才能看到你发布的文章。以今日头条为代表的自媒体平台，采取开放流量推荐机制，即只要是今日头条用户，无论是否关注你，都有可能阅读你的文章。当然，自媒体平台也可能会根据平台的发展需要，调整推荐机制，建议随时关注平台规则，这是做自媒体的基本素养。

（3）对于三段式标题，可以用标点符号隔成4段或者2段吗？

答：可以。三段式标题并非用标点符号将标题隔成3段，关键是标题中的3个短句表达的内容要独立，且相互间有特定的逻辑关系。建议零基础写作者套用书中的标题模型进行练习。

（1）请寻找5篇阅读数达10万+的文章，总结标题的特点、规律。

（2）请套用书中介绍的3种标题模型，针对每种模型各创作3个标题。

第12章

凤头豹尾：
如何写出精彩的开头和结尾

开头写奇句以夺目，结尾写箴言以传情

01 如何写好第一句话

奇句夺目，引人入胜

清代著名戏剧家李渔说："开卷之初，当以奇句夺目，使之一见而惊，不敢弃去。"的确如此，写好第一句话，可以起到先声夺人、聚焦读者注意力的效果。然而，很多写作者都有一个共识：第一句话不好写。我在写作时，也常常有这种感觉，明明灵感充沛，文思如泉涌，真坐到电脑前，苦思半天，却敲不出第一句话，感觉怎么写都不合适，甚是苦恼。

如何才能写好第一句话呢？我总结了5大技法，即陈述法、提问法、引用法、故事法和爆料法。

陈述法

所谓陈述法，即利用一个陈述句解释标题，起到点题、延伸标题含义的作用。把第一句话写成陈述句，有以下两大优势。

（1）开门见山，既直述观点和事实，又留下足够的思考空间；

（2）容易写出扣人心弦的金句，让人忍不住要往下读。

许多经典名著均以陈述句开头。

他是个独自在湾流中一条小船上钓鱼的老人，至今已去了84天，一条鱼也没逮住。

——海明威《老人与海》

今天，妈妈死了，也许是昨天，我不知道。

——阿尔贝·加缪《局外人》

我是一台被动的相机,开着快门只记录不思考。

——克里斯多福·伊薛伍德《再见,柏林》

陈述句语气和缓,用陈述句开头,不像祈使句那般强硬,阅读起来就如尝到一丝蜜饯,甜在舌间,暖在心间;也不像疑问句那般吊人胃口却什么也不给。陈述句既撩拨你的味蕾,也给你尝尝味道,让你在回味中忍不住想再嚅一口,这或许是很多知名作家喜欢用陈述句开头的原因。

比如,诺贝尔文学奖获得者加西亚·马尔克斯的名著《百年孤独》,第一句话是这样写的:

多年以后,奥雷良诺·布恩蒂亚上校面对行刑队,准会想起父亲带他去见识冰块的那个遥远的下午。

马尔克斯的这种开篇方式,对中国当代文学的影响很大。莫言、贾平凹、陈忠实等中国当代优秀的作家,他们的一些作品的开头,似乎多少有点马尔克斯的影子。

那天早晨,俺公爹赵甲做梦也想不到再过七天他就要死在俺的手里。

——莫言《檀香刑》

要我说,我最喜欢的女人还是白雪。

——贾平凹《秦腔》

白嘉轩后来引以为豪壮的是一生娶过七房女人。

——陈忠实《白鹿原》

提问法

很多演说家都喜欢采取提问的方式和听众互动,同样,写作也需要和读者互动。以提问的方式开头,有三大优势:调动阅读情绪、戳中读者痛点、引导读者思考。

很多新媒体文案作者都喜欢以提问的方式开头。

（1）某暖风机文案的第一句话。

问你一个问题：当你双脚冰凉，忍不住发抖时，你用什么温暖自己？

（2）某植物牙膏文案的第一句话。

问你一个问题：当你早起总是被口气纠缠，日常牙齿、牙龈总爱发炎，你用什么办法缓解？

不知道大家有没有发现，这简直是一个万能模板。

问你一个问题：当你（痛点）……你用什么……

假设有一款面膜产品请你写文案，你可以这样写——

问你一个问题：当你照镜子时，看到暗黄的皮肤，眼角的皱纹，你会用什么换回水嫩的肌肤？

用提问法开头，关键是要抓住读者的痛点。只要戳中了痛点，读者便会对我们提出的问题产生浓厚兴趣，忍不住想从我们这里得到解决方案。

引用法

开头引用诗文、名人名言、权威机构发布的数据，是让读者产生认同的有效方式，也能体现作者本人的文化素养和专业素养，既能秀作者的才华，又能吸引读者眼球，甚至还可以吸引一波"粉丝"。

我在微信公众号"拾遗"上看到一篇文章，标题是《男到中年，不如狗》，开头是这样写的：

人到中年的男人，时常会觉得孤独，因为他一睁开眼睛，周围都是要依靠他的人，却没有他可以依靠的人。

这篇文章通过引用张爱玲的话，对标题所发表的观点做了有效诠释，瞬间戳中了中年男人的痛点。通常来讲，无论写什么类型的文章，采取"引用法"写第一句话，效果都差不了。

以下举几个例子，大家是否有似曾相识的感觉。

（1）洗发水推广文案。

×××机构研究表明：90%的发质问题，都是因为选错了洗发水。

（2）写时间管理的干货文。

德国杰出戏剧家席勒曾经说过："时间的步伐有三种——未来姗姗来迟，现在像箭一般飞逝，而过去永远静止。"

（3）写山水的美文。

来到甘肃凉州，便情不自禁想起了王维的诗："大漠孤烟直，长河落日圆。"

采取引用法开头时，并非一定要引用原文，也可以利用本书中介绍过的重述技巧，把原文中的精彩句子"化"为己用。2017年，我的微信朋友圈被一篇标题为《我是范雨素》的文章"霸屏"了。这篇文章的开头是这样写的：

我的生命是一本不忍卒读的书，命运把我装订得极为拙劣。

据传，《我是范雨素》开头的警句，并非范雨素原创，而是从席慕蓉的诗《青春》里"剪"出来的。到底是不是这样呢？我们不去评说，我们只是秉承学习的态度，向他人学习如何把文章写得好一些。我们提倡原创，并非要求文章中的每一句话都必须是原创。我把《青春》这首诗的最后一节摘录过来，供大家品味。

遂翻开那发黄的扉页

命运将它装订得极为拙劣

含着泪 我一读再读

却不得不承认

青春 是一本太仓促的书

故事法

故事总是具有神奇的吸引力。用故事法开头，必须留有悬念。著名军旅作家王树增写的长篇纪实文学《抗日战争》，第一章的开头是这样写的：

中国士兵与日本士兵保持着对视姿势，但彼此都看不清对方的面容，因为下着雨，天空雾气迷蒙。

我听过王树增老师的讲座，也读过他不少著作。他曾在一篇文章中对这个开头做了讲解:"中国士兵与日本士兵保持着对视姿势",至于为什么对视,先不说原因,转而说天气,就是要留下悬念。

故事法并非只能写故事文,任何文章都可以用故事开头。我们可以把一个历史故事、一个热点事件总结成一句话,作为文章开头。

我读完《崩溃》这本书后,写了一篇书评,开头是这样写的:

一位缺心眼的马夫,在马掌上少安了一枚铁钉,让国王殒命于沙场,王朝毁灭。

爆料法

开头第一句话"爆料",对激发读者的好奇心非常有效。比如,以"距离能不能产生美"为主题,写一篇情感文,开头可以这样写:

×年×月×日凌晨3点,×××官宣分手,称相识6年,聚少离多,本欲相濡以沫,为了彼此都能获得真实的幸福,选择相忘于江湖。

利用爆料法写开头,我推荐3个爆料前缀,给文章开头增添神秘色彩,可以瞬间抓住读者的注意力。

(1)你知道吗?……

(2)信吗?……

(3)告诉你一个消息,我听说……

我列举3个例子,请大家品读一下,如果去掉前缀,是否会令句子失去神秘感?

(1)治疗感冒的少儿足贴文案。

你知道吗?我家小孩昨天半夜发高烧,真的急死我了,还好上个月买的×××少儿足贴还剩一片。

(2)×××装修公司的活动推广文案。

信吗?我表姐夫140平方米的房子,装修得贼豪华,只花了9.8万元。

(3)女人必须自己买套房子的观点文。

告诉你一个消息,我听说×××被她老公半夜赶出家门了。

小贴士:第一句话的任务,就是吸引读者阅读第二句话。

02 如何写好开篇语

开门见山，片言居要

1951年1月，伟大领袖毛主席在主持制定《中共中央关于纠正电报、报告、指示、决定中的文字缺点的指示》中专门批示：

一切较长的文电，均应开门见山，首先提出要点，即于开端处，先用极简要文句，说明全文的目的或结论，唤起阅者注意，使阅者脑子里先得一个总概念，不得不继续看下去。

毛主席所说"于开端处，先用极简要文句，说明全文的目的或结论"，便是新闻学上称的"导语"，亦即古人所谓的"立片言而居要，乃一篇之警策"。毛主席的这个批示虽然是对公文写作提的要求，但对我们普通人写作也具有很强的指导意义。尤其是自媒体时代，各类信息传播迅速，人们每天接收的信息量与日俱增，快速阅读已成为广大读者获取信息的主要形式。写作者有责任和义务为读者提供快速阅读的便利。

如果一篇文章迟迟不能进入主题，平铺直叙而没有吸引力，除非读者为了考试或工作需要，不得不耐着性子读下去，否则只需瞄上一眼便会弃而不读，这会严重影响文章的读完率。我对写好开篇语的建议有三条，即开门见山，直奔主题；故事引入，增强趣味；统领全文，见事具体。

开门见山，直奔主题

为了纪念革命烈士张思德同志，伟大领袖毛主席写了《为人民服务》一文。

开头是这样写的：

我们的共产党和共产党所领导的八路军、新四军，是革命的队伍。我们这个队伍完全是为着解放人民的，是彻底地为人民的利益工作的。张思德同志就是我们这个队伍中的一个同志。

《为人民服务》这篇文章的开头只写了三句话，便确立了鲜明的主题，向广大读者宣布了共产党及其领导的军队是革命的队伍，并传达了这支队伍是彻底地为人民利益工作的。同时，明确了文章主角张思德是革命队伍中的一员，也是为人民利益工作的。

我们在练习写作时，可以把这个开头当成一个模板。比如，我读完成甲的著作《好好思考》后，写书评时这样写的开篇语：

查理·芒格提出了多元思维模型的思想，并创造了100余种思维模型，旨在帮助人们提升思考能力，洞悉问题的本质，找到解决问题的关键点。成甲是多元思维模型的实践者，他写的《好好思考》可以教我们如何实践多元思维模型，并使我们终身受益。

这样写的好处是，除写了一个有吸引力的开头之外，还可以在发布书评时，直接复制这段开篇语，发朋友圈、微博、微头条、豆瓣短评等，获取更多流量。

我认为，开门见山，需仰望山之陡峭；直奔主题，必速写文章题旨。只有这样，才能给读者带来视觉冲击，吸引其眼球，抓住其思维，激发其阅读。著名作家何其芳关于如何写好开头，曾这样说：

开头千种万种，有一条切不能忘记，就是要把自己这篇文章的题旨引出来。倘若开头很美，却离自己的题旨很远，也不算好开头。宁愿弃置，也不能用。

第一，如何写出山之陡峭？ 我曾看过很多写得非常好的文章，但阅读量和读完率都很低。我认为，这时候，我们可以学习新闻类稿件的写法。新闻类稿件为了抓住读者眼球，通常会使用直接引语，增强文章的吸引力。

养牛和炼钢哪个更难？"养牛！"曾经的"钢铁老板"，如今在云南马龙县当起"牛倌"的黄鑫回答，"炼钢把原料投进炉子，调好参数等着'出水'；而母牛十月怀胎，一胎一个，不可能加班。"尽管如此，他还是转了行，"钢铁不好赚钱了，投资农业正当时。"

这是《云南高原特色农业风生水起》的开头，作者是《人民日报》记者徐元锋。这篇文章于 2015 年 5 月 17 日刊发于《人民日报》一版头条。短短的几行字，却穿插写了 3 段引语，读起来就如眺望秦岭，既陡峭，又连绵。

我们可以收集很多优秀作品当作练习的模板。比如，有一家培训机构请我们写一篇招生软文，我们可以尝试这样写开头：

搬砖和学编程哪个更难？"学编程！"曾经的"逃课王"，如今报名×××学校程序员课程的小黄这样回答，"搬砖是体力活儿，干完一天活儿，啥也不想，倒头就睡。而学编程，白天听课，晚上还得练习。优秀的程序员，都是代码'堆'出来的。"尽管如此，他还是选择了学习编程，"搬砖没前途，学会编程可以找份体面的工作。"

为何使用直接引语，可以写出"陡峭"的效果呢？因为直接引用人物语言，可以增强文章的真实感，当原生态的语言风格展现在读者面前时，就如一座陡峭的山峰立在读者眼前，瞬间聚焦了读者的全部注意力。

第二，如何速写文章题旨？ 我特别推崇一句话："不要浪费时间，浪费自己的时间是自杀，浪费别人的时间是谋杀。"试想一下，我们阅读一篇文章，读了几百字还搞不清楚作者到底想表达什么，肯定会极度不爽。

如何快速、精准地表达文章主题呢？重点要把握两个原则：加快节奏、精简语言。

2018 年，我读完美国作家罗伊·彼得·克拉克的著作《精简写作》后，应邀写了一篇书评。根据对方提供的书评模板，我的初稿的开头部分特别长，有近 800 字。现拿来做错误案例，示范如何快速进入主题。

《道德经》只有 5126 字，但千古流传。

莎士比亚喜欢写 14 行诗，但每首诗都脍炙人口。

然而，不知道从什么时候开始，我们的文章越写越长。在古代，因为文字只能刻在石头上，写在动物皮上，写在竹简上，所以古人惜字如金。后来，有了纸张，人们可以把文字写在纸上。但是，那时候的人对文字很敬畏，一字值千金。

所以，五四运动之前的文章大抵都是惜字如金的。

现在，随着电子存储信息技术的飞速发展，我们写文章似乎不在乎字数了，动不动就千言万语，跃然屏幕之上。反正成本低，甚至写千字文、万言书都可以不用动脑子，很轻松就能写出来。需要什么内容，只要百度一下，复制粘贴过来就是了，连抄都懒得抄，脸不红，心不跳，习惯了，也就心安理得了，反正哥们儿瞬间就可以拼凑出数万言来。

貌似还有人出书，号称要教大伙儿一天写10万字，这可真是亮瞎了许多人的眼睛。一天10万字，怪不得文字越来越不值钱了。

当然，真正的创作者终究还是会惜字如金的。近几年，随着推特、微博、微信朋友圈等新媒体的兴起，短文又开始流行了。大家开始热衷于写100字文，甚至还有人专门开课程，教人写30字的自我介绍、60字的产品推广文案。

因为当下的生活节奏越来越快，提升沟通和表达效率显得越来越重要。这就需要我们的表达言简意赅，任何表达都要直接说重点，猛戳痛点。所以，重要的信息往往简短，有力的写作务必凝练。

如此一来，短文又越来越有市场了。可是，很多人又抓狂了，因为写惯了万言书，突然又流行短文，这可如何是好呢？

刚好，美国作家罗伊·彼得·克拉克写了一本书《精简写作》。这本书约有14万字，中文版于2018年10月由中国华侨出版社出版。该书解决了两个问题：一是如何写短文，二是如何带着目的写短文。书中主要提供了收集短文、找到重点、练习扫读、学习对称、有所侧重、变换节奏、改写套路、有效摘录、创造惊喜等12个技巧，揭露了短文写作的黄金法则，告诉读者如何把短文写得简洁、写得高效、写得耐人寻味。

我怎么会在写《精简写作》的书评时，写这么长的开篇语呢？和书名对比，岂不滑稽？实在看不下去了，还是遵守加快节奏、精简语言的原则，赶紧改吧。

信吗？我们公司上个月招了个"神人"，他的自我介绍只有30个字，却惊艳了HR。新品发布会，策划部每人写一篇文案，他居然只写了60个字，却让老板赞不绝口。如何写好短文呢？美国作家罗伊·彼得·克拉克的著作《精简写作》，揭露了短文写作的黄金法则。书中提供了12大技巧，解决了两个问题：如何写短文、如何带着目的写短文。

对比阅读一下，这两个版本大家喜欢哪一个呢？我喜欢改写后的。

故事引入，增强趣味

很多爆款文章都善于用故事开头，以增强文章的趣味性。在开篇语中如何写故事呢？可以用三句话来总结：事件故事化，故事人物化，人物命运化。

第一，事件故事化。 事件和故事最大的区别是，事件没有情节，没有冲突，只是简单地陈述发生了什么，语言具有高度概括性；故事则有人物，有情节，有冲突，表达细腻且富有情感，传递给人的感受是有血、有肉、有情绪的。以下为单纯地描述事件的开头。

今天早上，某交叉路口发生一起交通事故，造成2死1伤。

以事件开头时，顶多让读者发出诸如"生命可贵，出行要注意安全"之类的感慨。以下为将事件故事化的描写。

今天早上，某交叉路口围满了人，一位中年妇女头上流着血，坐在地上号啕大哭，她刚刚失去了丈夫和儿子。据现场目击者称，这名妇女的丈夫骑摩托车闯红灯，撞上了一辆小轿车，交警认定摩托车驾驶员负全责。但是，他并没有把认定结果告知当事人，而是在耐心地劝慰妇女。

很显然，把事件改写成故事后，代入感更强。读者可以从故事中获取丰富的信息，了解事件详情，同时做出思考和讨论。

（1）相比轿车司机，摩托车司机一家显然是弱势群体，尤其是这位妇女，她已经失去了丈夫和儿子，她以后该如何面对生活？

（2）作为交警，他的行为体现了对弱势一方的关照，充满了人情味。但是，此时他还可以选择恢复交通秩序。

（3）故事中虽然没有关于轿车司机的任何描写，但他显然是有损失的，无辜的他又该以何种态度面对这次事故呢？

有人可能会说："这是一个具体的事件，改写成故事并不难，如果是一个抽象的概念呢？"比如，在书中读到一个知识点，如何将其故事化呢？这还真是个有意思的问题，不过也不难，只需3个步骤即可搞定。

第一步，找出原文中的关键信息。

第二步，把抽象的概念转化成带场景的具体事件。

第三步，把事件转化成故事。

美国心理医生哈丽雅特·B.布瑞克的《操纵心理学：争夺人生的主导权》一书中，有一段话是这样写的：

容易受影响的人在习惯与心态上向别人暴露出了脆弱的一面，这虽然不是故意的，但是操纵者却能抓住这些线索，被这些个性中的弱点和"触点"吸引而来，继而肆无忌惮地压迫被操纵者。

上述这段文字的关键信息包括以下两点。

（1）被操纵者在别人面前表现出脆弱的一面；

（2）操纵者善于利用被操纵者的弱点，实施操纵。

利用关键信息，把抽象概念场景化，转化为具体事件，举例如下。

×公司女员工屡遭上司性侵，因害怕失去工作而不敢报警，患抑郁症割腕自杀。

把事件写成故事，可尝试以下写法。

昨晚11点，小丽发了一条朋友圈："世界太肮脏，愿永不超生！"然后，用刀片割断了手腕。警察从小丽的日记和手机中发现，她在进入公司不久后曾告诉部门经理杨×，她特别害怕不能如期转正。杨×听后，却以此为由逼迫小丽和他发生关系，并拍摄了视频，让小丽沦为他泄欲的工具。

写完故事后，我们就可以直接抛出文章主题。

不要随意向别人暴露你脆弱的一面，因为你不知道一些伪善的面孔背后，到底是狼还是羊。如果你的善良被人利用，你的弱点被人操纵，或者你被人抓到把柄而不能脱身，这3条建议一定对你有用。

第二，故事人物化。故事终究是给人看的，只有把故事的情节、思想、感情、观点付诸具体的人物身上，才能让读者感同身受，与文章所描述的内容产生共鸣。一个优秀的故事，一定会深挖人性的恶与善、生活的丑与美。

我个人特别喜欢鲁迅先生的作品，以下这段文字是《孔乙己》中的一个选段。作者通过一系列的对话，把孔乙己迂腐、顽固的形象写活了。读着鲁迅先生笔下的文字，眼前就如站着一个没有丁点儿务实精神的穷酸书生，多瞅两眼便有哀其不幸、怒其不争之感。

孔乙己一到店，所有喝酒的人便都看着他笑，有的叫道，"孔乙己，你脸上又添上新伤疤了！"他不回答，对柜里说，"温两碗酒，要一碟茴香豆。"便排出九文大钱。他们又故意的高声嚷道，"你一定又偷了人家的东西了！"孔乙己睁大眼睛说，"你怎么这样凭空污人清白……""什么清白？我前天亲眼见你偷了何家的书，吊着打。"孔乙己便涨红了脸，额上的青筋条条绽出，争辩道，"窃书不能算偷……窃书！……读书人的事，能算偷么？"接连便是难懂的话，什么"君子固穷"，什么"者乎"之类，引得众人都哄笑起来：店内外充满了快活的空气。

利用对话来写故事，是把故事人物化的巧妙手段。比如，我在写《小学二年级就能读懂的经济学》这本书的书评时，是这样开头的：

是夜，狂风逼着暴雨，拍打着窗户。

夫妻在卧室里吵了起来，他们的声音越来越大。妻子尖锐的嗓音似乎把玻璃都划破了。

"浑蛋，无能，穷鬼……"

丈夫的咆哮，与窗外划过的那道闪电发生了强烈的碰撞。

"败家娘们儿，一天到晚就知道买，买，买……"

接着，是连续的轰隆隆的雷鸣……

睡在隔壁房间的小女孩有八九岁的样子。

她，抱着枕头，小声地抽泣。

她特别想翻身起床，冲进爸妈的卧室，对他们说：

"不要吵了，钢琴不学了，补习班不上了……"

我用对话讲述了一个普通家庭因缺钱而争吵的故事，目的是引导读者进入一个特定场景，然后抛出"普通人也要懂经济学"的观点。

第三，人物命运化。 小品《心病》中有一句经典台词："我不想知道我是怎么来的，我就想知道我是怎么没的。"令人捧腹大笑，也让人笑过后陷入沉思。人们都对命运特别感兴趣，因为一个人的命运总是预示着一个特定的结果和归宿。我坚信，每个生命都有其独特的意义，至于最终的命运如何，要么和他承担的使命有关，要么和他的选择有关。

在写作中，把人物命运化，不仅能把读者普遍关心的问题呈现出来，抓住读者眼球，还能引导读者进行更深层次的思考，从而与作者在灵魂深处展开交流和思想碰撞。

如何把人物命运化呢？有以下3个小技巧。

（1）给人物赋予某种特殊使命；

（2）人物的选择决定其命运；

（3）留点悬念，让读者带着思考和念想去阅读正文。

我在写《做像林徽因一样的女人》这本书的讲书稿时，前言是这样写的：

说起林徽因，最令人津津乐道的，似乎是她和大诗人徐志摩的感情。是的，人们总是喜欢关注那些男女之间的故事。但是，林徽因仅凭疑似绯闻的生活小事，就能成为公认的民国才女吗？

我们不去论，她是梁启超的儿媳；也不去论，她的堂叔是写下《与妻书》的林觉民。即使没有这些伟大人物背书，林徽因也绝对称得上女神。也许你知道她写了《你是人间的四月天》，但你是否知道，她还写过《论中国建筑之几个特征》，帮助丈夫梁思成揭开了中国古建筑的奥秘，成功解读建筑界的天书《营造法式》。就连国徽和天安门广场上人民英雄纪念碑的深化设计，也有她的一份功劳。

林徽因的一生是精彩的，不仅仅是指她在事业上的成就，或许是她的那一句"我们要在安静中，不慌不忙地坚强"，温暖并激励着人心；或许最要紧的，是她的智慧，她的优雅，她的人格魅力。她是一个充满传奇色彩的女子，若非传奇，又怎能让大才子徐志摩魂牵一生，让大建筑师梁思成宠爱一生，让大哲学家金岳霖仰慕一生。

接下来，我们从三个方面，来聊聊这位民国才女的人生智慧。

第一个方面：爱情，浪漫于斯，迷醉了徐志摩的《再别康桥》。

第二个方面：婚姻，幸福于斯，温暖了梁思成的《一串疯话》。

第三个方面：生活，优雅于斯，照亮了人生的是一首《莲灯》。

我虽然没有在开篇语中写林徽因所担负的使命，也没有写她在某个人生阶段做出了什么样的选择，但是能让读者感知，她的担当、她的选择与她的命运就隐藏在文字中，但留有悬念。同时，也向读者传递了一个明确的信号：若知详情，请看正文。

统领全文，见事具体

郑玄是东汉末年的经学大师，他在《诗谱序》中讲道："举一纲而万目张，解一卷而众篇明。"《风格的要素》这本书在西方被人奉为写作圣经，作者威廉·斯特伦克说："最能唤起读者兴趣、引发读者关注的是那些明确、具体、特定的细节。"

我从这两句话中得到以下两点启示。

（1）开篇语要纲举目张，概括并引领全文，让读者快速读懂文章主题；

（2）在开篇语中用具体的事例透露关键信息，将读者的联想代入特定场景。

2018年11月，某平台给我寄来一本书《高效能阅读》，作者是日本龙谷大学的客座教授予原尻淳一。我在写分享稿时，开篇语是这样写的：

你有多久没有读完一本书了？抑或你读了很多书，却没有收获。日本龙谷大学经济学部的客座教授原尻淳一，在研读了100余本有关阅读技巧的书后，写了一本书：《高效能阅读》。这本书提倡带着目的读书，用89个读书技巧告诉你如何培养阅读兴趣、快速阅读和学以致用。最有意思的是，作者原尻淳一非常提倡法国作家达尼埃·佩拉克的"读者权利十条"，比如，不读的权利、跳读的权利、不读完的权利……

下面，我对书中提到的"3D学习技巧""以行动为中心的阅读""关键词发掘"和"假设验证型读书"做详细分享。

写这个开篇语时，我选用了"很久没有读书"和"读了很多书但没有收获"两个场景，引出作者介绍和书的核心内容介绍，同时告知读者我的分享重点。

那么，我们到底应该如何理解"统领全文，见事具体"呢？

统领全文，关键词是"统领"，分为"统"和"领"两个部分。"统"即概括、总结文章内容，让读者对全文内容一目了然。"领"即引领，就如一股线的线头，让读者抓住线头，快速建立阅读路径。而"见事具体"主要是通过设置场景，采写具体案例，调动读者的阅读情绪。

具体怎么写呢？我的建议是，用具体案例，引出文章主题。

某平台邀请我写《非暴力沟通》这本书的讲书稿，我写的开篇语如下。

在生活中，我们经常听到父母对孩子说："你看看你，真的是笨死了！看看人家小明，你要是有人家一半优秀，我就烧高香了。"当父母这样教训孩子时，从来不会觉得自己有错。他们会冠冕堂皇地说："我这是爱他，要不是亲生的，我才懒得这样跟他讲呢！"很多父母都喜欢把"打是疼，骂是爱，表扬赞美都是害"这句话当成至理名言。

《增广贤文》里有一句话："良言一句三冬暖，恶语伤人六月寒。"然而在真实的世界里，那些难听的话，总是从最亲密的人口中说出来。伤害了你，却一笑而过，这都是"刀子嘴，豆腐心"的谬论害了我们。

《非暴力沟通》这本书，推荐我们使用爱的语言来表达心中的爱，展现出超强的亲和力，让每一个和我们接触的生命，都感受到爱的魔力，让每一个和我们交流的人，都可以感受到沟通的过程是一种享受。本书的作者马歇尔·卢森堡是一位了不起的人物，他是国际非暴力沟通中心的创始人，也是世界公认的全球首位非暴力沟通专家，曾获得过地球村基金会颁发的和平之桥奖。

好了，介绍完这本书和作者的基本情况，下面我将分三个部分为你讲述本书的核心内容。

第一个重点：开启非暴力沟通模式，只需把握好四个要素。

第二个重点：默契不是与生俱来的，用心倾听才能情意相通。

第三个重点：千万不要亏待了自己，隔三岔五和内心聊聊天。

特别说明：本书所指的开篇语，包含除文章标题外的第一个一级标题之前的所有内容，如开头第一段、前言、导语等。

03 如何写好最后一段话

言外之味，弦外之响

每一篇文章的结尾，都应该预示一个新的开端。这个开端不仅是指在文章结尾给读者留下思考空间，呈现言虽止而意犹未尽的效果，最重要的是，我们要通过一篇文章的结尾，让读者对我们的其他作品产生阅读期待。元代文学家陶宗仪在《南村辍耕录》中说："作乐府亦有法，曰凤头、猪肚、豹尾六字是也。"很多"笔杆子"对于评定一篇文章的好坏，都认同一个观点：开头要漂亮如凤头，引人注目；正文要饱满如猪肚，内容丰富；结句要生动如豹尾，雄劲潇洒。

如何写好结尾呢？我的观点是，结尾必写金句，以达到引人注目之效。具体如何操作呢？我总结了"三板斧"，即首尾呼应、话题爆炒、金句传音。

第一板斧：首尾呼应

开头有伏笔，结尾有照应，使文章读起来结构紧凑，浑然一体，文脉相通。通过在结尾处重提文章主题，引导读者回到文章开头，细细回味。我特别爱看朱自清的散文，因为他写散文总是特别善于首尾呼应。就如应邀去一位对饮食特别讲究的朋友家吃饭，开席时先上一道开胃菜，席中逐步奉上各种美食，当你酒足饭饱时，再悄然递给你一碗善解人意的消食汤。

《华严经》中写道："不忘初心，方得始终。"这句话众所周知，但是，这句话后面其实还有一句："初心易得，始终难守。"如果用这句话形容写文章，显然结尾比开头更难写，那我们就牢记一点：只要识得初心，就定能守住始终。

《荷塘月色》的开头是这样写的：

这几天心里颇不宁静。今晚在院子里坐着乘凉，忽然想起日日走过的荷塘，在这满月的光里，总该另有一番样子吧。月亮渐渐地升高了，墙外马路上孩子们的欢笑，已经听不见了；妻在屋里拍着闰儿，迷迷糊糊地哼着眠歌。我悄悄地披了大衫，带上门出去。

结尾是这样写的：

于是又记起，《西洲曲》里的句子：

采莲南塘秋，莲花过人头；低头弄莲子，莲子清如水。

今晚若有采莲人，这儿的莲花也算得"过人头"了；只不见一些流水的影子，是不行的。这令我到底惦着江南了。——这样想着，猛一抬头，不觉已是自己的门前；轻轻地推门进去，什么声息也没有，妻已睡熟好久了。

我们不去分析作者的心境，也不分析《荷塘月色》的文学价值。单纯从写结尾的技法上讲，要达到首尾呼应的效果并不难，就一句话：从哪儿来回哪儿去！

就如《荷塘月色》的开头写："我悄悄地披了大衫，带上门出去。"

结尾就写："轻轻地推门进去，什么声息也没有，妻已睡熟好久了。"

那么，这一招到底管用不管用呢？我们再看一个案例。

开头：我与父亲不相见已二年余了，我最不能忘记的是他的背影。

结尾：我读到此处，在晶莹的泪光中，又看见那肥胖的、青布棉袍黑布马褂的背影。唉！我不知何时再能与他相见！

——朱自清《背影》

"从哪儿来回哪儿去！"这招真的管用吗？我亲测有效。我应邀写《棉花帝国》的书评时，开头是这样写的：

137年前，让世界各国都眼馋的产业，是围绕棉花的生产、制造的纺织业。当时的列强们整天都在抢夺棉花的贸易掌控权，因此，让世界经济面向全球化发展的，不是什么高科技，而是一朵洁白如雪的棉花。

结尾是这样写的：

一花一世界，一花一帝国。

一朵棉花，曾领着资本主义满世界跑，不管是战争资本主义还是工业资本主义，都少不了要打打杀杀，尸横遍野。是为了经济全球化？错！因为遍地是黄金。棉花，纯白如雪；世界，五颜六色……

我在写这篇书评时，为了达到首尾呼应的效果，开头围绕"棉花"引题，结尾围绕"棉花"总结。聪明的读者一定看出来了，所谓从哪儿来回哪儿去，核心技巧就是在开头选一个关键词或关键事件，结尾再以总结的语气写一遍，就可以写出首尾呼应的效果。

第二板斧：话题爆炒

沃顿商学院市场营销学教授乔纳·伯杰，在《疯传：让你的产品、思想、行为像病毒一样入侵》这本书中提出了一个概念：社交货币。乔纳·伯杰关于这个概念的解释如下。

大多数人都希望自己看起来聪明而非愚笨，富有而非贫穷，讨人喜欢而非令人生厌。我们所谈之物也会影响别人对我们的看法，这就是社交货币。

知道一些很酷的事，会让人们看起来很时髦，消息很灵通。

所以，想让人们开口谈论，我们需要设计出一些信息，帮助他们达到心中渴求的形象。我们需要找到内在的非凡之处，让人们觉得自己仿佛是业内人士。我们需要利用游戏机制，让人们能够获得或表现出地位的象征，以便让他人看到。

在文章结尾设置一个能够引发人们讨论的话题，就相当于给读者提供了"社交货币"，让读者乐于引用我们在文章中提供的信息、观点，作为他们在日常社交中的谈资。

那么，如何才能写出具备"社交货币"价值的话题呢？从知识积累的角度讲，我建议多读杂文。我个人特别喜欢读王小波的杂文，他的观点犀利，总是能一语点透问题本质，引人深思。

比如，王小波在《一只特立独行的猪》中是这样结尾的：

我已经四十岁了，除了这只猪，还没见过谁敢于如此无视对生活的设置。相反，我倒见过很多想要设置别人生活的人，还有对被设置的生活安之若素的人。因为这个缘故，我一直怀念这只特立独行的猪。

阅读这个结尾后，我发现在写结尾时，可以通过揭露一个原本正常却被人们忽略的现象的本质，让人读后有醍醐灌顶之感，从而主动传播我们的文章。从写作技法层面讲，我的建议是，以话题为中心，强调观点，引导选择。

例1：最后，如果看完这篇文章你还想创业，你是勇士，那就去吧，爱一个人都有风险，何况创业。

——粥左罗《年轻人，没事别想不开去创业》

例2：别再炫耀你的朋友圈，也不要觍着脸去认识大咖，努力提升自身的可利用价值，让自己变得厉害，才是王道。自己不行，认识马云，又有何用？

——我在一次主题分享会上做分享时的结束语

第三板斧：金句传音

文章以金句结尾，总是能起到画龙点睛的作用，不仅能有效引导读者思考，更关键的是容易让读者记住。我们在阅读完一篇文章后,特别是过一段时间后,可能什么也想不起来了,而文章中的金句却能在我们的大脑中留下痕迹。

青年作家王耳朵写过不少爆款文章,《王思聪失声第48天,熊猫直播宣布破产:你的舒适区,正在杀死你》被各平台争相转载,文章结尾是这样写的:

不要被现在的安逸所蒙蔽,其实每个成年人,都是劫后余生;

所有的卓然不群,都是逼出来的,所有的轻松生活,都是熬出来的。

如果你人到中年,被生活压得喘不过气来,那么问一问自己,在之前的十多年中,你是否贪图安逸。

为什么,不要贪图短期的无忧无虑?

为什么,不要迷恋那种得过且过的人生?

只是为了有朝一日,在面对生活的刁难时,自己有足够的能力去应对。

也有足够的底气说,"岁月不饶人,我也未曾饶过岁月"。

这篇文章的结尾频爆金句,情感充沛,观点深刻,让人读之精神振奋,励志感满满。关注王耳朵的读者,可以发现王耳朵的文章多数以金句结尾,向读者传递动人之音。

小贴士:在文章结尾部分写的金句,一定要贴题并与文章属性相符。比如,情感类文章应以感慨为主,以达情绪喷井之效;观点类文章应以思辨为主,以达警醒灵魂之效;干货类文章应以口诀为主,以达好记实用之效……

(1)写好第一句话的5大技法:陈述、提问、引用、故事、爆料。

(2)写好开篇语的3条建议:开门见山,直奔主题;故事引入,增强趣味;统领全文,见事具体。

(3)写好结尾的3板斧:首尾呼应、话题爆炒、金句传音。

常见问题答疑

（1）所有的文章都必须写开篇语吗？

答：我建议养成写开篇语的习惯，在文章中写开篇语，不仅有利于梳理写作思路，明确写作主题，避免跑题，还可以聚焦读者的注意力，同时为读者快速阅读提供便利。

（2）第一句话和开篇语之间是什么关系？

答：文章若有开篇语，两者之间即从属关系，第一句话即开篇语的开头。如果没有开篇语，第一句话即文章开头。当然，如果开篇语只有一句话，那么这句话既是开篇语，也是文章开头。

（3）我写了一篇技巧文，编写了一个顺口溜结尾，算金句吗？

答：当然算。只要你写的句子好记、实用，能引发共鸣，就是金句。

（4）写好结尾的三板斧，必须同时使用吗？

答：不用。程咬金也不是每次和人打架都要耍完三板斧的，一板斧就能灭敌，又何必费力气扮酷耍帅？在具体写作中，可以根据文章类型和特点，确定使用何种方式结尾，可以只使用其中一个招式，也可以组合使用。

练习题

（1）关注5个自媒体账号，相应账号必须发过30篇以上优质爆款文。

（2）在你喜欢的领域内寻找10篇优质文章，分析其特色，并仿写开头和结尾。

第四部分
实战案例

◎ 实战案例：能被平台录用的讲书稿怎么写
◎ 实战案例：能让编辑和你签约的共读稿怎么写
◎ 实战案例：能获得征文奖励的书评怎么写
◎ 实战案例：能提升品牌影响力的软文怎么写
◎ 实战案例：能快速成交的带货文案怎么写
◎ 实战案例：快速引流的短视频文案怎么写

第 13 章

实战案例：
能被平台录用的讲书稿怎么写

写讲书稿很容易，但你必须避开3个坑

第13章 实战案例：能被平台录用的讲书稿怎么写

01 写讲书稿的几点心得

我写讲书稿踩过的坑全在这里

我刚开始接触讲书稿，是在 2016 年年底，但当时并没有太在意，只是偶尔在"喜马拉雅"上听别人讲书。直到 2017 年 11 月，一位和我关系特别好的朋友跟我讲："你读了这么多书，为什么不搞个读书专栏？"经过两个月的策划，我于 2018 年 1 月在荔枝微课 App 开通了读书专栏"噢耶，读书来了"，每周解读一本书。初做专栏，根本没有销量。于是，我花钱拜师学习，总算搞懂了写讲书稿的基本套路，不仅提高了专栏的讲书质量，还获得了给知名读书平台供稿的机会，一年写了 80 多篇讲书稿。

如果你也有写讲书稿变现的想法，以下内容是我写讲书稿的血泪教训，可以让你少走弯路。

第一个坑：我把讲书稿等同于读书体会

读书体会主要是谈自己读完一本书的感悟与收获，写讲书稿必须树立用户思维，相当于我们替用户把一本书读薄，把书中的干货做成知识产品，呈现给用户，帮用户节省读书时间。

因此，写讲书稿必须牢记以下三点。

第一，采用线性逻辑写作。讲书稿最终以音频形式发布，听众在听主播讲一本书时，其思维是线性的。如果讲书稿中存在多层逻辑，那么很容易把听众绕晕。作为一个音频类知识产品，必须以让人听懂为原则。

第二，口语化表达。讲书稿是给主播录制音频的底稿，语言表达必须干脆利落，娓娓道来。我认为一篇稿件，只有读起来顺口，听起来才顺耳。因此，强烈建议写完讲书稿后，自己先朗读 3 遍，如果自己都读不顺，那么别人读起来会更拗口。很多平台在征稿时，编辑都特意强调表达要口语化，尽量避免使用专业名词。如果避不开，就要用大众语言做出详细解释。

第三，必须写过渡句。我以前没有养成写过渡句的习惯，导致讲书稿录制成音频后，出现跳跃感，似乎是逻辑跳跃，其实只要加上过渡句，就能解决问题。当讲完一个知识点后，在讲下一个知识点时，使用过渡句设置锚点，一方面告诉听众我们正在讲什么，另一方面把走神的听众拉回来。

第二个坑：我以为讲书就是把书中的内容，用自己的话重述一遍

在刚开始写讲书稿时，我怎么也搞不明白，如何才能用8000字左右的内容把一本少则十多万字，多则几十万甚至上百万字的书讲清楚。后来有人跟我讲："你不用面面俱到，只要在书中寻找几个重要的知识点写出来就可以了。"当我明白这个套路后，在具体写作时又碰到了难题，如何写才能保证原书内容不失真呢？我采取的办法是，用自己的话讲述原书内容。

这样有用吗？不能说一点用没有，最起码符合了写讲书稿要"基于原书"的要求，但还是无法满足编辑的要求。经过一番折腾，我总结了以下3条经验。

第一，基于原书，知识增量。既然是讲书稿，肯定不能脱离原书写作。我们所有的观点、内容都必须在原书中找到对应的理论和描述。重点是知识增量，一是基于原书的深度思考，通过深度解读，给读者提供比原书更深刻的思考答案或更实用的应用方案；二是基于原书向外拓展，寻找在理论边界上与原书逻辑相通的信息，从多个维度解读知识，帮助读者提升认知，提高听书的获得感。

第二，深挖痛点，分清主次。刚开始写讲书稿时，有两个问题让我很难受：一是不知道如何取舍原书内容；二是不会安排写作顺序。

解决第一个难题的办法是，先阅读书封面的推荐语、序言和与书相关的书评，把自己认为值得分享的知识点记录下来；也可以直接在目录上画线标记，然后用排除法留下3个核心知识点。

解决第二个难题的方法是，确定3个核心知识点之间的逻辑关系。如果是递进关系，则按递进的先后顺序写；如果是并列关系，则把知识点分为最重要、

重要、次要 3 个等级，先写最重要的，再写重要的，最后写次要的；如果无法确定逻辑关系，就遵循原书的写作顺序。

第三，切莫罗列知识点，勤举例子多议论。 致用类图书作者可能会罗列十几条知识、技巧信息，或者几十个上百个"招数"。碰到这种情况，一定要对原书内容进行归类，千万不要像原书一样罗列条款。如果实在无法归类，就要遵循少即是多的原则，只挑几条重要信息进行介绍。介绍知识点时，要么不讲，要讲就要讲透，采取案例+议论的形式，把知识点场景化，并做出形象化的解释。

第三个坑：我以为给平台投稿可以随意发挥

虽然讲书稿的表现形式大同小异，但是每个平台都有自己的风格。在给平台投稿前，一定要想办法找到平台编辑，索要样稿和写作规范。根据我的投稿经验，如果我们的稿件在排版、风格方面与平台不符，那么即使内容不错，也很难被采用。

为了方便读者朋友练习，我提供一套较为通用的讲书稿模板供大家参考。

讲书稿的音频时长，一般为 15~30 分钟，5000~8000 字，由 4 部分组成：开篇、正文、总结、结语。

第一部分：开篇，一般分成 5 段（600~1000 字为宜）。

第一段：平台固定开篇语，由平台编辑提供。

你好，欢迎来到×××（平台及栏目名称），我是×××。

今天为你解读的是《××××》（书名），这本书的中文版大约××万字，我会用××分钟时间（330 字/分钟）为你讲解书中精髓：××××（简明扼要地讲出书中要点/话题/核心知识点/知识的意义/能给读者带来的收益等）。

第二段：引题。

建议采用故事、案例、数据、新闻、亲身经历等，引出书中话题，为介绍图书做铺垫。

第三段：介绍图书。

用一个段落对全书进行宏观介绍，技巧是重点介绍书中核心知识，展示书中亮点。

第四段：介绍作者。

用一个段落讲述作者的有趣事迹或成就，如果作者没有突出亮点，则一笔带过。

第五段：介绍图书大纲。

以上就是本书的主要内容和作者介绍。下面，我们就从×个方面来聊聊这本书的精华（固定话术，由平台编辑提供）。

第一个方面：×××。

第二个方面：×××。

第三个方面：×××。

第二部分：正文，一般分为3个方面（4000~5000字为宜）。

现在我们先来聊聊第一个方面的内容：×××（本级标题）。

××××××××××××××××××××××××

以上讲述的是第一个方面的内容：×××（小结并引出第二个方面）。接下来，咱们来聊聊第二个方面的内容：×××（本级标题）。

××××××××××××××××××××××××

以上讲述的是第二个方面的内容：×××（小结并引出第三个方面）。接下来，咱们来聊聊第三个方面的内容：×××（本级标题）。

××××××××××××××××××××××××

以上讲述的是第三个方面的内容：×××（对第三个方面进行小结）。

第三部分：总结，一般分成4个段落（500字左右为宜）。

到这里，今天的分享就要接近尾声了，我们一起来回顾一下今天讲述的《×××》这本书的主要内容。

首先，我们讲到了：×××××××××××。

其次，我们讲到了：×××××××××××。

最后，我们讲到了：×××××××××××。

第四部分：结语（500字左右为宜）。

主要写读完这本书后的感悟和体会，以及对听众的建议。结语可写可不写，如果写，就必须写出特色，能够让听众获得意外惊喜。否则，就直接用固定话术结束全文。

固定话术：以上就是今天的全部内容总结，为你准备的笔记版文字就在音频下方文稿里。恭喜你又听完了一本书。

02 讲书稿实战案例

《精进：如何成为一个很厉害的人》

大家好，感谢您来到×××。今天要给您分享的书是《精进：如何成为一个很厉害的人》（以下简称《精进》）。这本书约18万字，2016年4月由江苏凤凰文艺出版社出版。作者主要介绍了如何平衡工作和生活中的时间；如何做出比好更好的选择；如何督促自己立即行动，并取得成效；如何利用自己的兴趣和特点，取得与众不同的成功等经验和技巧。

20岁的时候，我立了一个"Flag"，发誓一定要学好英语。25岁的时候，我又发誓要学好英语。如今我33岁了，还是没有学好英语。13年悄然度过，我连发誓的勇气都没有了。我相信，每个人都曾有梦想，都曾想做成一件足以感动自己的事情。然而，只有少数人成功实现了目标。这或许不怪自己，我们真的为理想而努力过，只是没有找到正确的行动路线。

《精进》这本书，号称是首部开启全新思维方式的智慧书。作者采铜从时间、选择、行动、学习、思维、才能和成功这7个影响人生的关键侧面，指导读者设计出"精进"的路线图，对迷宫般的现实世界进行了解剖。书中提供的每一个方法，都可以帮助我们找到解决问题的支点，让我们用持续而且精确的努力方式，找到实现自我的最优捷径。

《精进》这本书的作者采铜，是知乎的第 41161 号用户，曾被公认为最具知乎精神的人。他很较真儿，且怀抱理想主义。除了《精进》以外，他还出版了《深度学习的艺术》《开放的智力》等书。

以上就是《精进》这本书和作者的简要介绍。接下来，我们就从 3 个方面一起来聊聊这本书的精华内容。

第一个方面：时间不仅计算生命的长度，还可以衡量人生的厚度。

第二个方面：选择不仅影响生活的精度，还可以决定人生的高度。

第三个方面：行动不仅体现今天的态度，还可以拓展人生的宽度。

现在我们先来看一下第一个方面的内容：时间不仅计算生命的长度，还可以衡量人生的厚度。

工作要快，生活要慢。这是我读完《精进》这本书后，关于如何对待时间的最大的感悟。为什么呢？因为只有快速完成工作，提升效率，才有时间慢慢享受生活。

在书中，我看到一个有意思的故事。作者采铜每次回家探望他妈妈，总是觉得时间过得没那么快。有一次，他收到一条短信，手机上显示 21 点，但墙上的挂钟却显示 20 点 55 分。没错，是挂钟慢了 5 分钟。采铜发现，原来回到家的时候，他就活在一个比别人慢 5 分钟的世界里，仅仅是 5 分钟，就可以让我们的生活节奏变慢，慢慢地享受生活，慢慢地品味人生。

这让我想起了我小时候，我妈妈为了让我上学不迟到，就偷偷地把我的电子手表调快了 10 分钟。所以，我从来没有迟到过，这也让我养成了做什么事都提前 10 分钟的习惯。也正是因为这 10 分钟，我做任何事情都有时间提前酝酿。比如，约一位朋友见面，我总是能提前 10 分钟到达目的地，当朋友过来时，我已经帮他点好了他爱喝的饮料。再如，每天上班，当别人匆匆忙忙地往公司赶，踩着点、急得满头大汗地冲进办公室时，我已经把办公室收拾了一番，整理了一天的工作计划，悠闲地等着开早会了。

其实，时间对于每个人来说都是公平的，谁也不能一天拥有25个小时。不过，时间之于一个人的自然生命，长度的确不一样。有些人能活到80岁，有些人却英年早逝。我们每个人都无法预料明天会发生什么，没有一个人敢肯定地说，自己一定会长命百岁，因为生命无常。所以，如果用时间来衡量生命的长度，那么，的确是不同的生命所拥有的长度会不一样。

我们无法左右生命的长度，但我们可以爱惜生命，时间就是生命。因此，我经常跟人讲，浪费自己的时间是自杀，浪费别人的时间是谋杀。如果我们能让生命里的每一分钟都发光、发热，就算人生短暂，我们依然可以活得很精彩，活出厚度来。比如，我们可以选择像雷锋一样，助人为乐，把有限的生命投入到无限的为人民服务中去。只要我们有利他思维，就算只活22年，生命之厚依然如泰山之土，深沉厚重。

当然，我们也可以选择很轻闲地活着，舍得放下一切，找一处僻静的小院，过"采菊东篱下，悠然见南山"的日子。就如刘禹锡在《陋室铭》里描写的那样："山不在高，有仙则名。水不在深，有龙则灵。斯是陋室，惟吾德馨。苔痕上阶绿，草色入帘青。谈笑有鸿儒，往来无白丁。可以调素琴，阅金经。无丝竹之乱耳，无案牍之劳形……"

谁说这样的人生没有厚度呢？随便想一想，就能把人给美慕"死"。说来说去，不管是忙碌于工作，还是清闲于生活，我们活着，是为了一个字：爽！要想爽，就得把握好生命的节奏。

有人说，人生如戏，生命如歌。不管是如戏还是如歌，要一辈子不白过，就得过日子，而不是赶日子。方法很简单，当你面对工作时，就把表调快5分钟，让节奏快起来，就像弹奏一曲急促的交响乐。当你要享受生活时，就把表调慢5分钟，让节奏慢下来，就像哼唱一首温婉的乡间小曲。

生命，有长有短，才显珍贵。

生活，有快有慢，才有意义。

这，便是人生的长短，快慢，厚薄，都只在须臾一瞬间。

太快，你会累"死"。

太慢，你会碌碌无为。

把握好节奏，你便快乐一生，精彩一生。

刚才我们讲了，时间不仅计算生命的长度，还可以衡量人生的厚度。就如《精进》这本书中所写，要用平衡的观点看待过去、现在和未来，用郑重的态度过好当下的生活。所谓的平衡，无非就是平衡好工作和生活之间的关系，平衡好昨天的往事、今天的现实、明天的愿景。

接下来，我给大家讲述第二个方面的内容：选择不仅影响生活的精度，还可以决定人生的高度。

人这一辈子，几乎每天都面临选择。早上起床，你要选择吃油条还是吃包子；出门逛个街，你得想一想穿什么样的衣服合适。小时候，父母会逼着你选择一个兴趣班，说那样可以培养情操；高考的时候，一群人给你建议，本来你坚定信念要学美术的，结果报了所建筑类大学，选了个电子商务专业。好不容易熬到大学毕业了，七大姑、八大姨都给你介绍对象。你可能在大家的劝说下，稀里糊涂就结婚了。你一直面临选择，但似乎每次都是被动选择。你总是觉得，自己不得不做出这样或那样的选择，但每次选择，似乎最终都是你自己的决定，别人只是给你建议而已。

所以，多年过去了，你会觉得懊恼，也会发出感叹：当初我要是学理科就好了，当初我要是投资股票就好了，当初我要是一直在那家公司干就好了。然而，当初已成历史，你再也回不到当初了。

著名作家柳青说："人生的道路虽然漫长，但紧要处常常只有几步，特别是当人年轻的时候。"柳青的这个忠告，不仅告诉我们人生短暂，要珍惜当下，努力奋斗，其实也告诫我们关键时刻一定要懂得选择。因为，有些时候，你的选择将决定你今后几年，甚至几十年的生活质量。

那么，到底该如何选择呢？《精进》这本书给了我们一些建议，我归纳成三点，分享给大家。

第一，面临选择时，一定要从终极目标出发。也就是说，你到底想成为一个什么样的人，你要过什么样的生活。闭上眼睛，好好想一想，你理想的工作和生活状态是什么样的。比如，当你要为了男朋友披上婚纱时，你要冷静地想一想你们的婚后生活。假如你想到一个画面：当你在厨房精心地准备一道美食时，你的老公从身后为你系上围裙，然后轻轻地抱住你，低头轻吻一下你的额头……这时，你要回到现实，仔细端详一下你的男朋友，他是一个这样浪漫的人吗？他是一个被柴米油盐酱醋茶困扰时，还拥有这种浪漫情怀的人吗？

第二，面临选择时，一定要问问自己的内心，是否真的想要。比如，年轻人在谈恋爱、找对象时，有时候不确定自己是否真的喜欢对方，不确定这个人是不是自己要找的另一半。这个时候，我们可以问自己的内心三个有没有：一是生理上有没有冲动，粗俗一点说，就是有没有想和对方"滚床单"的冲动；二是精神上有没有受鼓舞，直白点说，就是在为对方做点事情，或者和对方一起去做点什么事情时，会不会很兴奋，觉得人生充满意义；三是沟通上有没有很流畅，简单点说，就是你们两个人的三观合不合得来，在一起有没有话说，是不是随便挑个话题都能聊得很开心。

提出问题，让我们的内心来回答。如果我们的内心深处给出的答案是肯定的，就不要犹豫，我们的选择不会错。

第三，面临选择时，不要想着这就是唯一的选择。当我们面临一次选择时，它只是我们人生中很多选择中的一个而已。千万不要犯选择恐惧症，当我们实在不知道如何选择时，我们完全可以在众多的选择中随便挑选一个去实践。几乎所有的成功人士都告诉我们，只要我们去做了，每一次付出都不会白费。

当然，有时候我们的选择的确是错误的，错误的选择已经给我们的生活带来了很多麻烦，让我们过得很不开心，让我们吃不香、睡不着，甚至让我们有想要跳楼的冲动。这时候，我们就要大胆地放弃之前的选择，重新选择一种生活方式，重新选择一个工作环境……

尽管重新选择可能会让之前的努力付诸东流，但之于人生的意义却是非凡的，因为我们已经有勇气承认并改正之前的错误，选择一种能让自己变好的方式。我们能做到把那些让我们不爽，让我们窒息的生活垃圾扔掉，选择正能量，选择重生，选择快乐。所以，当我们重新选择时，不要有太多的心理负担，也不要为之前的付出感到可惜。你不是逃兵，也不是失败者，相反，你是勇士。因为你有放下的勇气，有重新选择、从零开始的胆识。你的高贵，从你重新选择的那一刻开始，就会展现得淋漓尽致。

刚才我们讲了，选择不仅影响生活的精度，还可以决定人生的高度。有人说："选择比努力更重要。"选择是走向成功的第一步，选择是过上好日子的开始。当然，能不能成功，关键还得靠行动。毕竟，千里之行，始于足下。

接下来，我给大家讲述第三个方面的内容：行动不仅体现今天的态度，还可以拓展人生的宽度。

成功者与失败者的区别，就是成功者想法很少，但行动很多；失败者行动很少，但想法很多。小时候经常听父亲跟我讲，人这一辈子，要踏实、诚实、老实。说到底，就是要用行动说话，不要做思想上的巨人，行动上的侏儒。

古人云：君子讷于言而敏于行。意思也是讲，君子不善言辞，但行动力却非常强，直白讲，就是君子都不喜欢夸夸其谈，而是用行动和实践来证明自己的观点。孔子为了追求真理，行走了14年。在他追求理想的过程中，结发妻子去世了，唯一的儿子死了，最喜欢的弟子颜回死了，最忠于他的学生子路也死了，白发人送黑发人。到了古稀之年的孔子，依然在整理"六经"，撰写他的《春秋》。

我们现代人，在讽刺一个人不着边际时，会说："做你的春秋大梦去吧！"可是，2000多年前，我们的圣人孔子，就把"春秋大梦"变成了现实。可见，只要你选择一个领域，然后付出行动，坚持在这个领域深耕细作，不要学小猫钓鱼，一会儿捉蝴蝶，一会儿捉蜻蜓；不要学猴子掰玉米，掰一个丢一个，就一定能够成功。

很多年以前，一位年轻的画家朋友邀请我去参加著名画家王永年老先生的画展，王永年老先生是张大千先生的嫡传弟子。在那次画展上，我和老先生坐在一张方桌旁聊天。他跟我讲："我80岁了，眼神不好使了，画不成工笔了。下一步，我准备练书法，如果我活到100岁，搞不好还能成为书法家呢。"

老先生讲这些话的时候，那一本正经的样子，让我莫名其妙地觉得眼睛里充盈着泪水。我也说不清楚是感动还是激动。后来细细一想，这既不是感动，也不是激动，而是受到了鼓舞。老先生已经功成名就，却还有新的梦想，还有选择一个全新领域去深耕细作的勇气。我如此年轻，对于未来的路，又有什么可害怕的呢？

这些年，不管在什么样的岗位工作，我都能踏实下来，成为岗位上的行家里手。有人说我这种精神叫爱岗敬业。其实，我自己不这么认为，因为我只是固执地认为：既然做了，就做好它。因为我不想浪费人生给我的每一次机遇，我不想辜负缘分。

关于行动，《精进》这本书也给了我们不少好的建议。有三个观点我非常赞同，给大家做一个简要讲述。

第一，克服"过度准备"的惯性，向前一步，坚持把事情做完。我们经常听人讲，不打无准备之仗。所以，我们就武断地认为，做任何事情都必须准备充足。但是我们不要忘了，实践才是检验真理的唯一标准。所以，当你去做一件事情，不知道该如何做的时候，正确的方式应该是直接开干，而不是思前想后。在行动的过程中，你会发现很多意想不到的问题。那个时候，你就可以针对问题去想办法，一个一个解决它们。"三思而后行"不一定正确，"行动先于思考"也不一定就是鲁莽。在互联网时代，先行动再总结思考，比先思考再行动要强。

因为，这个时代机会很多，但稍纵即逝。你必须先抓住机会，在别人还在想该怎么办的时候，就先开始做。当别人开始做了，发现实际情况和他们所想的不一样时，你已经完成了对失败经验的总结，开启了正确的行动模式。当别人找到正确的套路时，你已经可以大方地公布自己在某个领域中所有成功和失败的经验。说白了，就是你挣够了，已经准备去玩更新鲜的游戏了。这样做，你就可以永远抢占先机，永远快人一步，是不是很爽呢？

第二，克服"自我防卫"的心理，诚恳接受不同的建议并反思。在行动的路上，我们会犯很多错误，犯错不要紧，关键是知错能改。为什么刚才我们讲行动先于思考，并不一定是鲁莽？因为单纯的理论并不一定能指导实践，只有在实践中将积累的知识进行反思，才能指导实践。这就需要我们能听得进不同的建议。在走向成功的道路上，并不是只有你一个人，你的成功需要得到别人的肯定与评价。否则，你怎么确定自己成功了？成功，不仅是自己内心对个人价值的肯定，还有别人对你的评价。所以，我们不仅要虚心接受别人的批评，还要主动去问问别人，对我们正在做的事情，持什么样的观点和态度，他们有什么好的建议和方法。我们可以把别人的建议与自己的行动相结合，进行反思总结，这样更容易找到有利于我们行动的方案，是不是很香呢？

不知道大家发现没有，所有口碑好的企业都在乎市场的反馈，所有被人拥戴的人物，都非常注重每一个普通人对他们的评价。企业会定期做调查问卷，通过用户的反馈，发现自己的问题。名人，如美国总统，会有专门的机构为他做民意调查，让他及时知道人们在哪些方面对他不满意。

普通人要实现目标，也可以做问卷调查。比如，你要买一辆汽车，不仅要问自己的内心，到底想买什么款式、什么品牌，还应该问一问父母、兄弟姐妹、朋友和同事，他们的建议是什么样的，然后把这些建议，包括自己内心的声音进行排序，打一个分，再做出决定，这样肯定可以降低后悔的概率。

第三，克服"在哪里付出就必须在哪里收获"的想法，有勇气放弃并接受新的挑战。生活中，总有一种人喜欢认死理，我把这种人称为"赌徒"。为什么这么讲呢？因为喜欢赌博的人，总是把自己的一切都交给赌场。在赌场赢了，还想继续赢；在赌场输了，还想在赌场赢回来，结果越陷越深，输得倾家荡产，还不愿意放弃，认为只要赌下去，就一定能回本。

生活中这样的例子有不少。我们经常听说某某姑娘爱上一个男人以后，在这个男人身上付出了很多。可是，多年以后，她发现这个男人并不爱她，而且在外面还有别的女人。当她认清了这个男人的真实面目，已经不爱这个男人了，却仍然不愿意分手。互相不爱了，为什么还不愿意分开呢？原因很简单，因为曾经付出太多，现在选择放弃，不甘心。

我们在工作上、事业上，又何尝不是如此呢？有些时候，明明知道再干下去已经没有意义了，没有前途和希望，但就是舍不得放弃，不愿意换个环境，或者换一种方式重新来过。因为已经付出了很多，很不甘心。就是这种不甘心，害得我们固执地以为，只要坚持就一定能成功。坚持没有错，但明知是错，却还要坚持，就一定是错。

刚才我们讲了：行动不仅体现今天的态度，还可以拓展人生的宽度。在拼搏的路上，一定要敢于行动，并理性接受他人建议。如果错了，就必须得有壮士断腕的勇气，立即改正。坚持行动，不断试错，不断改正，我们就会发现，人生的道路，会在行走的过程中越走越宽，越走越顺。

到这里，今天的分享就要接近尾声了，我们一起来回顾一下今天讲述的《精进》这本书的主要内容。

首先，我们讲到了时间不仅计算生命的长度，还可以衡量人生的厚度。在心法上要用平衡的观点看待过去、现在和未来，用郑重的态度过好当下的生活；在技法上要做好时间管理，处理好工作和生活的关系。我们无须过得太快，因为人生需要享受生活；我们也不能过得太慢，因为活着总得有所作为。

其次，我们讲到了选择不仅影响生活的精度，还可以决定人生的高度。当我们面临选择时，一定要从终极目标出发，想一想自己到底想要什么。选择自己内心所笃定的，通常都错不了。万一选错了，也没有关系，只要还有拼搏的心劲，人生还有无数个可选项，选错了就重新选择一次。

最后，我们讲到了行动不仅体现今天的态度，还可以拓展人生的宽度。如果我们想做成一件事情，千万不要前怕狼后怕虎，还没有踏出第一步就假设这里出问题怎么办，那里有麻烦怎么办。事实上，无论计划有多完美，在行动中都会出现意外情况。面壁不如碰壁，在行动中试错，在行动中反思。如果真的行不通，就及时止损，调整策略后再行动。请坚信：越行动，越幸运。

以上就是今天的全部内容总结，为你准备的笔记版文字就在音频下方文稿里。恭喜你又听完了一本书。

第 14 章

实战案例：
能让编辑和你签约的共读稿怎么写

共读稿比讲书稿还好写，关键你得清楚这3个小窍门

01 写共读稿的 3 个小窍门

在书中找几个核心知识点，每个点写一篇文章

同样是解读类稿件，讲书稿和共读稿有什么异同呢？

（1）从用户参与层面看。讲书稿倾向于我讲你听，且用户不一定读过这本书；共读稿倾向于大家一起读书，平台会号召"粉丝"阅读相关书籍。由此可见，共读稿的功能主要是领读，因此共读稿也被称为领读稿。

（2）从产品呈现层面看。讲书稿是在书中选取 3 个核心知识点，用 15~30 分钟的时间分享一本书的精华内容；共读稿是将书中的核心知识点拆解成若干篇文章，通常每天以音频 + 文稿的形式分享一篇，每篇稿件 2000~4000 字。

（3）从内容创作层面看。共读稿和讲书稿一样，都要求基于原书提供知识增量，进行口语化改写，要求逻辑结构清晰、案例丰富、论据充足、干货满满。

那么，写共读稿有什么小窍门呢？

第一，写给谁看。相比讲书稿，共读稿的读者对象更加明确。写共读稿时，一定要向编辑问清楚参与本次共读的"粉丝"特点，便于在写作时确定语言风格，选取合适的案例，以适应"粉丝"的偏好。

第二，采用何种结构。共读稿一般由 4~12 篇独立成文的稿件组成，建议零基础写作者在写共读稿时，每篇稿件均采用 2W1H 结构写作，即 What、Why、How。采用 2W1H 结构的好处是结构简单，有利于快速成稿。

为了方便读者练习，我提供一套写共读稿的模板。通常来讲，共读稿的第一篇为全文导读或包含全文导读，最后一篇为全文总结或包含全文总结。单篇稿件通常由标题、今日导读、正文（通常写 3 个点）、今日要点、结束语、思

考题 6 个部分组成，具体内容安排以平台提供的规则为准。

> **共读稿模板**
>
> 标题：××××××××××
>
> 今日导读：各位书友，大家好。今天我们一起来阅读《×××》（书名）的第×章（或第×页至第×页）（固定话术，根据平台编辑要求写）。在阅读之前，我先请大家思考一个问题（或分享一个故事）××××××××（平台固定话术，请根据平台编辑要求写）。
>
> 正文：
>
> （1）××××××××××××××××××××××。
>
> （2）×××××××××××××××××××××××。
>
> （3）××××××××××××××××××××。
>
> 今日要点：××××××××
>
> 结束语：今天的分享就到这里。明天，我们将探讨×××。恭喜你又进步了一点点，我们明天见！（平台固定话术，请根据平台编辑要求写。）
>
> 思考题或思考与讨论：根据平台要求设置。

第三，如何提升过稿率。一是加强与编辑沟通，建议在写之前列好每篇文章的写作提纲并做成思维导图，明确每篇文章要讲述的知识点和写作思路；二是做主题阅读，增加知识储备；三是一篇稿件只写一个知识点，把每一个点都写成独一无二的亮点，让用户每天听完领读后，对下期共读充满期待；四是严格遵守平台的排版规则和写作要求。

02 共读稿实战案例

《财务自由之路Ⅱ：3年内让你的个人资产翻一番》

生财有道，如何才能赚到钱

1. 全文导读

各位书友，大家好。今天，我将和大家一起共读的书是博多·舍费尔的《财务自由之路Ⅱ：3年内让你的个人资产翻一番》（以下简称《财务自由之路Ⅱ》）。

在开始分享之前，我先给大家讲一个故事。话说有一位犹太人，拎着一只大皮箱，走进美国花旗银行，对银行柜员说："我这只皮箱里面装的东西，价值50万美元，我想用这些东西做抵押，贷款1美元。"说着，他便打开了皮箱。

银行柜员看到箱子里装着各种金银珠宝、古董字画，一看就价值不菲，心想，这人肯定是疯了，明明拥有50万美元，却只借1美元。

结果犹太人下面的一番话，让大家都震惊了。他说："我因为有事要离开家一段时间，但是又不放心这些贵重物品。我来之前已经问了几家银行，他们的保险箱租金都很贵，还不如办理抵押贷款，这样租金就大大降低了，一年只需要1美元。"听到这里，你是不是很佩服这位犹太人的头脑呢？你看，他巧妙地利用银行的规则，轻松地实现了花小钱办大事。

《财务自由之路Ⅱ》这本书向大家介绍了一些增加收入的实用规则，希望能帮助愿意实践这些规则的人，实现在3年内个人资产翻一番的目标。这本书的作者是德国的一位富翁，他的名字叫博多·舍费尔，他是欧洲名气最大的金钱教练之一，专门教人怎么挣钱，实现财务自由。他写的《财务自由系列》《小狗钱钱》《赢家法则》等书，都是世界级的畅销书，帮助成千上万的人摆脱了贫困，迈入富人行列，因此人们也称他为欧洲的"巴菲特"。

接下来，我们将用 4 天的时间，从"认识赚钱的规则""提升赚钱的本领""利用个人兴趣赚钱""拥有持续可观的收入"四个维度，为大家解读这本书，希望帮助大家摸清楚赚钱的门道和金钱游戏背后的规则，早日实现财务自由。

现在，让我们一起正式开始今天的学习。

2. 只有树立富人思维，才能把握生财之道

通过刚才的故事，我们可以悟出一个道理：任何行业都有规则，做任何事情都必须遵守规则，否则，我们就没办法成为一个行业的佼佼者，也不可能做好任何一件事情。因为不懂规则，我们可能永远只是个门外汉。

要提升收入，成为富人，就得树立富人思维，按富人的思维去思考问题。只有这样，才能从感知到理念，从认识到行动，真正做到遵守提升收入的规则，从而获得应有的回报。没有富人思维，即使突发横财，也只是一个暴发户，很难守住财富。而一个企业家，就算是破产了，也一定可以在哪里跌倒就在哪里爬起来。比如，著名企业家褚时健，他曾是玉溪卷烟厂的厂长，号称是中国的"烟草大王"。他 74 岁开启第二次创业，于 2002 年在云南种植橙子。经过 10 年努力，"褚橙"问世，很快就成为家喻户晓的品牌，褚时健被业界称为"橙王"。

为什么暴发户守不住财富，而破产的企业家却可以在一败涂地的情况下重整旗鼓呢？因为从根本上讲，暴发户虽然有钱了，但在思维层面，他们仍然一无所有。本书的作者博多·舍费尔认为，不同阶层的人，其思维方式和看待问题的方式有着本质的区别。通常来讲，人可以分为三个阶层，即穷人、中产阶级和富人。

这三个阶层的人，在对待时间、收入、消费和困难时，表现出来的态度是完全不一样的。

第一，在对待金钱的问题上，穷人为了赚钱而工作，中产阶级为了赚钱更加努力地工作，而富人却让金钱为他们工作。

第二，在处理金钱和时间的关系上，穷人和中产阶级都认为钱比时间重要，而富人则认为时间才是最宝贵的。同样是买一件衣服，穷人可能会因为一件衣服价格高而不停地讨价还价，中产阶级可能会因为打折而高兴好几天，但是富人却会时刻思考，用这些时间去做点别的事情的话，是否能挣到更多的钱。

第三，在面对风险时，穷人会选择逃避，因为穷人总是喜欢把风险和危险画等号，好像只要碰触风险，就会令自己陷于万劫不复之地。中产阶级认为风险是机遇和危险并存，他们既不想错失机会，同时又不敢过于冒险，所以经常会跟风投资，导致自己有时会被"割韭菜"。而富人呢？他们会把风险当成一次盈利的机会，对每一次风险进行专业的评估，然后做出相应的投资规划，从而做到规避风险，但绝不放弃机遇。

3. 定位收入目标并找准赚钱的领域

刚才我们讲了穷人、中产阶级和富人这三阶层的人在思维层面的区别。我们也可以试着进行对比，看看自己的思维处于哪一个层次。贫穷，归根结底是因为缺乏勇气。没有勇气去挑战新的领域，自然就很难获得赚钱的机会。但是，一味地蛮干，对于新鲜的事物与陌生的信息，不经过分析和筛选就盲目参与，也是不可取的。

每个人的成长环境、社会背景、个人经历和现实情况都不一样，因此别人能做的事情，你却不一定能做。同样是卖水果，小李做能赚钱，小王做也许就什么也捞不着。

本书中把能够赚到钱的职业划分为5类。第一类是雇员或者工人，就是那些拿"死"工资、收入相对固定的人；第二类是自由职业者；第三类是投资者；第四类是企业家；第五类是专家。很显然，企业家每个月可支配的资金肯定比拿"死"工资的人多。据统计，企业家的消费能力比只有固定收入的人至少高出5倍。投资者懂得如何利用手头的钱生钱，利滚利；专家往往是在某个领域特别厉害的人，他们无须刻意寻求赚钱的门道，仅凭个人的声望就可以获得可观的收入。拿"死"工资的人收入相对较低，但收入稳定。自由职业者的收入不稳定，但是工作时间可以自由支配。

从收入的角度来讲，显然是企业家和专家更好。但不是所有人都能成为企业家，不过只要努力，每个人都有机会成为某个领域的专家。比方说，你目前从事一份有固定收入的工作，你没有自己创业的能力和勇气，你只是希望提升自己的收入，那就没必要非得辞职去创业。你可以利用业余时间学习理财知识，培养兴趣爱好，把兴趣爱好转换成专长，就可以拥有一份不错的副业收入。

所以说，你目前是什么职业不重要，每个职业都有其优点和缺点。你没有必要羡慕别人的职业，因为工资并不代表收入。只要你愿意，在不改变当前职业的情况下，一样可以增加收入。聪明的人会把当前的职业优势发挥出来，而不是埋怨自己的工作不赚钱。

提升收入的关键是，你要搞清楚自己到底要赚多少钱，一定要把期限和具体的数目定下来。然后，结合自身的情况，做出规划。千万不要看到别人做什么赚钱了，就跟风去做。在进入一个领域之前，要先调查、学习，确认自己适合做，喜欢做，再去做。

4. 提升收入的实用规则

刚才我们讲到了定位收入目标，一定要明确在固定的期限内要赚到多少钱。至于通过做什么行业，或者从事何种职业赚到这些钱，也不能盲目跟风。正确的做法是结合自身情况，先规划再投入。本书作者提供了12条提升收入的规则，在这里，我挑选重要的三点分享给大家。

第一点，把兴趣爱好打造成可以赚钱的渠道。在传统的观念里，获得收入必须有一份稳定的工作，导致很多朋友为了一份微薄的工资而放弃自己的理想，一边埋怨工作辛苦，一边又不得不为了生存而按时上班。其实，赚钱的渠道有很多。比如，你可以根据自己的特长、兴趣爱好去拓展，在自己喜欢的领域去发展一份事业。这样一来，你不仅可以赚到钱，还可以享受到工作的快乐。

在互联网时代，并非只有那些拥有资深行业背景的人，才可以成为专家。

比如，日本有一名家庭主妇，她特别擅长整理杂物。在整理杂物的过程中，她还对人生有了很多新的思考，于是她从分享收纳整理术的角度写了一本书，书名叫《断舍离》，这本书让她名满天下。她的经验非常值得我们学习。只要你有想法，就相当于拥有了财富，你可以利用网络平台分享想法来赚钱。因为在互联网时代，想法就是可以出售的产品，把想法转化成可以落地执行的知识后，就能多次出售，相当于劳动一次，就可以创造源源不断的收入。

第二点，大胆试错，坚信行动可以改变现状。经常在网上看到一些全职妈妈抱怨，称自己为家庭付出很多，却因为没有工作而越来越不受爱人待见。其实，全职妈妈所面临的问题并不是因为没有工作。从本质上讲，一方面是因为她们没有自己的收入，每花一分钱都得向老公伸手要；另一方面是因为她们远离职场，在思维和见识层面跟不上爱人的节奏。

在互联网时代，只要主动寻找赚钱的机会，就可以获得收入。比如，你可以学习朋友圈营销，也可以挖掘自己的爱好和特长，加入相应的社交圈子，去认识更多的人，寻找赚钱的门路。经过一段时间的努力，你的认知会得到全面升级，所有的付出都会得到回报。

当然，只要你选择做事情，就一定存在风险。比如，你虽然付出了很多时间和精力做一件事，却在短时间内看不到任何效果。

所以，当你决定开始行动了，就不要害怕风险和困难，只管去做就好了。在行动的过程中走一些弯路，犯一些错误，都是难免的。有一句俗话说得好："只有什么也不做的人，才永远不会犯错。"事实上，什么也不做，就是最大的错误，也是最大的风险。

第三点，养成学习的习惯，加快成长步伐。很多人以为，只有学生才需要学习，而且学习是一件很无趣、很痛苦的差事。但其实真正的学习是在工作之后开始的，我们要在工作中学习，在社会实践中学习。

全职妈妈可以给自己的时间做一个规划，比如，一天内固定1个小时用于学习需要深度思考的知识，碎片化时间用于阅读可以拓宽视野的资料和信息。

当你掌握了学习的能力后,很多原本以为很难解决的问题,都可以通过学习解决。在这里提一条小建议,不管你准备学习什么知识,一定要学习理财知识,当你掌握了用钱生钱的方法后,钱本身就可以帮你赚钱,加快你的财富增长速度,让你的未来更有保障。

5. 今日要点

以上就是我们今天要讲的主要内容,现在我们一起来回顾一下。

首先,我们通过分析穷人、中产阶级和富人这三个阶层的人在思维上的区别,带大家看清楚了富人思维的优势。在处理时间和金钱的关系上,富人会认为时间比金钱要宝贵;而在处理工作与金钱的关系上,富人不会为钱而工作,他们会让钱生钱,实现让钱为他们工作的目的。

其次,我们讲了可以获得收入的 5 个领域,分别是有稳定工作且拿"死"工资的人、自由职业者、投资者、企业家和专家。其中,企业家和专家的收入最高。我们未必能都成为企业家,但我们可以通过努力成为专家。

最后,我们分享了提升收入的实用规则,可以刷新我们在思维层面的认知,为学习后面的内容打下基础。

今天的分享就到这里。明天,我们将探讨如何提升赚钱的本领,为赚钱打好能力基础。恭喜你又进步了一点点。我们明天见!

6. 思考与讨论

一些全职妈妈因为没有收入来源,感觉自己和社会脱节,并为此而苦恼,但是又不知道如何改变现状。你认为应该如何利用富人思维去改变现状呢?欢迎在留言区写下你的留言,跟大家分享你的故事。

路在脚下,如何提升赚钱的本领

1. 今日导读

各位书友,大家好。今天,我将和大家一起共读《财务自由之路Ⅱ:3 年内让你的个人资产翻一番》这本书的第二部分内容。

昨天我们主要介绍了富人思维、如何给自己做定位和3条提升收入的核心规则。在富人心目中，时间是最宝贵的财富，所以不能为了赚钱而委曲求全地做不喜欢的工作。但是，要把这些新规则在实践中落地，还需要进行更深入的学习，找到更具体的落实方法。

我们如何才能把富人思维根植于心，提升赚钱能力呢？正确的做法是通过学习和实践，使自己的思维、能力和行动与富人保持同步。今天，我们继续在《财务自由之路Ⅱ》这本书中寻找答案。

2. 用有钱人的方式思考问题

昨天我们讲了富人思维和普通人思维的区别。很多朋友可能说："我也知道要学习富人思维，但是，到底怎样做才能拥有富人思维呢？"对此，作者认为，首先，我们要像富人一样有清晰的目标，比如，确定3年内赚多少钱，要把具体的数字写出来，建议大家以目前的全部资产为基础，3年后最少要实现个人资产翻一番的目标。

当我们写下收入目标以后，就要清醒地认识到，收入目标定得越高，需要付出的代价就越大。这个代价主要包括两个方面：一是我们所要承担的风险；二是我们所需要的知识。因此，我们必须敢于冒险，并且树立终身学习的目标，时刻注重在实践中学习。

在清楚了所要付出的代价后，在具体的实践中，我们会碰到各种各样的问题。这时，我们需要用富人思维去面对这些问题。总结起来讲，有以下三个关键问题。

第一，不要指望得到别人的帮助，自己解决困难，才能快速成长。本书的作者博多·舍费尔用他的亲身经历告诉我们：别人可以给你指路，但是路要你自己走。博多·舍费尔年轻的时候，他的金钱教练要求他定一个目标。金钱教练希望舍费尔在3年后，月收入达到10万美元，可是当时的舍费尔连一个正经工作都没有，而且还因为经营不善导致公司破产，债台高筑。他希望得到教练的帮助，如给他介绍一份安稳的工作，但教练只是简单地给他指点了方向，其他并没有多说，教练希望他自己去决定。当时，博多·舍费尔非常伤心，但是，当他经历了无数次失败，实现了月入10万美元的目标以后，他非常庆幸在自己最艰难的时候，教练没有帮助他。经历过那段困难时期的磨炼以后，他发现自己拥有战胜一切困难的能力，从而树立了强大的自信心。

第二，不要害怕失败，主动承担风险，是我们获得高额回报的先决条件。在给大家讲大道理之前，先给大家分享一段有意思的对话。有一位妈妈，她希望上小学二年级的女儿努力学习，就跟女儿讲："宝贝，如果你期末考试能考到95分以上，妈妈就给你买一个像爸爸那么高的熊猫娃娃。但是，如果你成绩低于95分，就要接受严厉的惩罚，比如，每天跑步1小时。"

小女孩听后，说道："哇！这真是一个天大的好事，又是一个天大的坏事！"

妈妈摸着女儿的头，鼓励道："放心吧，如果你真的努力了，还是没有考到95分以上，妈妈虽然会按照约定惩罚你，但也会给你奖励，因为你勇敢地接受了挑战。"

从妈妈和女儿的对话中可以看到，害怕失败是人的本能。但是，只要我们想获得理想中的回报，就必须主动付出并为结果负责，承担应有的风险。很多人都想过上有钱人的生活，却不愿意承担有钱人所承担的风险。所以，我们可能做着自己不喜欢的工作，还要成天担心被老板辞退。很多人都想拥有一份稳定的收入，寻求安全感。事实上，一份稳定的工作并不能给我们安全感，唯一能给我们安全感的，是我们自己。与其担心风险所带来的不利，还不如主动承担风险，反而可以提升抵御风险的能力。

第三，学会用钱享受生活，才能体会到越有钱越幸福的真实内涵。我们偶尔会听到一些婚姻失败的女性声称，男人有钱就变坏。她们在讲述男人出轨的故事时，很多人都说在男人一无所有时，她和男人一起创业，相濡以沫，虽然没有钱，但能感受到男人的爱；创业成功以后，男人却变得不爱自己了。

因此，这些女人所讲的故事，似乎给"金钱是万恶之源"做了一个非常有力的佐证。其实，婚姻不幸的原因有很多，但肯定不是因为有钱导致的。男人有钱以后出轨了，只是一个表面现象而已。千万不要忘了，我们还有一句话："贫贱夫妻百事哀。"如果我们为钱所困，那么不管是因为没钱而烦恼，还是因为有钱而迷失方向，原因都是因为我们没有学会用钱享受生活，所以，我们既要学会赚钱，还要学会用钱。

3. 尝试做自己喜欢的工作

曾听过一句谚语：不知道自己从哪里来，就不知道自己要去向何方。很多人为了赚钱养家，做着自己不喜欢的工作。根据权威人员的调查，只有28%的人能在工作中找到乐趣，发现自己的价值。如果你不在这28%的范围内，想辞职又害怕失业，不妨参考本书中提到的"失业者找工作三步法"，或许你能在失业后找到一份喜欢的工作。

第一步：确定自己想做什么。当我们勇敢地辞去不喜欢的工作以后，不要为暂时失去收入而感到烦恼。反之，我们应该为自己的决定感到自豪。这时，我们可以冷静下来，认真梳理一下，做什么事情可以给我们带来乐趣，我们个人拥有什么特长。回忆一下我们的过往经历中，有哪些成功的经历最让自己自豪。想到什么，就记录下来，然后再挑选一项自己最想做的工作。比如，有一位职场宝妈，她特别喜欢理财，辞职后就系统地学习了定投基金，通过3年的努力学习和实践，她成功实现了月入2万元的目标。

第二步：确定需求，而不是急着找新工作。在传统的认知里，找工作是一件很难的事情，找一份合适的工作，更是难上加难。事实上，只要我们能清楚地描述自己的需求，就不难找到一份合适的工作。所以，辞职以后，千万不要急着去找工作，而是要给自己20天时间思考，找到自己内心真正的需求。

那么，如何找到自己的真正需求呢？我们可以列出三件自己感兴趣的事情，然后找到三件事情的交集，产生交集的内容通常就是我们的需求。比如，本书作者最感兴趣的三件事情是旅行、写作和演讲。他想，如果能当一个作家或者演说家，就可以一边写作一边旅行，当到达某一个地方时，顺便找机会发表演说。因此，他认为适合他的工作就是作家。

第三步：找到一个合适的工作岗位。在传统观念中，找工作就是到求职网站和人才市场去发布简历，看到招聘广告就发求职信过去。其实，用这种方法，就算是找到了工作，也很难找到合适的岗位。因此，在找工作之前，一定要确定自己想从事的岗位。确定目标岗位以后，与其盲目地投送简历，不如对求职公司的目标岗位进行研究，针对这个岗位梳理出自己的工作思路，然后直接找上门去。

历史上有很多厉害的人物，在建功立业之前都曾毛遂自荐。比如，战国时期的商鞅向秦孝公自荐，提出一系列的强秦之策，得到了秦孝公的重用。在现代社会中，各大公司都求才若渴，如果我们做足准备后再登门应聘，一定比空谈自己的才华更容易获得老板的青睐。

4. 无所不知不如精通一行

一个人在某个方面特别厉害，比拥有多种技能更重要。如果我们能成为某个领域的专家，就更容易受到他人的追捧。相反，如果我们什么都会，但什么都不精，就无法成为一个领域的专家。比如，我们到餐馆吃饭，一般会优先点招牌菜，因为招牌菜是这家餐馆特有的菜品。餐馆主要靠招牌菜吸引顾客，他们甚至直接用招牌菜作为餐馆的店名。这样做可以让顾客一眼就看出餐馆的经营特色，从而引导顾客产生进店尝一尝的想法。

同样的道理，如果我们想拥有比较高的社会地位，受到别人的关注，从而让别人主动上门找我们合作，就必须在某一个领域树立权威。那么，普通人如何才能让自己成为专家呢？关键是要以专家的思维给自己定位，以下3条定位原则尤为重要。

第一条原则：不求更好，但求不同。我们看一些模仿秀节目，有时会发现那些表演者的模仿真的惟妙惟肖，完全能以假乱真。但为什么他们永远无法拥有原创者的地位呢？因为这个世界上不需要两个完全一样的节目，更没有两个完全一样的人。

第二条原则：在竞争环境中要勇争第一。当众多优秀者聚在一起时，人们顶多记住谁是最厉害的。比如，2004年的雅典奥运会已过去这么多年了，看过男子110米跨栏比赛的人，可能都记住了刘翔的名字，因为他是这个项目的冠军。可是，第二名是谁，很多人都想不起来了。因此，如果我们决定进入一个领域，仅仅表现优秀还不行，还要勇争第一的位置。

第三条原则：定位千万不要太宽泛，越精细越好。我们假设一下，你拥有很多特长，会跳舞、会唱歌、会画画、会潜水、懂财务、懂写作，还学过软件开发，你觉得自己应该什么都能做，放弃任何一项特长，你都觉得可惜。可是，你到底是干什么的呢？谁也说不清楚。因此，比起让人知道你什么都能做，不如让人记住你是某个方面最好的专家。因为人们在碰到问题时，更愿意找这个领域最厉害的人。事实上，专注于某个领域，更容易做出成绩来，也能让我们的专家标签得到更有效的展示和推广。

5. 今日要点

以上就是我们今天要讲的主要内容，现在我们一起来回顾一下。

今天我们主要通过分享有钱人思考问题的方式、用三步法找到一份自己喜欢的工作、成为专家的定位原则三个方面的内容，帮助大家练好提升赚钱能力的基本功。

首先，有钱人思考问题与普通人的区别：一是克服依赖心理，遇到困难自己解决，从而建立强大的自信心；二是勇于面对挑战和失败，主动承担风险，通过强大自身获得安全保障；三是和金钱做朋友，用钱享受生活。

其次，我们讲了用三步法找到一份自己喜欢的工作。第一步是确定自己想做什么；第二步是通过列举三个兴趣爱好，找到三个兴趣爱好的交集，确定自己的需求,从而明确自己喜欢的工作是什么;第三步是通过调研目标岗位的要求,梳理自己的工作思路,应聘时用实际行动去获得老板的青睐。

最后,我们讲到了无所不知不如精通一行,要努力让自己成为某个领域的专家。普通人成为专家的关键是要用专家思维做定位,我们需要把握好三条原则:一是要与众不同,做独一无二的自己;二是要勇争第一,要做就做到最好;三是不贪大求全,要在某一个精细领域深耕细作。

今天的分享就到这里。明天,我们将探讨如何利用个人兴趣赚钱,实现副业赚钱的梦想。恭喜你又进步了一点点。我们明天见!

6. 思考与讨论

你现在是细分领域的专家吗?你觉得要成为"专家",现在要做哪些准备?欢迎在留言区写下你的留言,跟大家分享你的故事。

梦想成真,如何利用个人兴趣赚钱

1. 今日导读

各位书友,大家好。今天,我将和大家一起共读《财务自由之路Ⅱ:3年内让你的个人资产翻一番》这本书的第三部分内容。

昨天我们主要讲了提升赚钱能力的途径与方法。要提高个人收入,练好赚钱的基本功,首先,要用有钱人的方式思考问题;其次,要做自己喜欢的工作,只有从事自己喜欢的工作,才有激情把工作当事业干,在工作中发挥自己最大的能量;最后,必须在一个细分领域持续努力,争取成为专家。

到现在为止,我们在思维层面和思考问题的方式上,基本可以和富人保持同步了。那么,在具体实践中,要如何做才能告别"死"工资,提升收入并在工作中获得快感呢?今天,我们继续在《财务自由之路Ⅱ》这本书中寻找答案。

2. 开辟多条赚钱渠道,从此告别"死"工资

一说到开辟多条赚钱渠道,很多人立即想到了兼职。比如,小李在一家公

司从事会计工作，利用休息时间给另一家公司做账，从而实现了第二收入。这种方式的确能提升收入，但是本书的作者却不提倡这么做。因为，这种做法在本质上是牺牲个人的休息时间去赚钱，依然是拿我们的时间换钱，我们并没有逃出拿"死"工资的圈套。

我们如何才能实现不工作也可以获得收入的目标呢？答案就是找到只工作一次就可以获得多次收入的方法。围绕这一点，作者在书中给我们提出了三条建议。

第一，不管我们现在的收入是多少，都应该把工资收入的10%存下来。千万不要当"月光族"，90%的收入用于生活，与100%的收入用于生活相比，我们的生活质量不会下降多少。比如，你一个月只有3000块钱的收入，存下300块钱并不难。但是，长期来看，只要你轻易不去动用这个账户，每个月10%的存款，一定能让你富起来。我曾看过一个故事，有一个男人非常爱他的妻子。结婚以后，他每天给妻子存10块钱，50年后，不算利息，他给妻子存的钱超过了18万元。

第二，学习销售技巧。在互联网时代，只要我们学会了销售，就算没有任何专长，也可以零成本创业。比如，我们可以加入微商平台，通过转发商品链接获得收入；我们也可以在自媒体平台注册账号，学习销售文案写作技巧，在文案中插入商品购买链接，长期坚持下去，就可以获得不菲的收入。在某自媒体平台，有一个三农领域的女生，每天发布一些绿色食品类的图文和短视频，吸引了100多万"粉丝"，凭借这些"粉丝"流量，她曾一天卖出十几吨水果。

第三，学习理财知识，投资利润率相对较高但安全稳定的理财产品。俗话说："你不理财，财不理你。"《巴比伦最富有的人》一书的作者乔治·克拉森曾有一句经典名言："金钱只留给那些了解并遵守资本法则的人。"如果我们无视金钱的增值规律，就算拥有1000万元，也很快会花光。

所以，清楚复利这个概念，通过复利让我们的金钱倍增，是我们实现财务自由的必选方式。比如，投资1000块钱，如果年复利率为7%，30年后，1000

块钱就会变成7612元；如果年复利率为12%，30年后，就是29960元；如果年复利率是20%呢？1000块钱的投资，经过30年的复利，就会变成237376元，倍增了237倍。这时，相信大家都可以看出来，年复利率是复利效益的决定性因素。然而，如果我们不学习理财知识，就没有能力找到既有高利润率，又安全可靠的理财产品。

3. 开启心流模式，我们会越工作越快乐

刚才我们讲到了开辟多条赚钱渠道，摆脱"死"工资的建议，目的是希望大家不工作也能获得收入，并不是号召大家放弃工作。在当代社会，如果不工作，我们的人生价值很难体现出来。所以，我们的理念是不为赚钱而工作，我们要在工作中获得快乐。

很多朋友不想去上班，真正的原因可能不是不愿意工作，而是不喜欢工作的内容。如果能开启心流模式，工作就会变成一种快乐的体验。什么是心流呢？这是一个心理学名词，是指当我们专注做一件事情的时候所表现出来的忘我状态。那么，如何才能在工作中进入心流状态呢？在书中，作者给我们提供了三点建议。

第一，做自己感兴趣的工作。在书中，作者讲道："强烈的兴趣＋天赋＝心流。"通常来讲，如果我们拥有做某项工作的天赋，对做这项工作的兴趣也会表现得很强烈。事实上，很多人在放弃原有的事业，选择自己喜欢的行业后，都获得了前所未有的成功。东汉时期的著名军事家班超，出身于书香门第，他的父亲班彪、哥哥班固、妹妹班昭，都是历史上著名的大文豪、史学家。但是班固却对舞文弄墨这件事情实在提不起兴趣，他的理想是当将军。于是，他放弃古代文人的高贵身份，投笔从戎，主动请缨随军和匈奴作战。他从军的30多年间，收复了西域50多个国家，被皇帝封为定远侯。

强烈的兴趣会让我们对工作产生无限期待，当我们希望在工作中展现出非凡的价值时，我们就不会在乎工作中存在多少困难了。反之，我们会主动提高标准，增加工作难度，在高难度的工作中越挫越勇。当然，在现实生活中，如

果我们已经做出了很大的努力，还是对所做工作提不起兴趣，该怎么办呢？稻盛和夫说："不是每个人都能做自己兴趣所在的工作。但是全心投入工作，你会感到快乐。"我们可以通过冥想来憧憬一下美好的未来，或者记录工作中那些让自己感到快乐，收获成就感的事情，来提升工作兴趣，增强工作动力。接下来，我们就会在不知不觉中喜欢上自己的工作。

第二，明确自己的工作目标。不知道大家有没有过一种体验，有时候我们明明对一件事情很感兴趣，却没有拼搏的动力。原因很简单，就是因为我们没有明确的工作目标。本书中讲道："你需要的是一个方向、一个路标、一个原因或者一个动机。"

通常来讲，如果我们不知道自己为什么要做这项工作，只是很盲目地说自己很感兴趣，一般都只是一时兴起而已。在没有目标牵引的情况下，无论我们当初多么热爱这份工作，当前多么渴望把工作做好，我们的激情也终将消耗殆尽。

很多年前，我认识了一位做广告设计的小姐姐。她说自己特别热爱这份工作，但是感觉工作特别累，不是身体累，而是心累，没有了当初选择这份职业时的热情。于是，她想干脆辞职不干了。老板是一个非常开明的人，就跟她讲："你不要急着辞职，我给你放一个星期假，你出去散散心，想一想当初为什么要从事这份工作，找回你的初心。"

这位小姐姐坐在海边的沙滩上，看着向岸边涌动的海涛，享受着海风拂面的感觉，回忆起了自己曾经参加广告设计大赛获奖时的喜悦。她找回了初心，她做这份工作，是因为她希望自己的创意得到认可，而不仅仅是获得一份不错的收入。回到公司后，她全身心投入工作中，不仅获得了升职加薪的机会，最重要的是她又找回了工作的快感。在年底的总结大会上，她分享了自己的体会，她说："当我们迷失方向时，不妨尝试去找回初心。因为初心就是藏在我们心中最真实的梦想，也是我们要为之奋斗的目标。"

第三，从事有一定挑战性的工作。我们每个人都想获得更多的成长机会，而成长只有通过不断挑战新难度，才能实现。当然，也只有时刻感受到自己在进步，自己的能力越来越强，才有获得感，才能在工作中进入心流状态，体会到忘我工作的舒畅心情。在现实生活中，一些朋友在刚入职时，工作热情很高，但是熟悉业务以后，就觉得工作枯燥，总觉得自己在这个岗位上已经碰到天花板了。但是，还有一些人，他们却可以将一份枯燥的工作干得津津有味。这是为什么呢？因为他们会主动给工作设置一些挑战，或者阶段性目标。

4. 和厉害的人做朋友，快速把兴趣变成钱

刚才我们讲了进入心流状态的方法，找到越工作越快乐的感觉。其实，对于普通人来说，最快乐的事情莫过于从事自己感兴趣的工作，还能利用业余时间，把兴趣爱好变成钱。比如，你喜欢写作，而你突然有一天通过写作赚到稿费，内心一定会被小窃喜填得满满的。那么，普通人能否利用兴趣爱好赚到钱呢？当然可以，而且我们今天还要给大家介绍一条捷径。

本书作者告诉我们，如果我们坚持追随那些比自己厉害的人，拜他们为师或者和他们成为朋友，我们就可以获得快速成功的机会。

安利公司的联合创始人理查·狄维士有一句经典名言："如果你被贫穷的人包围，你同样会变得贫穷。"这句话给了我们启示，如果我们身边都是比自己贫穷的人，我们就会停滞不前；如果我们身边都是比自己富有的人，在他们的带动下，我们也会变得富有。

曾经听人讲过一个段子。一位亿万富豪的司机要辞职回老家，富豪觉得司机这些年工作勤奋，任劳任怨，决定给他一笔钱表示奖励。没想到，司机拒绝了他的好意，理由是他这些年给富豪开车，经常听富豪说哪只股票会涨，哪个项目值得投资，他就跟着投了点，几年下来，他已经身价千万了。

由此可见，如果你拥有一项特长，一定要想办法链接到这个领域的成功人士，进入他们的圈子，建立一个属于自己的专家网络。在他们的指点下，你可以少走弯路，加速实现梦想。那么，如何才能链接到成功人士呢？首先，你要找到这个领域中的榜样人物，看看谁是最优秀的。然后，你再想办法打听到他

目前正在做什么，搞清楚你能为他提供什么价值。"如若取之，必先予之"的道理很多朋友都听说过，如果你不能为对方提供价值，就最好不要轻易联系对方。同时，你要把自己的需求理清楚。做好这些准备以后，就请你大胆地联系对方，直接讲出你希望为对方做点什么，又希望得到什么帮助。成功人士都很忙，无论什么时候都不要耽误别人太多时间。

本书的作者博多·舍费尔在遭遇失败以后，希望找到一位优秀人物并让其成为自己的教练。他通过参加讲座链接到了一位亿万富豪，并决定请亿万富豪当他的教练。于是，他想方设法接近亿万富豪，终于获得了一个面谈10分钟的机会。仅靠这10分钟的面谈，他打动了亿万富豪，亿万富豪答应做他的金钱教练。舍费尔在教练的指导下，用了两年半的时间，就实现了由年收入不到5万欧元到超过60万欧元的跨越。

本书作者博多·舍费尔用他的亲身经历告诉我们，99%的成功人士都有自己的导师和教练，而且规劝我们：只追随那些比你成功的人。如今是互联网时代，普通人通过参加线上活动或者付费课程，也可以认识到很多同领域的成功人物。请记住，通过复制成功者的经验，不仅可以快速实现梦想，还能成为行业新人的榜样。

5. 今日要点

以上就是我们今天要讲的主要内容，现在我们一起来回顾一下。

今天我们主要讲了三个知识点。

首先，我们讲到了如何摆脱"死"工资。开辟多条赚钱渠道的正确做法，不是去做兼职，而是拿出收入的10%做固定储蓄、学会做销售、学习投资理财知识并投资安全可靠的高利润理财产品，通过复利实现财富倍增的目标。

其次，我们讲到了开启心流模式，越工作越快乐。我们可以通过做自己感兴趣的工作、牢记初心并明确工作目标、做有挑战性的工作来保持对工作的热情，长期体验忘我工作所带来的快乐。

最后，我们讲到了把兴趣变成钱的捷径。普通人要实现快速成长，让兴趣爱好为个人的成长进步添砖加瓦，最好的办法是链接行业内的优秀人物，拜师学艺，在导师的指导下行动，这样我们不仅可以快速成长，还能获得更大成就。

今天的分享就到这里。明天，我们将分享本书的最后一个部分，主要探讨如何培植一棵摇钱树。恭喜你又进步了一点点。我们明天见！

6. 思考与讨论

在你的人生经历中，有没有遇到过贵人？如果你现在开启一项新的事业，或者准备利用个人兴趣爱好提升收入，你准备如何行动？欢迎在留言区写下你的留言，跟大家分享你的故事。

现实一点，如何培植一棵摇钱树

1. 今日导读

各位书友，大家好。今天，我将和大家一起共读《财务自由之路Ⅱ：3年内让你的个人资产翻一番》这本书的最后一部分内容。

昨天我们主要分享了三个知识点：一是养成固定储蓄的习惯，学习销售技巧和理财知识，开辟多条赚钱渠道，确保财富倍增；二是做自己感兴趣的工作，为工作设定目标，提高工作的挑战性，保持工作激情；三是链接自己所从事领域的成功人物，拜师交友，建立高质量社交圈，帮助我们把兴趣爱好发展成提升收入的事业。

通过前面的学习，我们已经掌握了富人的思维模式和轻松赚钱的基本套路。那么，如何才能让金钱像源头活水一样，持续涌进我们的银行卡呢？今天，我们继续在《财务自由之路Ⅱ》这本书中寻找答案。

2. 让老板主动给你加薪的万能法则

昨天我们讲到了开辟多条赚钱渠道的方法，目的是希望帮助大家提升副业收入。但对于大多数人来讲，工资收入仍是重要的资金来源之一。如何提升工资收入呢？我们可以从三个方面展开行动。

第一，增强自己的岗位价值。爱岗敬业，看似人人都能做到，其实并不是所有人都能做好。在职场上，那些真正被老板认可的员工，是怎么做的呢？

一是提高自我要求，主动把工作做到最好。有句俗话说得好："成功人士并不是把不寻常的事情做好，而是把简单的事情做得特别好。"要做到这一点，就必须得树立强烈的精品意识，把工匠精神落实到每一项工作中，哪怕是装订一份文件这样的小事，也要当成杰作去完成。

二是少说话，多干活儿，把个人优势在具体行动中展示出来。你的每一点付出，别人都看在眼里，你所讲的每一句话，都可能被人传播出去。尽量远离喜欢在公司里讲闲言碎语的人，把心思花在研究公司的业务上，在工作中施展你的专业优势，老板不会亏待一个替他尽心做事的人。

三是把时间花在创造收入的活动上。意大利经济学家维弗雷多·帕累托曾做过一项研究，他发现，不管是公司还是个人，80%的收入是通过20%的活动产生的。所以，你要优先集中精力去完成那20%的任务，完成那些能看到明显效益的工作。这样你不仅能得到老板的赏识，也更容易获得加薪的机会。

第二，稳固自己的办公室人缘。俗话说："一个篱笆三个桩，一个好汉三个帮。"那些碰到困难能得到贵人相助的职场精英，都是如何与人相处的呢？

一是笑容满面，从不在公开场合与人争辩。没有人喜欢和一个整天愁眉苦脸的人共事，更不愿意和凡事都要争个是非的人来往。当你和同事在工作上产生分歧时，不要纠结也不要生气，你可以回忆一下5年以前那些让你生气的事情，大多数事情都已经变得微不足道。

二是以游戏的心态对待职场竞争。当你和同事竞聘同一个岗位，你落选了，同事成了你的上级，你完全可以把竞争上岗当成一次游戏。想一想，当你在游戏中遭遇失败时，一般都会选择再玩一局。

三是主动承担全部责任。如果你想升职加薪，就必须得承担更多的责任。没有人愿意和拈轻怕重的人一起工作，在老板和同事的心目中，只有那些碰到问题主动承担责任，获得成绩主动出让功劳的人，才能委以重任。

第三，提升自己的核心竞争力。那些能够在职场上脱颖而出的人，都具备以下三个特点。

一是不断学习、充电，稳固自己的职场地位。没有人是万能的，所以我们要持续发展强项，培养自己的核心竞争力。要做到这一点，就得把工作和学习融合成一个不可分割的整体。请记住，不管你从事何种职业，只要你的专业能力有所提升，你就可以获得更高的薪水。

二是保持紧张快干的工作节奏。没有一家公司会养闲人，没有一个老板喜欢"磨洋工"的员工，不要让老板和同事看到你很闲。所以，一定要做好工作筹划，做任何工作都要保持紧迫感，给老板留下办事利索的好形象。

三是写好工作总结。养成写成功日记的习惯，把你在工作中那些优秀成绩记录下来，并及时总结经验，利用述职和总结交流的机会，用翔实的数据告诉老板，你是一位有价值的员工。尤其是在公司，只有你才能办到的事情，要重点表述出来。请记住，如果老板害怕失去你，就一定愿意给你更多的薪水。

3. 用钱生钱，做一个精明的投资者

刚才，我们讲到了让老板主动给我们加薪的万能法则。但是，作者却告诉我们：如果你没有成为投资者，加薪并不能让你变得富有，因为你的支出会随着工资的增长而变多。所以，你必须学会攒钱，还要学会用攒下来的钱去做投资。

那么，理财"小白"在没有多少本金的情况下做投资，将会碰到哪些问题，又该如何解决呢？博多·舍费尔告诉我们，重点需要解决7个问题。

第一个问题：如何选择风险等级？通常来讲，理财产品可以被划分为5个等级。

第一级是极低风险型，主要包括存款和国债。

第二级是低风险型，主要包括各种货币基金或者偏债券型基金，比如，余额宝就属于货币基金。

第三级是较低风险型，通常是由几个金融产品组合起来的产品，如外汇存款＋期权组合。

第四级是中等风险型，这种产品存在本金亏损的风险，预期收益也不稳定，如一些结构性理财产品，这类产品与股票指数或几只股票挂钩。

第五级是高风险型，这种产品主要包括信托和私募，信托公司或者私募公司向投资人募集资金，提供专家理财、独立管理服务，风险由投资人承担，收益波动率比较大，本金亏损的概率也比较高，新手投资最好不要涉及。

了解了风险等级之后，我们来看看第二个问题：如何分配投资比例？如果你没有足够多的钱，风险承受能力较弱，就最好选择把40%~50%的资金用于购买货币型产品，比如，定期存款或者类似余额宝这样的货币基金。另外40%~50%的资金用于长期持有中等风险的理财产品。如果你掌握了专业的理财知识，还可以考虑拿出10%~20%的资金，用于投资高风险产品。

随之而来的第三个问题是：在资金有限的情况下，应该优先买哪些货币产品？建议你购买货币市场基金，或者类似的基金、国际养老金和生活保险。你可以依靠这些产品，给未来建立一个稳固且可靠的保障。

第四个问题：应该购买哪些股票以及股票基金？有钱人都把投资股票基金的钱称为"富裕之钱"，由此可见，股票基金是必须要买的。怎么买呢？给你提供4条建议：一是购买股票期货；二是购买大型国际股票基金；三是投资资金基金；四是专业的事情交给专业的人去做。建议你找一个靠谱的咨询师，不要自己盲目购买。

第五个问题：如何选择买入时机？关于这个问题，其实没有必要纠结。如果你每个月都有定期投资的打算，那么，当你意识到投资的重要性以后，就应该赶紧买入。因为买入越早，你的资金为你工作的时间越久。

第六个问题：如何确定卖出时机？关于这个问题，如果你不急需用钱，最好长期持有，不要轻易卖出。因为你持有的投资越久，风险就越小。比如，从1950年到2000年，美国最有说服力的股票价格指数——标准普尔500指数显示，在这50年间，仅有12年出现亏损，其余38年都在盈利。

第七个问题：到底有没有必要把10%~20%的钱用于高风险投资？本书作

者博多·舍费尔认为，还是应该拿出少部分钱去冒险。如果只想着规避风险，就无缘得到高回报的机会。事实上，有钱人几乎都尝过亏损的味道，恰恰是那些穷人，从来没有亏损过，因为他们从来没有和高风险打过交道，也不知道高回报是一种什么样的体验。当然，我们在投资的时候，还是要量力而行，理性投资，只拿出少部分钱进行尝试。

4. 如何迈进一步，成为企业家

刚才我们分享了"小白"成为投资者经常遇到的 7 个问题。尽管投资有风险，但投资是理财的必要手段，建议大家学习投资理财知识，做一个理性而精明的投资者。除了投资理财，成为企业家也可以让我们实现财务自由。在操控金钱方面，企业家才是真正的王中之王。不过，并不是所有人都能成为成功的企业家。成功的企业家都具备普通人没有的特质，如果你希望成为一名成功的企业家，不妨学习一下成功企业家的专属特质。

第一，企业家的骨子里充满了冒险精神。他们追求的不是安全感，他们只要想到一个好点子，就会立即行动，而不是经过深思熟虑之后才付出行动。事实上，你永远不知道未来会发生什么，只有先行动起来，摸着石头过河，才能不断地发现问题，然后解决问题。你解决的问题越多，你就越成功。我们只要稍微留意一下就会发现，那些成功的企业家都曾多次经历失败，承受风险的能力极强。

大家都熟知的马云从 30 岁开始创业，成立了杭州第一家专业的翻译社，后来又创立了中国黄页，最后创立了阿里巴巴。在创业的过程中，他多次失败，却从未轻易言败，而是越战越勇，最终成为中国家喻户晓的成功企业家。一个人要取得成功，必须拥有坚强的意志和持久的毅力。如果马云创业失败后选择放弃，在麻烦缠身时选择逃避，他就不可能拥有今天的成就。所以，如果你也想获得成功，就要为了实现目标而全力奋斗，不断挑战新的高度。

第二，企业家有强烈的征服欲和权力欲。权利和责任就像一对孪生兄弟，你想拥有多大权利，就得挑起多大责任。成功的企业家不会被教条主义束缚，比起听别人讲应该怎样去做，他们更关注自己要成为一个什么样的人。至于活成理想中的样子有多难，他们没有丝毫的畏惧，因为他们拥有极强的自信心，对自己的能力充满信任，他们相信自己可以战胜一切困难。同时，他们也会把改变命运的权利棒牢牢地抓在自己手中。

爱尔兰伟大的剧作家乔治·萧伯纳说："正常人使自己适应世界，疯子则坚持让世界去适应他。所以，一切进步都取决于疯狂的那些人。"成功的企业家为了赢得市场份额、金钱和权利，他们与天斗，与地斗，与人斗，乐在其中。因为他们认为，主宰命运的人必须是自己，而不是别人。

第三，企业家有强烈的经营直觉。有一位美国的石油商人，他的名字叫保罗·盖蒂，曾经稳坐美国首富的位置20年之久。他有一句名言："早点起床，努力工作，你就会找到石油。"他所讲的石油，代表着幸运，也代表着一种直觉。

成功的企业家都有一种特殊的天赋，那就是经营的直觉，他们对机会和危险的辨别力特别强。他们特别善于和金钱打交道，懂得积累个人财富。为了降低风险，他们从来不会把自己的全部财产长时间投给公司。

当然，这种经营的直觉，或许有极个别的人是天生的，但绝大多数人是通过学习才拥有的。成功的企业家都有强烈的求知欲，他们对世界上的所有新鲜事物都保持着强烈的好奇心。好奇心可以促使他们去探索实践，在行动中获取未知信息，发现商机。

在互联网时代，获取信息资源变得越来越简单，关键是要学会如何辨别信息的真伪，掌握使用信息的能力。因此，成功的企业家总是会主动学习新知识，生活对于他们而言，就等于不断学习，不断实践，不断发现新的财富源泉。

5. 今日要点

今天，我们主要分享了让老板主动给你加薪的万能法则，理财"小白"成长为精明投资者常遇到的7个问题，成功企业家的特质三个方面的内容，希望能帮助大家为自己培植一棵摇钱树，长期拥有财富保障。

首先，要实现涨工资的愿望，你必须得拥有让老板给你涨工资的能力。建议你从三个方面去展开行动，分别是增强自己的岗位价值、稳固自己的办公室人缘和提升自己的核心竞争力。

其次，如果你想达成用钱生钱的愿望，就要学习投资理财知识，认清投资风险，在掌握专业的理财知识前，建议你把40%~50%的资金用于购买低风险理财产品，40%~50%的资金用于长期持有中等风险理财产品，对于中等风险理财产品，你持有的时间越长，风险越低，回报率也相对越高。如果你掌握了专业的理财知识，则可以拿出10%~20%的资金去冒险，用于购买高风险理财产品，获取高回报、高收益。

最后，如果你有志成为一名企业家，就要注重培养企业家的特质。这些特质主要体现在三个方面：一是拥有冒险精神，不害怕失败，更不害怕麻烦；二是具备强烈的征服欲和权力欲，不怕困难，坚信自己可以掌控并改变命运；三是拥有经营的直觉。我们应该学习企业家身上的特质，通过自己后天的勤奋学习和实践探索，迈向财务自由之路。

6. 思考与讨论

如果你手头有一笔5万元的资金，你会如何分配投资比例呢？你觉得拿出10%~20%的资金做高风险投资，是属于投资行为还是投机行为？欢迎在留言区写下你的留言，跟大家分享你的故事。

7. 全书回顾

关于《财务自由之路Ⅱ》这本书我们就全部解读完了。下面我们来总结一下。

在作者的引领下，我们一起领悟了富人思维的优势，对提升个人收入的方法和技巧有了深入了解。获取金钱，是有套路和规则的。只要你用富人思维去思考问题，结合自身的实际情况，定位收入目标，在适合自己的领域赚钱，并严格遵守12条提升收入的规则，你就可以轻松地实现致富目标。

实际上，最适合你做的工作，是发展个人兴趣和爱好。因为做自己喜欢做的工作，更容易开启心流模式，进入忘我的工作状态，在工作中享受快乐。同时，发展个人兴趣，把特长变成可以多次销售的产品，可以让你拥有更多的赚钱渠道，摆脱只能靠"死"工资获得收入的局限。而把兴趣爱好变成钱，也是可以走捷径的，只要你懂得和厉害的人做朋友，在你所属的领域建立一个专家网络，以优秀的人物为榜样，在他们的指导下行动，你就可以实现快速成长。

最后，为了让你长期拥有稳定的收入，并确保财富持续增长，书中给你推荐了三种方案，一是掌握让老板主动为你加薪的15条规则，通过提升工资收入来增长财富；二是学习投资理财知识，让金钱帮你工作，通过钱生钱来增长财富；三是大胆创业，当一名成功的企业家，直接成为掌控财富的王中之王。

各位书友，提升收入并没有想象中那么难，但天上不会掉馅饼，你不仅需要掌握正确的方法，还要坚持实践你所学到的知识。祝各位早日实现财务自由，拥有一个有钱、有粮、有快乐的幸福人生。

《财务自由之路Ⅱ：3年内让你的个人资产翻一番》这本书就分享到这里，恭喜你又读完了一本书，我们下次再见！

第15章

实战案例：
能获得征文奖励的书评怎么写

一 个 只 在 内 训 营 传 播 的 书 评 写 作 模 板

01 写书评的简单套路

用五段法写书评，更容易得到编辑的青睐

在做写作训练营时，我每天都在思考："如何才能让零基础学员在训练期间就赚到稿费呢？"这个问题曾让我多次失眠，我的合伙人雪舞梅香跟我讲："释若，如果你能给咱们读书群的会员提供一个简单实用的书评写作模板就好了，最好让会员通过读书挣到钱，才能更有效地促进读书群的发展。"我听后，在内心感慨："我太难了……"

不过，她的话倒是提醒了我，于是我又重新翻看了200多篇学员作业。我发现，很多学员通过理论学习和简单的实操训练后，其实已经具备了基本的写作能力。因为他们刚入营时，很多人连300字都写不出来，经过1个多月的训练，都能写出几千字，甚至上万字的文章了。

我知道问题出在哪儿了！我需要对他们的写作进行规范，最好的办法就是提供一个模板，要求学员严格按照模板写作。刚好，结合读书群希望有书评写作模板的需求，我决定干脆搞一个书评写作模板。为什么选择把写书评作为训练切入点呢？因为写书评要先读书，而正规出版的书都有一套系统化的知识理论，可以让学员积累知识和写作素材，解决学员因"脑中无货"而不知道写什么的问题。再者，读完一本书后，多少都会有些感悟，加上我提供的写作模板，学员无须考虑写作框架问题，只要做填空题即可。

当然，也曾有人说我这样做不好，因为给学员提供模板，是在扼杀大家的写作灵感，培养写作机器。我不这样认为，每一个书法大家都曾临摹固定的字帖，每一位体育健将都曾按规定的动作训练。提供写作模板，并非限制写作灵感，而是通过规范的写作训练，为学员日后提升写作能力打下基础。就如同练

习武术的人，必须训练站桩、压腿、拉伸，以及固定的拳法、腿法、身法，这些都是基本功，如果不做这些规范训练，一开始就让人自由搏击，那么恐怕更不利于学习。

如此一想，我要给学员提供一个书评写作模板的信念更加坚定了。在我研究了数十篇高质量书评后，模板终于定稿，并亲自按这个模板写了几篇书评，均成功获得300~1000元不等的稿费。于是，我把这个模板发给雪舞梅香，她看后称非常好，并将这个模板命名为"书评写作五段法"，然后在写作训练营和读书群同步分享。两个群争相用"书评写作五段法"写书评，效果甚佳，几乎每天都有人在群里晒过稿通知、晒稿费。

那么，这个神奇的"书评写作五段法"到底是什么样子呢？它没有惊艳的外表，也没有特殊的技艺，但的确很简单，很能干。

书评写作五段法，核心是以提供价值为主导，把书中的核心知识转化成可落地执行的解决方案。要求不管写何种书的书评，也不管从哪个角度去写，都要结合现实，给读者提供价值。其并非指用感悟式语言点评书哪里好，哪里不好，而是把书中正确且实用的知识点转化为帮助读者解决问题的具体方案。

第一部分：开篇引言（500字以内）。

描述故事、案例、现象（引题），抛出问题或痛点（点题），用书的知识点给出解决方案，并介绍作者和全书核心知识（破题）。

第二部分：正文（2000~2400字）。

第1点：What，写是什么。写1~3个和书中核心知识相关的现象或案例，尽量写反面案例或错误现象，字数控制在500~700字。

第2点：Why，写为什么。用书中的知识解释问题的原因，对第1点中提到的现象、案例进行分析。如为什么是错的？为什么会做错？到底错在哪里？字数控制在500~700字。

第3点：How，写怎么办。针对上文中谈到的问题，基于书中的知识，告诉读者正确的做法是什么，字数控制在 1000 字以内。

第三部分：结尾（100 字左右）。

总结全文，必须用金句总结干货，最好让人读后产生主动背记、主动传播的冲动，不要使用号召型、卖书型句子。

02 书评实战案例

《写作的禅机》

本案例由释若公式写作课优秀学员"落落的成长阅读"提供，这篇书评在今日头条发布后，获得 1000 元稿费。

灵感没了怎么办？治疗灵感枯竭，这里有诀窍

喜欢写作的你，是否经历过这样的窘境：电脑前，干巴巴地坐一天，一个字也没敲出来；绞尽脑汁写文章，成品却是枯燥乏味、糟糕透顶，让人再也不想看第二眼；脑海中似乎有过一闪而过的灵感，却死活想不起来……

但是有的人，却仿佛被灵感之神眷顾，下笔如有神助，文章如行云流水，轻轻松松就写出一篇深受追捧的好文。

你羡慕吗？你想手握生花妙笔吗？你想拥有自己的灵感源泉吗？

《写作的禅机》这本书告诉我们，灵感涌现不是天赋异禀，而是可以后天培养的。只要掌握了方法，每个人都可以拥有自己的缪斯女神。

本书作者雷·布雷德伯里集小说家、散文家、剧作家、编剧、诗人于一身，是位高产作家，一生获奖无数，被誉为 20 世纪最伟大的作家之一。

《写作的禅机》这本书出版 20 多年来，一直雄踞美国亚马逊图书分类榜前列，入选《作家》杂志"十大最佳写作指导书"。

这本书收录了作者在不同时期发表的12篇文章，向我们披露了大师的创作心法，分享了大师的创作过程，告诉了我们写作的真谛和培养灵感的方法。

下面，我们一起来看看，如何才能拥有永不枯竭的灵感。

1. 什么是灵感？

布雷德伯里认为，灵感就是创意，它是一个人潜意识的东西，是个体的独立思维。

"心机震撼之后，灵机逼极而通，而知慧生焉。"明代文学家袁中道这样描述灵感。

通俗说来，灵感，是创作中的你在某个瞬间产生的新奇想法，或者独特的思路。

就好比开始写文章时，你抓耳挠腮，肚子里怎么也挤不出一点儿墨水。忽然间灵感闪现，你茅塞顿开，文思如潮，停都停不下来。

《文赋》认为，灵感，来不可遏，去不可止。意思是，灵感什么时候会来我们不知道，什么时候会走我们也不知道。

《写作的禅机》认为，灵感，像柔弱胆怯的少女，一受到惊动便会仓皇失措，一旦被拉扯衣衫裙摆，便会消失得毫无踪迹。

写过文章的人应该都知道，灵感，来无影，去无踪，抓住它很不容易。

那些优秀的艺术创作者都擅长捕捉灵感，如毕加索、大仲马、莫泊桑，他们一生作品无数，灵感宝库似乎取之不尽，用之不竭。而普通写作者，尤其是写作"小白"，常常面临缺乏灵感的困境，写作无从下笔，创作万分艰难。

2. 写作为什么需要灵感？

你写作的目的是什么？是单纯的兴趣爱好，是想向他人传达自己的想法、观点，还是想获得金钱和名利？

不管答案是什么，布雷德伯里都建议我们在写作中保持内心的兴趣和激情。原因主要有以下三点。

一是兴趣和激情不但能让作者在创作中感受到快乐，而且能让读者感受到作品传递的情感。比如，鲁迅先生就试图通过《呐喊》，去叫醒那些麻木装睡的国人。

二是如果失去了内心的兴趣和激情，我们就很容易被商业市场所左右，从而丧失自我。比如，自媒体写作者咪蒙就在一味地追逐热点中被封禁。

三是兴趣和激情能让我们发现隐藏起来的灵感和创意。比如，一颗苹果从树上掉下，牛顿能发现万有引力定律，而其他人只能看到掉落的果实。

著名文学家艾青曾说："没有了灵感，写作也就停顿了。"

布雷德伯里在年轻时候就不会用灵感。那个时期，他的作品大多数是勉强成文的，投稿的科幻小说和侦探小说更是一再被编辑拒绝，被读者嘲笑，结果十分糟糕。的确，拥有灵感能够让我们在写作中一气呵成，还能让我们的作品富有创造力和感染力，更容易获得读者的喜爱和认可。

3. 如何才能拥有灵感女神，杜绝灵感枯竭？

一方面，我们要精心养育自己的灵感，让它茁壮成长。

灵感就在我们身边，只是大多人选择了无视。如果我们能把注意力放到它身上，很轻易就能发现它。但是，刚出生的灵感往往十分弱小，我们需要给它提供食物，让它快快长大。

不管是个人真实的生活经历，还是我们从书籍和杂志中吸收的观点，都是养育灵感的绝佳食材。

德国哲学家莱布尼茨说："世上没有两片完全相同的树叶。"每个人的人生经历都是不同的，那些曾经发生的事、遇到的人、看过的风景、走过的城市，都能为我们的灵感提供养分。

比如，《哈利·波特》的作者罗琳，就是因为在一次火车旅途中，一个戴着眼镜的黑发小男孩一直冲着她微笑，由此创造了风靡全球的魔法师哈利·波特这个角色。

莎士比亚说："一千个人眼中有一千个哈姆雷特。"同一本书，不同的读者收获的阅读感悟也是不尽相同的。比如，《神雕侠侣》中的李莫愁，有的人看到了她的痴情，同情她被渣男抛弃；有的人看到了她的残忍，畏惧她的手段毒辣。

缺乏灵感，无从下笔的时候，不妨去阅读，书籍会带给我们惊喜。比如，布雷德伯里的短篇小说《火星编年史》，最初的灵感就来自"月光依然皎洁明亮"这句诗。

可能有人会因为担心自己的经历让人觉得幼稚可笑而产生自卑感，或者担心自己的想法与主流格格不入，这种担忧完全没必要。季羡林老先生曾说，写作有"四真"之境，即真实、真切、真诚、真挚。当我们写身边真实发生的事，抒发自己的真情实感时，引发读者共鸣也变得更容易，这就是所谓的越是不起眼的琐事，越能打动人心。

另一方面，我们要学会保持住自己的灵感，千万别让它溜走。

首先，保持灵感需要不断地坚持写作。灵感是无形的，要保持灵感，就得将无形变有形。我们可以从坚持每天写1000字开始，试着将灵感记录下来。虽然灵感的降临总在一瞬间，但是，如果将它记录到纸上，就能长长久久。比如，你去看电影，里面的一个情节让你感触很深，很有启发，那就赶紧拿出笔，将此时的感悟记录下来。

其次，保持灵感需要多观察生活、多读书。荀子说："不积跬步，无以至千里；不积小流，无以成江海。"日常积累，在写作中尤为重要。生活里有一座巨大的灵感宝库，不管是国家、国际大事，还是你我身边的市井小事，只要能让你触景生情，就都可以拿来养育灵感。很多作家都曾说过，要写好文章，就要多读多念。比如，季羡林老先生学习写作，就是从背诵、模仿《古文观止》开始的。

最后，保持灵感还需要好好训练。拥有了灵感绝不代表可以高枕无忧，万事大吉。灵感不喜欢拜访懒汉，要让灵感保持活跃，就要不停地去刻意训练。不妨每天问问自己："今天，我练习了吗？""我的表述，是自己的真实想法吗？""外界的评判和诱惑，有没有让我改变初衷？"

写作这件事，需要持之以恒地坚持；养育灵感女神，是一场持久战；将灵感运用于写作，更需要刻意地练习。

正如戏剧作家夏衍先生所说："所谓灵感，只不过是作家从生活实践中长期积累起来的材料，从量变到质变那一瞬间迸发出来的火花而已。"

写作者要做的就是，从生活和书籍中抓住迸发的火花，供给灵感以养分，让它茁壮成长；将灵感记在纸上，反复刻意地模仿和训练，让灵感永久地保留下来。

第 16 章

实战案例：
能提升品牌影响力的软文怎么写

软文的市场需求量巨大，你值得去分一杯羹

01 写软文的万能公式

软文写作技巧千万种，先用这个公式赚点零花钱

在讲软文写作公式之前，我先给大家科普一下：软文≠文案。为什么要科普这个知识呢？因为我在写软文时踩过坑。2015年的时候，我通过朋友的介绍，接到了一个写软文的活儿，非常高兴，感觉自己又开辟了一个新的副业收入渠道。然而，当我信心满满地把稿件交给商家时，对方秒回："老师，您写得很好，但您这不是软文，是文案。"

真的太受打击了，连文案和软文的区别都不懂，居然自信满满地接活儿，真把自己当万金油了。有了这次教训，我突然醒悟：懂写作，但并不代表啥都能写。如果要写，就必须先搞清楚不同文体的基本套路。

软文和文案的区别是什么呢？

（1）从功能应用层面区分。 文案侧重于成交；软文侧重于打造品牌影响力。业内人士把文案称为成交类硬广告，把软文称为品牌打造类软广告。

（2）从写作技巧层面区分。 文案侧重于以提供解决方案的形式植入广告，且催单意图明显；软文侧重于在故事、案例中植入广告，没有明显的广告痕迹，使某个品牌的名字在故事中"无意"出现，给人的感觉是故事情节需要。说白了，文案就像电视广告，而软文就像电视剧中出现的商品。

（3）从发布渠道层面区分。 文案由于广告特质明显，如果不付费，大型网站一般不允许发布。软文只要不涉及违法信息，就可以在任意平台发布，而且由于其带有新闻资讯、干货内容的特质，除了可以赚取商家的稿费，还有可能获得平台分红收益。

那么，软文要怎么写呢？我给大家提供一个万能公式，即诉说痛苦＋逆袭故事＋植入广告＋完美结局＝软文公式。

（1）诉说痛苦：使劲儿卖惨。

（2）逆袭故事：使劲儿写各路人物如何努力拼搏的故事，核心是励志＋干货。

（3）植入广告：在遭遇挫折时，遇到了×××，人生进入开挂模式。

（4）完美结局：走向人生巅峰，享受幸福生活。

当然，如果商家有特殊要求，可以在文末植入硬广，加入品牌、产品介绍等。总之，请牢记一句话：用广告去拯救故事情节！

02 软文实战案例

某 PPT 在线培训课程推广软文

说明：因涉及商业版权，根据合同约定，这篇案例并非原文，已做技术处理。文中出现的人名、机构名称等均为化名，文章仅供练习参考。

小伙高中毕业到工地搬砖，只因学会做 PPT，成功逆袭，年薪 30 万（元）

我怎么也没想到，3 年前还在工地搬砖，如今却成为年收入 30 万元的项目主管。

还记得 3 年前，我高考落榜，农村出身的我，家里因为条件实在太差，无法供我复读。高考成绩出来后，父亲看着意志消沉的我，并没有责骂，只是淡淡地说："没考上也没法子，这都是命，过几天跟我上工地干活儿。"说完便提起放在墙角的工具走了。看着父亲佝偻的背影，我默默地跟了上去。

初到工地，工头安排我和父亲用人力推车运砖。我学着父亲的样子，装了一车砖。可是，当我学着父亲的样子，弯腰推车时，车居然纹丝不动。父亲看着我狼狈的样子，说道："你一次装半车吧！"说完，拉起满满的一车砖走了。

我看到父亲本就瘦小的身材更小了。他拉着推车向前走时，腰弯得很低，腿也打着弯儿，脸几乎要贴到了地面。我能清楚地看到他呼气时，地面的灰尘被吹开了。这一刻，我的内心五味杂陈。

我在心疼我的父亲，也在心疼几十年后的我……

难道，这就是我的宿命吗？我愣在原地，发起呆来，直到父亲已经送完一趟砖回来，我还在发呆。父亲只是淡淡地说："搞不动就少搞点，无论做什么，总得先搞起来，习惯了就好了！"

七月的骄阳，似乎对建筑工地特别地照顾，地面被烤得发烫。我能清楚地看到不远处的那堆钢筋正冒着火苗。工头走过来，对父亲说："老陈头，你今天把那些钢筋运上楼，我给你加点钱，比搬砖划算。"父亲连忙感谢！

我清楚地记得，当我用手去拿钢筋时，就像抓到了一个火球，手瞬间就被弹了回来。一看，手心被烫红了。父亲连忙拉过我的手，看了看，说道："没事。"然后递给我一双手套，又接着说道："你等一下，我去搞根水管，用水浇一浇，就不烫了。"

我看着蹿火苗的钢筋，心想：难道我这辈子就只能干这个了吗？可是，没有考上大学，除了干这个，还能干什么？要不，在工地上找个师傅，学粉墙吧，总比干这个好。这样想着，父亲已经拉着水管过来了。

我说道："我要学粉墙！"父亲看了看我，咧嘴笑了。

"先把这批钢筋拉完吧！"父亲说。

拉了一天的钢筋，浑身疼痛，我连澡都懒得洗，倒头就睡。父亲把我叫了起来，说是去工地旁的小馆子吃饭。父亲给我介绍了干内粉的老王头，看得出来，他们是非常要好的老伙计。吃饭时，父亲要我给老王头敬了一杯酒，就算是拜师了。

也不知道是我笨，还是因为我天生就不是干这活儿的料，跟着师傅干了半个月，我居然还做不到把水泥糊上墙。老王头看着我笨拙的样子，起初耐心示范，过了几天，便骂我笨得像猪，急了还会动手打我几下。后来，他骂也懒得骂了，随我自己折腾。

就这样，我当粉刷工的梦想破灭了，只能继续跟着父亲搬砖。几个月过去了，我也能像父亲一样，拉满满的一车砖了。但18岁的我，却并没有因为重体力劳动而变得健壮，我看上去越来越像父亲，除了没有满脸的皱纹，被太阳晒黑的面庞已经没有了青春的气息。岁月这支笔，开始在我的脸上书写沧桑。

似乎，我的人生就是这样了。也许再过几年，我会存够一笔钱，经人介绍和村头的胖姑娘结婚，生子，然后把出人头地的希望，寄托在下一代身上。

然而，正当我屈服于命运之时，已经考上大学的好朋友刚子给我打电话，约我见面。我内心想着，现在我和刚子已经是两个世界的人，我不想让他看到我的寒碜样。但是，我还是选择赴约，或许因为是怀念昔日的友情，或许是因为有一个大学生兄弟能满足我的虚荣心。

我和刚子见面时，他居然还带来了高中女同学田田。看到他俩站在一起，我产生了转身就走的冲动。我猜想他俩这是在一起了。刚子知道我暗恋过田田，我内心充满嫉妒，有一种被羞辱的感觉。但是，刚子一见到我，就冲了上来，一把抱住我，说道："兄弟，想死你了！"

我们简单吃了顿便饭，分手时，刚子叫住我，递给我一部智能手机，说道："兄弟，这个送给你，没事多学点知识。"

我拥有了人生第一部手机，开始学着使用微信，开始接触互联网这个全新的世界。在刚子的指点下，我试听了很多在线课程，最终决定学习PPT制作。但是，学PPT需要电脑，我舍不得花钱买，就在课后去网吧练习。相比花几千块钱买一台电脑，去网吧练习1小时，只要1块5毛钱，真的很划算。

学习了一段时间后，我感觉自己掌握了这个技术，于是想着找份做PPT的工作。然而，当我去面试时，面试官却认为我不会做PPT。原来，我只是学会了操作PPT软件而已。但是，此时的我已经接触到了一个全新的世界，我告诉自己：再难也不要回工地搬砖。

想法归想法，为了生存，我还是选择继续搬砖。不过，此时我已暗下决心，一定要通过学习改变命运，搬砖只是权宜之计。我在干完一个工地的活儿结账时对父亲说："我要买台电脑。"父亲怔怔地看着我，最终只说了两个字:"好吧!"

于是,我拥有了人生的第一台笔记本电脑,虽然是二手的,但并不影响我用来学习。有了电脑后,我又报了几个在线课程,依然没有什么突破。直到有一天,我看到田田的朋友圈发了一条信息,是一个 PPT 课程的链接。

我想都没想就报名了。或许是因为田田也在学习这个课程,我报名就又可以和她做同学了;或许是课程介绍吸引了我,让我感觉这个课程能让我有所突破。

正式上课后,尽管我没有在学习群看到田田,和她做同学的虚荣心没有得到满足,但是课程却让我惊喜不断,而我也遇到了人生中的贵人——课程的主讲老师 James。他不仅有 10 年专业做 PPT 的工作经验,还是一名优秀的平面设计师,并且有自己的工作室。

James 老师的讲课风格和别的老师不一样,他很少给学生讲如何操作 PPT 软件,他认为,软件操作不难,常用的功能就那么几个。做好 PPT 的关键,是要树立结构化思维,学会如何把文字材料进行归类,提炼核心点,以文化图,掌握了这些,就可以解决排版的问题。除此之外,James 老师又从实际应用的角度,用丰富的案例讲解不同行业、不同应用场景的 PTT 如何做整体设计,如何确定与主题相符的风格,以及如何配色、选图、做动画……他还给我们提供了 1000 多套 PPT 模板。

经过 1 个月的在线学习和 3 个月的强化训练,我已经从以前面试官眼中不会做 PPT 的"小白",成为同学眼中的 PPT 高手。我还作为优秀学员代表,在结业典礼上发言,并且结识了更多优秀的朋友。这次蜕变,离不开 James 老师和助教老师的悉心指导,尤其是 James 老师,他亲自点评我的练习作业,每一个细节,都会用大段的文字说明我哪里做得不对,并告诉我应该如何改正。每次上课前,James 老师还会针对学员作业中普遍存在的问题进行点评。

在强化训练阶段,James 老师还会给我派一些活儿干,虽然做一页 PPT 只有 5 块钱,但都是一些分分钟就能搞定的活儿,要求也不是很高,基本上都是一次过。还记得我第一次从 James 老师那儿接到的活儿,是做一个 30 页的 PPT。我只花了两个小时就做完了,而且当天就结账了。我太兴奋了,兜兜转转折腾了一年多，我终于不用在烈日下搬砖也挣到了150块钱，而且只用了两个小时，这个收入比搬砖强太多了。

150块钱并不多，但它让我看到了希望。就如在黑暗中摸索，突然有一束光照亮了前面的路。

周星驰主演的电影《少林足球》中有一句台词："做人如果没有梦想，和咸鱼有什么区别？"我虽然高考失利，但我很庆幸自己没有放弃改变的机会。通过学习PPT，我看到了希望，我也更加坚信：只要付出行动，就一定会越努力越幸运。

从James老师的培训班结业后，我进入了一家影视广告公司，专门负责做PPT。刚入职时底薪只有3000块，加上绩效和提成，每个月能拿到5000块钱左右。对于这个收入，我很满意。但是，我依然希望突破自己，我也希望在城里买房买车。以我目前的工资水平，想在深圳这样的城市买房子，真的是痴人说梦。

但是，我坚信，只要我付出行动，机会总是有的。当初我在工地搬砖，连未来的路怎么走都不知道，而现在我已经有了清晰的人生目标，还怕什么呢？果然，当我把自己的想法告诉James老师后，他立即回复我："很好，要不你来跟我干吧，我亲自带你。"

天呐！我简直不敢相信自己的眼睛，James老师居然给我Offer，还要亲自带我。我盯着这条信息足足看了半个小时，然后截屏发了一条朋友圈，看到朋友圈的点赞，我信了。

到了James老师的公司后，James老师不仅给我推荐了很多设计、色彩、美学方面的书，督促我阅读，还付费让我参加写作、商务、管理等培训班。每次出去做活动、讲课、和大客户见面，James老师都会带上我，名义上我做了James老师的助理，实际上我是他的关门弟子。

跟着James老师，我不仅收获了更多知识，还接触了更高端的圈子，认识了很多老板，升级了我的人脉圈。如今，我已经具备独当一面的能力，而James老师居然鼓励我单飞，还主动帮我联系工作。他把我推荐到了他朋友的公司，让我担任项目主管，新老板给我开出的工资是年薪30万元。

人生实现了新的飞跃后,我并没有放弃学习。现在我又利用业余时间学习英语,参加成人教育,提升学历。每当夜深人静时,回顾这3年来的经历,恍如梦幻,却又那么真实。曾经吃过不少苦,但这一切都值得。我特别感谢我的好兄弟刚子,也特别感谢田田的那条朋友圈消息,让我有幸认识了生命中的贵人James老师。

　　我想,如果我没有学习PPT,或许我真的只能像父亲一样,一辈子在工地搬砖。或许,若干年后,我和刚子的距离会越来越远,阶层的壁垒,会让我们彻底成为两个世界的人。但是,现在的我,不再为此担心。

　　今年暑假,我专门邀请刚子来深圳玩。我带他去看海,带他去领略深圳的繁华。我们不用再去快餐店吃便饭了,我们可以去一家高档的茶楼,选一处雅座,慢慢地聊我们的未来,侃我们的人生……

第17章

实战案例：
能快速成交的带货文案怎么写

写带货文案只有一个目的：成交

01 带货文案的成交逻辑与策划

打通快速成交的任督二脉

随着移动互联网的普及，羊毛出在狗身上的段子，传遍了大街小巷。在人们谈天说地时，经常听到有人讲："那个卖羊肉串的，今天卖掉了10部手机。"原来卖羊肉串摊主的主要收入，居然是靠卖手机赚到的。移动互联网时代，不管你是什么身份，只要有一部智能手机，你就可以零成本开一家大型超市。几乎全世界所有的商品，你都可以出售，而且不需要进货，不需要仓储。

微商的优势是加入门槛低，经营成本低。但是，对于消费者来说，容易买到假货，而且维权困难。于是，正规注册的微商平台横空出世，微商的信誉度噌噌上涨。随着商业模式的改进，微商平台已经升级为企业，甚至成为上市公司。尽管微商还是微商，但是，他们已经成为新经济模式的代名词，而淘宝和京东模式被称为传统电商。微商们称自己的这种经济模式为"分享经济"。

分享经济时代，如何写带货文案呢？目前常见的带货文案有两种：一种是以朋友圈文案为代表的短文，一种是以微信公众号推文为代表的长篇图文。

写带货文案的底层逻辑

在分享如何写带货文案之前，先科普一下提升带货销量的底层逻辑思维：跨界思维、链接思维和爆点思维。

- 跨界思维
- 链接思维
- 爆点思维

第一，跨界思维。分享经济时代的微商，要修正自己的跨界思维。你不能瞎跨界，你可以发朋友圈炫耀，自己加入的平台产品很齐全，但是，你要有自己的销售核心，不能今天卖水果，明天卖汽车。因为，你发出的每一条朋友圈信息，只有都打上专家语录一样的标签，才能获得大家的信任。比如，当大家都在发推销苹果的小广告时，你发的朋友圈是在给大家讲苹果的正确吃法，如何识别苹果的品类和质量等知识，显然，你更容易赢得别人的信任。

第二，链接思维。在移动互联网时代，只需一个二维码，你就能开辟一条财富通道。前提是，你得把二维码发给需要的人，才能建立有效链接。比如，如果你打开那些面膜卖得比较好的微商的微信，你会发现她加入的社群，大部分和面膜没有太多关系，她的朋友圈，除了她，几乎没有人卖面膜。这才是正确的链接思维，任何时候，都不要试图把产品卖给同行。

第三，爆点思维。分享经济时代，"人人都是生意人，人人都是消费者"正在变成现实，越来越多的文案高手也玩起了朋友圈营销，他们的每一条朋友圈信息都是经过精雕细琢的推广文案。因此，那些只会转发小广告的微商就被彻底淘汰了。而那些只会死板地讲苹果怎么吃的微商，也将逐渐丢失阵地。现在的微商，如果不会写朋友圈文案，绝对是"死"路一条。把爆点思维应用于朋友圈文案，就是要抛出亮点，给足惊喜，让潜在的消费者主动伸手点赞，情不自禁付费下单。

如何做专题带货文案策划？

带货文案的成交逻辑，不是在朋友圈、微博、微头条等平台不停地叫卖，而是把产品与和读者的生活、痛点、兴趣、需求相关的信息结合起来，写成文案进行发布，这是一种以提供有价值的信息为主、以直接叫卖为辅的方式。因此，我们在写带货文案时，应先策划，再写成文案发布。

普通人没有专业的文案策划知识，建议使用专题文案策划及发布计划表（见下表），快速形成专题带货文案。

×××专题带货文案策划及发布计划表

序号	发布时间	标题	内容提要	预期目标	发布情况
1					
2					
3					

说明：共发布X篇……

策划一个专题带货文案，针对150字短文案，每个专题发布10~15篇为宜。针对1500字以上的长篇文案，每个专题发布3~7篇为宜。很多朋友会为此而犯难，针对一个产品写这么多篇文案，不知道写什么。我们大可不必被这些数字吓到，因为每篇文案只写一个点，解决一个问题。首先，我们日常生活中的所见所闻都可以与产品产生链接，只要找到链接点，就可以写一篇文案。其次，每一个产品都有多个特点，我们可以从产品的不同特点出发，每个特点写一篇文案。这样一来，别说15篇，就算写150篇，也不在话下。

小贴士：很多朋友以为发朋友圈、微头条、微博时不需要写标题，其实不然，我们在发布一个文案时，文字再少，也要写标题。150字的短文案的第一句话，就是文案的标题。如果文案只有一句话，那么这句话就既是标题又是内容。

如何用150字打造高档次朋友圈生态？

通过在微信朋友圈、微头条、微博等平台发布信息，实现带货目的，是大多数微商、电商卖货的常用手段。其特点是文字篇幅短小精悍，产品特点突出，表达直指用户核心痛点。专业的带货文案（如朋友圈或微头条带货文案）都是以专题形式进行精心策划之后，再写成文字发布的。如何策划一个文案专题，打造一个高档次的朋友圈营销生态呢？也就是说，你应该如何用150字发朋友圈、发微头条、发微博呢？我总结了5条经验。

第一，发与生活相关的内容。 主要分享你的生活状态，如在哪里吃饭，在哪里玩，看到了什么新鲜事物等。需要注意的是，必须发清晰可见的真人照，但不能太多，既要让大家认识你，知道你的真实面貌，也不要总晒你的尊容，否则就显得太自恋了，比起你的脸蛋和身材，大家对你生活里发生了什么更感兴趣。

第二，发与热点新闻相关的内容。 多关注热门话题，如关注微博热搜榜、百度排行、头条新闻等。发表你对相关事件的看法，向"粉丝"展现你是一个有思想的人。实在不会评论，就看别人是怎么说的，用自己的话把别人的观点表达出来。读者不会关心原话是谁说的，关键是你朋友圈的好友看到你发声了，而且很有意思，他们就会持续关注你。

第三，偶尔玩个趣味游戏。 在朋友圈发布一个谜语，引导大家主动留言，和你交流。发布小测试、小调查之类的信息，引导大家主动转发你发布的信息。当然，在发布的时候，不要直接转发别人做好的链接，要用自己的语言重新组织一下，这样才显得真实，才会让好友感受到原创的温度和热度。

第四，发有价值的消息。 发有价值的消息时，不要想发什么就发什么，你卖什么，就发与这方面相关的。比如，你是卖面膜的，就要发布皮肤保养方面的常识，皮肤过敏的原因，解决皮肤问题的小技巧，如某某名人是如何成为"不老女神"的等。通过这些文字，引导朋友圈的好友认定你是一个皮肤保养方面的专家，认可你的建议和推荐。

第五，发产品信息。 用前面4个步骤做铺垫，在吊足"粉丝"胃口后，适时抛出产品特色、产品价格、优惠活动以及购买链接，这样才可以在悄无声息中圈"粉"无数，轻松卖掉产品。

如何用三段式结构写长篇图文带货文案

自媒体时代，不会用文案带货的电商注定没有出路；不会写带货文案的自媒体写作者注定会失去巨大红利。当我们进入自媒体写作圈后，就会发现，各路大咖都会以各种形式发布带货文案。要知道，一篇带货文案所带来的收益是远大于普通图文的。我在写作训练营经常跟学员讲，这个时代正在淘汰不会写作的人。就算是做微商，门槛也越来越高，不会写文案的微商也终将被淘汰。

如果你会写带货文案，那么你不仅可以在自己运营的自媒体账号中发布带货文案，赚取佣金，也可以和商家签约，赚稿费。那么，长篇图文带货文案是不是很难写呢？我的回答是，超级简单。如果你连讲书稿、共读稿都能写出来，那么，写带货文案就如卡车司机开碰碰车一样简单。

为什么这么说呢？因为这个世界上很多事情原本就很简单，我们说隔行如隔山，只是因为我们没有进入那个行当。当我们真正了解了带货文案怎么写后，就会发现这个事情就如猜谜语，当谜底解开后，我们会恍然大悟：原来如此简单。所以，当我们想做一件事情时，不要自我设限，当真的开启行动模式后，一切都没想的那么难。

下面，我就给大家揭晓写长篇图文带货文案的谜底。所谓长篇图文带货文案，千万不要被"长篇"两个字吓到，它并不是要求我们写长篇小说。一篇长篇图文带货文案，通常也就1500~3000字。在具体写作时，除去我之前在书中介绍过的文案写作技法外，从快速成文角度考虑，我再给大家推荐一个更简单的三段式结构。所谓三段式，并非只写三个自然段，而是从分诉痛点、讲故事、说价值三个部分进行写作。

第一，诉痛点。开头先结合产品功能，挖掘用户痛点。把产品功能和用户痛点进行链接，以用户视角诉说痛点，但不介绍产品功能。写作者要把介绍产品功能埋在心底，可以默念："你有病，我有药。"或者委婉一点，默念："你需要，我刚好专业。"但是，不要急着写出来，只需通过诉说痛点，让读者感同身受即可。

第二，讲故事。写1~3个与产品相关的故事，如产品的生产背景、历史沿革、产品背后的故事、产品与某个人之间的故事等。通过讲故事，读者不仅可以感觉增长了见识，还能体会到产品所包含的文化以及文化带来的温度。

读者会在读故事的过程中激发情绪，从而对产品产生高度认同。

第三，说价值。通过诉痛点、讲故事，拉近了产品和读者的距离后，就要牢记带货文案的使命是成交。因此，这时要通过全面介绍产品的特色、功能、价格和优惠活动，顺便抛出购买链接，并用金句催促读者下单。

02 案例展示

朋友圈带货文案和图文带货文案

说明：因涉及商业版权，根据合同约定，以下案例并非原文，已做技术处理。文中出现的人名、机构名称等均为化名，且不配原图，仅供写作参考。各位读者在写带货文案时，一定要配图。150字的带货文案，建议每篇配3~9张图片；1500字以上的长篇图文带货文案，根据内容配图或配短视频，图片和短视频一定要与文案内容相匹配。这样有助于读者理解文案信息，便于调动读者的阅读兴趣或购买情绪。

案例1：销售护肤品的150字带货文案策划与写作实例

我有一个学员，利用业余时间做微商——销售护肤品。她加入的微商平台有一款护肤精华液要做推广活动，活动期限为5天，她准备在微信朋友圈、微头条、微博等平台推广这款产品。我的建议如下。

第一步：从个人生活、名人热点、趣味游戏、护肤技巧、产品价值5个维度出发，策划15条微信朋友圈动态，每天发3条，并将内容同步发布到微头条、微博等平台。在确定具体内容时，要建立用户思维，从用户的角度出发，深挖用户痛点，了解用户需求，发用户感兴趣的内容。不能随意编造信息，要确保发布的信息真实可靠。

第二步：制作专题文案策划及发布计划表，如下表所示。

×××精华液（护肤品）150字带货文案策划及发布计划表

序号	发布时间	标题	内容提要	预期目标	备注
1	×月2日 07：00	带娃真累，今天早晨洗脸时发现眼角的皱纹更明显了	讲一个因带娃太累导致皮肤衰老很快的故事，并提示敷了面膜不管用，搭配精华液效果好，可惜上次活动没买	吸引宝妈关注	自拍照
2	×月2日 12：20	×××的皮肤为什么这么好？真心希望我也能和她一样	挖掘名人的护肤故事，可是人家用的产品都很贵，普通老百姓用不起，抛出优惠活动	引发讨论	名人照
3	×月2日 21：30	今天买了件情趣内衣，穿上后老公居然没有任何反应	透露夫妻之间那点事，讲述生娃后变成黄脸婆，激情淡化的故事	挑逗读者情绪	内衣照和模特照
4	×月3日 07：00	一夜无眠，但发现一个意外惊喜	针对产品特色，讲一个护肤的原理和技巧	引发读者兴趣	产品照和用户体验照
5	×月3日 12：20	中午和闺密吃饭，她送我一瓶精华液，真的太有爱了	写闺密参加了团队的线下培训，透露了好消息，我立即购买，并介绍产品活动	激发购买情绪	使用产品前后对比照
6	×月3日 21：30	拿回闺密送的精华液，试用了一下，被老公亲了一口	介绍使用方法和使用效果	催单	使用前后自拍照
7	×月4日 07：00	清早起来，娃还睡着，给老公做了爱心早餐	讲老公吃早餐，我敷完面膜，涂上精华液，相拥送老公上班，回到了新婚时的感觉	传递幸福	早餐、产品及自拍照
8	×月4日 12：20	刚才婆婆来看娃，走时居然要强行拿走闺密送给我的精华液	老太太也爱美，写温馨的婆媳关系，然后介绍产品活动	催单	与婆婆合照、晒单

296

续表

序号	发布时间	标题	内容提要	预期目标	备注
9	×月4日 21:30	突然发现，某名人也在使用这款精华液	讲代言该产品的明星故事，再介绍产品活动	催单	名人照及晒单
10	×月5日 07:00	这家宝贝太调皮了，大清早要吃西瓜，不给他切，就自己动手，把手指切破了	写某群友的宝贝切到手后，群友着急地在群里询问，有人建议涂精华液	激发购买情绪	可临时调整
11	×月5日 12:20	终于收到了心心念念的精华液，赶紧给快递小哥五星好评	写产品功能和优惠活动，并表示自己要囤货	催单	产品实物照及晒单
12	×月5日 21:30	精华液快要卖断货了，活动也只剩最后一天了	写产品销售情况	催单	群内截图及晒单
13	×月6日 07:00	这些护肤小常识，你知道吗？答对有奖哦	针对前期介绍过的产品功能和护肤知识，做问卷调查，并宣布奖励措施	吸引"粉丝"参与	可在5天内增发
14	×月6日 12:20	长知识了，原来这样使用精华液，效果更佳	爆料群友使用精华液的小技巧	催单	群友发言截图及晒单
15	×月6日 21:00	厂家发话，×××精华液活动只剩最后3小时，再不抢购就没机会了	写活动进入尾声，感谢"粉丝"们的支持，号召大家一起变美	催单	晒单

说明：预计发布15篇，可根据团队提供的新素材，视情况新增或调整内容

第三步：写150字带货文案。根据前期策划，写文案内容。建议零基础写作者采用故事/事件+产品介绍+金句催单的方式，写150字带货文案。至于故事/事件如何向产品介绍转变，请大家回顾第10章介绍过的衬跌修辞手法。为方便大家快速学习这个写作套路，我从上述策划表中随机选取3篇，作为写作实例，供大家参考。

写作实例1

带娃真累，今天早晨洗脸时发现眼角的皱纹更明显了。

自从生了宝贝，我感觉自己衰老得特别快。

我很害怕，我才25岁，色斑和皱纹就爬上了我的脸蛋……

记得3个月前，团队好友告诉我，产后敷面膜，配上×××精华液，效果绝佳！

我想想宝贝的奶粉钱，想想老公一个人上班，养活一大家子，就没买。

我错过了×××元的优惠活动，后来一瓶要××××元！

如果再给我一次机会，我一定会：买！

毕竟事关一个女人的容颜……

写作实例2

中午和闺密吃饭，她送我一瓶×××精华液，真的太有爱了！

闺密参加线下培训归来，约我中午在××美食城见面。

一见面，闺密就和我讲参加培训的收获，还送我一瓶×××精华液。

我忍不住立即试用，之前的色斑感觉淡了一些，皮肤明显变得光滑明亮。

最主要的是，她告诉我，×××精华液又要搞一波活动，

现在团队内购只要××元，这还不算，居然还买3送1！

我毫不犹豫下单：买3瓶！

写作实例3

精华液快要卖断货了，活动也只剩下最后一天！！！

这几天美女们都疯狂抢购×××精华液，已卖出×××万组！

厂家表示：不能再这么卖下去了！

但是，为了兑现优惠活动连续5天的承诺，只能继续接单。

现在找我下单，除了公开的优惠外，还可以拿到团队内部价：

原价××××元的×××精华液，现在只要××元，且买3送1。

实际到手价为1瓶只要××元！

××块钱买不来房子，买不到车，却可以买回你少女般的水嫩肌肤！

案例2：销售猕猴桃的长篇图文带货文案策划与写作实例

某地盛产猕猴桃，由于天气原因，导致猕猴桃滞销。当地领导亲自线上直播，为老百姓销售猕猴桃。×××猕猴桃生产基地准备在今日头条、微信公众号、百家号、小红书等自媒体平台发布图文带货文案，扩大影响力。

第一步：与商家沟通。深入了解该地猕猴桃的起源、规模、种植方式、营养价值及感人的故事，确定该专题以人物故事为主线，发布5篇图文文案。

（1）×××猕猴桃种植基地创始人的创业故事。

（2）退伍军人×××种植猕猴桃，带领村民致富的故事。

（3）×××的丈夫病重，×××独自挑起家庭重担，种植20亩猕猴桃，上孝公婆，下养儿女的故事。

（4）某村领导×××为了发展猕猴桃经济，说服村民把麦田改成猕猴桃园，其间又因品种问题遭遇挫折，最后取得村民信任，终于形成产业规模的故事。

（5）×××出生在大城市，跟随男友回乡发展猕猴桃＋电商经济的创业故事。

第二步：制作专题文案策划及发布计划表。

（略。具体格式与内容形式请参照上表。）

第三步：写长篇图文带货文案。采取"诉痛点＋讲故事＋说价值"方式进行写作。其中"诉痛点"和"讲故事"的顺序既可以根据写作需求调换，也可以把"说价值"穿插其中。建议零基础写作者在刚开始练习写作时，严格按照"先诉痛点，再讲故事，最后说价值"或者"先讲故事，再诉痛点，最后说价值"的顺序写作。

为方便读者快速掌握写作技巧，选取"×××出生在大城市，跟随男友回乡发展猕猴桃＋电商经济的创业故事"作为示范文，供大家练习参考。

她出生在上海，×校研究生毕业，为了爱情，跟随农村男友回乡卖猕猴桃

任何时候为爱情付出的一切都不会白白浪费。

——意大利诗人塔索

上海姑娘小艺终于下定决心，放弃大城市里优越的物质条件，远赴大西北，投奔她的爱情。而她的这一举动，也得到了父母的支持！

小艺××年从××校研究生毕业，在这所美丽的大学，她遇到了生命中最重要的人——一个来自陕西的愣娃。初次见面时，她眼中的他个子高高的，虽然戴着眼镜，却还是掩盖不住西北汉子的粗犷。他在篮球场上挥汗如雨，她在场边当啦啦队。当时，在她的心中，他每抢一个篮板、每投一次篮，似乎都是秀给她看的。

或许，这便是一见钟情。就在那一瞬间，她便认定他就是自己要找的白马王子。比赛结束时，她毫不犹豫地拿了瓶水冲到他面前。当她把水递到他面前时，他原本通红的脸红得更透了。她知道他害羞了，心里居然有几分得意，趁机问了他的名字。

从此，校园里便又多了一对情侣：小艺与张恒。私下里，小艺叫张恒"愣娃"，张恒叫小艺"宝贝"。和所有的校园爱情一样，初相识时，他们一起去食堂吃饭，一起去蹭课，一起去图书馆，这种爱情单纯而美好。

毕业时，小艺选择了读研，而张恒选择了走入社会。小艺知道，以张恒的家庭情况，支撑不起他继续读研。她不嫌弃他家贫，她相信他一定可以在上海闯出一片天地来。张恒也深知，自己必须早点出来打拼。他都盘算好了，他要用3年时间赚到在上海买房的首付，房子不需要太大，但他必须给小艺一个24小时有热水的家。

张恒的事业顺风顺水，进入公司一年半后，他就升任部门经理了，薪水也由原来的10000+变成了年薪50万元。他离在上海买房的梦想又近了一步，和小艺的感情也进一步升温。小艺带张恒见了父母，小艺的父母原本希望她嫁个本地人，而张恒来自陕西农村，但见了张恒后，小艺的父母觉得小伙子人不错，以后也能留在上海发展，就改变了主意。两位老人支持小艺嫁给爱情，并表示张恒不用为买房操心，他和小艺结婚时，小艺的父母会为他们安排好婚房。

人生最大的幸福，莫过于找到相爱的人，还能得到家人的祝福。人逢喜事精神爽，张恒对未来充满了信心。他盘算着，虽然未来的岳父母答应在经济上支援自己，但是自己也不能真当"啃老族"，老人越是对他好，他就越应该拼出一番事业来，这样才不辜负长辈的信任。

一切都朝着张恒计划好的目标发展，尽管小艺马上就要毕业了，而张恒还没有赚到买房的首付，但是，他盘算着，等小艺参加工作后，他再找同事借点钱，在上海买房安家的目标还是可以如期实现的。所以，每当他和小艺聊天时，二人都会憧憬婚后的幸福生活。

正当张恒春风得意时，家中传来噩耗。张恒的母亲在家中突然晕倒，他的父亲骑三轮车拉着他的母亲去医院，结果在半路上出了车祸，父亲双腿骨折，张恒是家中独子，闻此噩耗，心急如焚，连夜坐飞机赶回了老家。

当张恒赶到老家的医院，看到病床上的父母时，眼泪止不住夺眶而出。此时他的心里只有一个想法：他必须在父母身前尽孝。

他把自己的想法告诉了小艺，良久，小艺回复他："愣娃，不管你做出什么决定，我都支持你！"张恒看着小艺发来的信息，隔着屏幕都能感受到小艺那浓厚的爱。但是，小艺越是这样爱他，他越觉得不能让小艺跟着他受苦。他在农村长大，他知道农村的苦，小艺是温室里长大的花朵，她应该一辈子待在温室里，幸福地绽放她的美。

思考良久，张恒给小艺发了一条信息：宝贝，当我决定与上海告别时，其实是与你告别！我对上海是没有多少感情的，因为我的根在陕西的黄土坡上。爱上你，我才想扎根上海。然而，命运不随人意，我现在要回到我的坡上，你永远是我心中的明珠塔。你是那么光彩亮丽，我曾努力让自己发光，希望能与你一起照亮我们的人生。我也曾对你许下诺言，但我真的要失信于你了。我想，或许相濡以沫，真的不如相忘于江湖……

发完这条信息，张恒决绝地删除了小艺的所有联系方式。他抱头痛哭，哭完了，擦干眼泪，回到病房去照顾父母。

半个月后，母亲的病情好转，便劝张恒回上海工作。张恒说："再等等……"他不敢告诉母亲，自己已经辞了上海的工作，下定了决心要回到父母身边，却不知道以后该如何谋生。张恒的父亲挂念着家里的猕猴桃园，坚决要求出院回家休养。老汉心里盘算着，一家人都耗在医院不是个事，回家休养，老太婆就可以腾出点空闲去园子里干活儿，张恒也可以搭把手。毕竟眼下正是夏剪的时机，要是错过了时机，这一年就白忙活了。

张恒站在老家的塬上，看着塬下一望无迹的猕猴桃园，越看越迷茫……

小艺收到张恒的信息，如晴天霹雳，她无法相信那个曾跟她山盟海誓的男人，会以这样的方式与她诀别。她不甘心，在大哭一场后，她告诉父母，她要去找张恒问个清楚。小艺的父母听闻后，坚决反对小艺这样做。他们劝小艺冷静，他们舍不得唯一的女儿远赴西北。尽管他们能体谅女儿的难处，但对于父母来说，女儿的平安才是最重要的。

所以，小艺的父母干脆让她把工作也辞了，名义上是让她在家里休养，实际上是为了24小时盯着小艺，避免她一时冲动离家出走。被父母关在家里的小艺，成天发呆，茶饭不思，一天天地消瘦下去。

日子熬到了9月，小艺的父亲终于妥协了，和妻子商量："不行，就让小艺去找那浑小子吧！"

小艺的母亲也知道再这样下去，宝贝女儿非得闹出场大病来。但她还是狠心说道："都是你惯出来的毛病。我不管，反正不能让她去，要是她有个好歹，我跟你没完。"小艺的父亲只得说道："你这样蛮不讲理也没用。要不，咱们陪女儿一起去吧。"

可怜天下父母心，为了女儿，小艺的母亲认可了这个主意。小艺在父母的陪同下，来到了张恒的家乡。小艺的父母看着路边成片的猕猴桃园，就如一片绿海，这样的景象与他们想象中的黄土高坡完全不一样。他们似乎忘记了此行的目的，时不时要出租车司机开慢点，他们想多看看这令人心醉的景色。

小艺一家人在当地民警的帮助下，找到了张恒的家。当他们来到张恒的家门口时，张恒刚好和母亲从猕猴桃园干活儿回来。此时的他，穿着一身旧迷彩服，满身的泥土，怀里抱着一筐猕猴桃，再无昔日的白领气质，俨然一个地道的农民。

张恒看到小艺一家，整个人僵在那里，不知所措，泪水夺眶而出。小艺看着眼前的张恒，不顾一切地冲上去，向张恒的怀里扑去。张恒扔掉手中的筐子，与小艺紧紧相拥。张恒的母亲见状，赶紧招呼小艺的父母到屋里坐。

一群人在屋里坐下后，张恒用几天前采摘回来的猕猴桃招待了小艺一家人。当张恒用刀子切开猕猴桃时，鲜美的汁液一下子便流了出来，小艺的父母尝了一口，赞不绝口。原本略显尴尬的气氛一下子便被打破了，小艺的父亲对猕猴桃产生了浓厚的兴趣。

张恒与小艺的父亲谈起了猕猴桃的故事。《诗经》中记载："隰有苌楚，猗傩其枝。"苌楚，指的就是猕猴桃。

李时珍在《本草纲目》这样形容猕猴桃："其形如梨，其色如桃，而猕猴喜食，故有诸名。"猕猴桃虽然很早就在中华大地上生长，却一直没有作为水果作物被种植。

因此，在20世纪之前，猕猴桃只是一种长在山林里的野果。直到20世纪初，新西兰一位女老师在湖北宜昌发现这种果子后，将其带回新西兰，后来在新西兰广泛培育，并称其为"奇异果"。我们在超市看到的"奇异果"，价格昂贵，其实就是猕猴桃。

猕猴桃在中国农村又被称为阳桃，这个叫法来源于东晋时期一位博物学家，他的名字叫郭璞，他把猕猴桃命名为"羊桃"，各地便称其为"杨桃"或"阳桃"。《安徽志》中还有专门记载："猕猴桃，黟县出，一名阳桃。"

陕西××县种植的猕猴桃品种主要是翠香和徐香，小艺一家人品尝到的是翠香猕猴桃，是所有猕猴桃中唯一能完成全天然授粉的特殊品种，在花期开出的花没有香味，果实成熟后香味却极浓，且味道偏甜，肉细汁多，口感特别好，最主要的是其营养价值非常高。

《中国食物成分表》提供的数据显示，100克猕猴桃中的维生素C含量为62毫克，而一个中等大小的猕猴桃重量约为160克。中国营养学会建议成年人每天摄入维生素C的量为100毫克。因此，一个成年人每天吃一个猕猴桃，就可以补充足量的维生素C。

猕猴桃不仅被称为"维C之王"，还含有其他水果少有的营养成分。比如，其维生素C含量是橙子的1.7倍，抗氧化素含量是西红柿的3倍多，钙含量是香蕉的2.5倍，膳食纤维是菠萝的1.7倍……

吃猕猴桃，可以有效刺激胰岛素的生成，降血脂、降血糖，是糖尿病患者的福音水果。

吃猕猴桃，可以防晒、美白、淡斑、抗皱纹，是女士们首选的美颜水果。

吃猕猴桃，可以有效降低胆固醇、助消化、排毒素、防便秘，对心脏有很好的保健功效，是中老年人必须吃的健康水果。

吃猕猴桃，可以强化免疫系统、有效补充脑力和体力，是经常加班及熬夜人士必备的能量水果。

张恒带着小艺一家人在猕猴桃园内转了一圈，把与猕猴桃有关的典故、发展、营养价值以及种植情况做了介绍。小艺得知，猕猴桃不仅营养价值高，而且当地政府还要求纯绿色种植，有专门的监管机构，确保从种植源头到销售环节全过程绿色环保，确保广大消费者能放心食用。所以，她立即产生一个想法，她跟张恒讲："既然你守着这么好的资源，为什么不借用电商模式，以现摘现卖的方式，把家乡的猕猴桃卖往全国各地呢？"

一语惊醒梦中人，张恒听后兴奋地跳了起来，立即和小艺一起规划如何创业。小艺的父母也表示支持，还愿意利用上海的人脉帮他们做推广。不过，小艺的父母要求他们二人先赶紧把婚事办了，正所谓成家立业，先成家再立业嘛！

张恒听到小艺父母的表态，心里万分感激，当即表示一定要把这个事干成！小艺的父亲说："你小子好好干，等我们年迈了，还指望你呢！"

说干就干，张恒和小艺从发朋友圈，到拍短视频、自媒体平台直播，积累了大量"粉丝"后，又开创了专门销售猕猴桃的电商公司，事业做得风生水起。更为可贵的是，他们始终坚持初心，亲自到果园采摘、验果、发货，确保发到客户手中的每一个猕猴桃都是精品。

如今的小艺，每天在朋友圈晒的不仅是她家的猕猴桃，还有她和张恒的爱情结晶——一个在猕猴桃园里捉迷藏的小公主。

她说："有人觉得我嫁给张恒是犯傻，而我的父母更傻，居然支持我一意孤行，嫁给所谓的爱情。其实，鞋子合适不合适，只有穿在脚上才知道。我要的幸福其实很简单，不追求外表的华丽，只在乎内心的舒服。就如一个不起眼的猕猴桃，它全身都长着毛，外表并不光鲜，但你轻轻揭开它的外衣，只需用舌尖舔一下，它的果汁就能甜到你的心里头去！

"所以，碰到对的人就勇敢去付出！别忘了，原本长在山野的猕猴桃，到了新西兰，就叫奇异果；就算不出国，只需经过数载培育，它也可以有很多受欢迎的别名：翠香、徐香、黄金果……

"而你所爱的人，又何尝不是呢？我对猕猴桃有特别之情，或许，您从我这里买一箱翠香，或者一箱徐香，尝到的不仅是它们本身的味道，你还可以尝到爱情的味道、亲情的味道、幸福的味道……"

第18章

实战案例：
快速引流的短视频文案怎么写

学会写短视频文案，你就站在了自媒体变现领域的新风口

01 短视频文案的引流逻辑与策划

普通人即学即用的短视频文案技法

自2020年以来，自媒体平台的流量明显向短视频领域倾斜，很多图文创作者深感收益下降。不可否认，当前乃至未来很长一段时间，尤其是5G时代，视频形式必将成为自媒体变现的重要方式。无论是图文还是视频，都离不开写作，拿着手机随便拍几个场景，随便讲几句话就能获得流量的时代已悄然过去。那么，如何才能做好短视频呢？

第一，解决思想层面的问题。我经常收到一些学员的信息，他们不愿意出现在镜头里，也不愿意让别人听到自己的声音。其实，这并不影响我们进入视频领域创作。不想露脸，可以把影评、书评、讲书稿、共读稿写成视频文案，然后录制发布。至于声音问题，可以找人合作，请人配音，也可以用声音处理软件优化声音，甚至做变声处理。总之，不要自我设限，只要愿意做，任何人都可以进行短视频内容创作，并获得比图文创作更高的回报。

第二，解决定位层面的问题。明确做短视频的目标。比如，一些付费专栏的创作者、直播栏目的主播通过发布1~5分钟的短视频引流；还有一些创作者没有营销目的，直接通过发布3~15分钟的视频获得流量变现。

第三，解决创作层面的问题。我们都知道，任何影视剧都需要剧本，但大多数普通人连剧本什么样都没见过。事实上，一部成形的影视作品不仅需要剧本，在创作剧本之前，还要做专题策划；有了剧本之后，还要进行拍摄和后期制作。看上去很复杂，但普通人做短视频毕竟不是拍大片，所以只需要5个步骤就可以创作出优质的视频内容，即专题策划、编写文案、拍摄素材、后期制作、上线发布。

专题策划 → 编写文案 → 拍摄素材 → 后期制作 → 上线发布

第18章 实战案例：快速引流的短视频文案怎么写

作为一本写作技巧类图书，我重点给大家介绍短视频的引流逻辑和视频文案的编写技巧。关于拍摄、后期、发布等技能，其实非常简单，读者朋友只要随便买个课程便可以很快学会。

为什么我要强调专题策划呢？其核心是解决引流的问题。我们通过关注视频类大V账号，不难发现，这些大V发布视频都是有规律可循的，给人的感觉就像是看电视连续剧。下一期视频与上一期视频之间，总是存在千丝万缕的联系。每期视频的开头都会简单地总结上期视频的主要内容，在结尾时剧透下期视频的主要内容，以吸引"粉丝"持续关注。

试想一下，如果没有做过专题策划，你拍完一期视频后，下期视频做什么都不知道，又如何确保视频主题的连贯性呢？所以，短视频引流除了要重视内容本身的质量外，其核心要素是在一个周期内保持视频的连贯性。我制作了一张"专题短视频文案策划表"（见下表），推荐给大家使用。

×××专题短视频文案策划表

序号	标题（片名）	内容提要	完成时间	发布时间
1				
2				
3				
说明：共发布X期视频……				

在做专题策划时，建议在上表的基础上添加竞品分析项目，从竞品中取长补短，确定自己的特色和优势。做好专题策划后，就可以着手编写每一期的视频制作文案了。可以选择一次性写完全集再拍摄，也可以写一期拍一期。

通常来讲，单期视频拍摄文案包括三个部分：台词剧本、视频制作脚本和实地拍摄计划表。

常见的短视频台词剧本有两种。

第一种是解说型台词剧本，比如，解读一本书，解说一部影视剧，介绍一项技能，分享一个知识点等。对于解说型台词剧本，只要把解说词（配音稿）写出来即可。

第二种是实地拍摄台词剧本，类似于影视剧本，内容和格式如下。

视频标题（居中）：××××××××××

视频简介：×××××××××××××××××

主要人物：×××

剧本正文：

【场景号】

1.【拍摄地点】某大学操场 【场景时间】晨 【室内/室外】外

×××××××××××××

2.某大学图书室 日 外

×××××××××××××

……

注意：在写实地拍摄台词剧本时，一定要用影视语言写作，尽量把演员的动作和表情写清楚。比如，关于演员的心理活动，要通过明确且具体的语言、表情和动作描述出来。描写越细致，拍摄时会越顺利。

视频制作脚本主要供实地拍摄、挑选视频素材和后期制作时使用，建议采用表格的形式编写。秉持简单实用的原则，我专门为"小白"准备了"短视频制作脚本"表格模板（见下表），供大家参考使用。

××× 短视频制作脚本

场景号	原声场景/解说词	配套画面	特效说明	时长	备注
1					
2					
3					
说明：全片约X分钟……					

为了预防在拍摄过程中出现因准备不足而导致无法按计划进行拍摄的情况，或者为了尽量减少意外情况，强烈建议大家制作短视频实地拍摄计划表，详情如下表所示。

×××短视频片实地拍摄计划表

场景号	场景简介	拍摄时间	拍摄地点	主要演员	群演人数	化妆/着装	道具	备注
1								
2								
3								
说明：XXX酒店经理，联系方式：XXXXXXXX……									

除上述内容外，我们还可以专门写一个分镜头脚本，把每个场景中涉及的画面按特写、中景、全景进行区分。比如，A 和 B 对话，可以这样拍：A 的特写，B 的特写，A 和 B 的全景。请记住一句话，同一场景的镜头拍摄得越多，后期制作时越省心。

02 案例展示

"带娃游览陕西 10 大景点"短视频制作文案

很多刚接触短视频的创作者，总觉得生活很单调，没什么可拍。其实，只要大胆地拿起手机、照相机、DV 或者其他录像设备去拍摄，每个人都可以拍出打动人心的视频。我们每个人都有出游的经历，只要稍加策划，就可以做出数十期甚至上百期精彩视频。我特意选择"带娃游览陕西 10 大景点"这个专题作为案例，一是为了展示短视频文案策划及编写技巧；二是抛砖引玉，给准备做短视频的朋友提供一点思路，希望可以帮助大家找到创作的灵感与信心。

以下为案例展示，包括专题文案策划表、台词剧本、制作脚本、实地拍摄计划表4项内容，供大家参考。

1.《带娃游览陕西10大景点》短视频文案策划表

《带娃游览陕西10大景点》短视频文案策划表

序号	标题（片名）	内容提要	完成时间	发布时间
1	和闺女一起看《芈月传》，她说兵马俑真正的主人是芈月	（1）介绍专题内容；（2）简要介绍兵马俑；（3）现场介绍为什么说兵马俑的真正主人是芈月	7月05日	7月06日
2	闺女说想去华山看日出，因准备不充分，差点扫兴而归	重点介绍去华山看日出的攻略，以及特别需要注意的事项	7月10日	7月11日
3	听说唐代的进士都在大雁塔内题词，带闺女去看看他们都写了什么	（1）介绍大雁塔的历史沿革；（2）抽选2~3首进士题词，谈谈大雁塔的佛文化与儒文化	7月15日	7月16日
4	带闺女游华清池，闺女说，唐玄宗和杨贵妃洗个澡，太奢华了	（1）介绍华清池的历史沿革和主要景点；（2）以与闺女对话的形式，探讨唐玄宗与杨贵妃的爱情及政治影响	7月20日	7月21日
5	带闺女去黄帝陵祭拜中华始祖，领略中华龙脉的博大风采	介绍黄帝陵所在地为什么是中华龙脉，作为中华儿女为什么要祭拜黄帝陵	7月25日	7月26日
6	参观了周家大院，闺女说，中国古代的匠人太厉害了	介绍陕西三原周家大院的整体风格与历史典故	7月30日	7月31日
7	带闺女游览金丝大峡谷，她说，大自然的鬼斧神工，真的令人叹服	介绍游览攻略，展示中国最美峡谷的自然风文化与风光	8月04日	8月05日
8	带闺女游览白鹿原，她说，这里的创意文化真的太有创意了	介绍白鹿原影城的游览攻略，重点讲述创意文化区	8月09日	8月10日
9	参观陕西历史博物馆，让闺女体验中华上下五千年的历史文化	介绍陕西历史博物馆的展厅情况，重点介绍唐代壁画	8月14日	8月15日

续表

序号	标题（片名）	内容提要	完成时间	发布时间
10	去炎帝故里参观法门寺，闺女说，"真身宝塔"果然名不虚传	介绍法门寺的历史沿革，重点讲述唐武宗为什么要下令毁掉佛指骨舍利	8月20日	8月21日

说明：
（1）一共拍摄10集，每集5～10分钟。
（2）拍摄时可尽量多拍摄素材，便于节省从其他角度创作时重复去现场拍摄的经费和时间。
（3）每一集均以先介绍景区概况，再抽选1～2个点进行重点讲述，然后闺女谈感悟，最后家长做总结的方式进行创作。

2.《带娃游览陕西10大景点》第01期台词剧本

第01期：带娃游览陕西10大景点之兵马俑

视频简介：通过现场参观兵马俑，讲述为什么会有"兵马俑的真正主人是芈月"的说法，满足"粉丝"对兵马俑的好奇心。同时，让家有儿女的"粉丝"从视频中获得启发，利用游玩培养孩子的文化兴趣，提升孩子的历史文化素养。

主要人物：妈妈、闺女（12岁）

剧本正文

原声原画

1. 客厅　日　内

妈妈：大家好，我是×××，感谢您收看我的视频栏目！昨天闺女的期末考试成绩出来了，考得不错。我也立即兑现承诺，今天带她去秦始皇兵马俑玩了一天。回来之后，我突发灵感，想趁着闺女放暑假的机会，带着她去游览一下陕西的10大景点。

很多人说，暑假应该上补习班，但我不是这么想的。我觉得上补习班还不如去游山玩水。而且，我认为，玩也是一种学习。比如说，语文书上的诗文景色、历史课本上的知识典故，如果到实地去看一看，印象肯定会更加深刻。

所以，这个暑假我就带着闺女琪琪去游览陕西10大景点，同时拍摄一部分视频分享给大家。

妈妈：来，琪琪，跟大家打个招呼！

琪琪：Hi，大家好！

妈妈：琪琪，暑假妈妈带你去游玩，而且我们将游览10大景点哦！开心不？

琪琪：嗯，谢谢妈妈！有这样的好妈妈，我真的是太幸福啦！

琪琪说完后，出画！

妈妈：闺女太可爱了，哈哈！那么，接下来就跟大家分享一下我和闺女的兵马俑之行吧！

2. 兵马俑入口处　日　外

妈妈：各位朋友，这里是秦始皇兵马俑的入口处，我们现在就往里走。哇！大家看，真的是人山人海，还有很多外国人。我们先去买票！

3. 售票处　日　外

妈妈：哇！终于买到票了，不容易！现在咱们就进去看看，被称为世界八大奇迹之一的秦始皇兵马俑到底有多神奇。来之前呢，我也做了一些功课。我简单介绍一下秦始兵马俑的情况。

画外解说词

兵马俑一共有4个坑，其中1、2、3号坑成"品"字形排列，而4号坑中实际上没有兵马俑，据传可能是因为秦末农民起义导致兵马俑没有建成。那么，为什么古人要做这么多的陶俑放在墓中呢？

其实，这是一种殉葬制度。在奴隶社会，尤其是殷商时代，王公贵族死后，都是用活人陪葬。据说，在安阳殷墟王陵区内已发掘的十几座大墓中，陪葬人数达五千余人。想一想，是不是很恐怖？！真的是惨无人道。

到了周朝以后，随着周礼的盛行，用活人陪葬的恶习得到了一定的遏制。到了春秋战国时代，各国都开始废除活人陪葬制度，改成用陶俑代替活人陪葬。而秦始皇兵马俑就是以俑替人陪葬的典型代表。

原声原画

4. 兵马俑1号坑入口处　日　外

妈妈：刚才给大家分享了一点点小知识。在这里友情提示一下，为了保护文物，在兵马俑内部，拍照时千万不要开闪光灯，否则会不利于文物的保存。当然，最好是不要拍照录像。所以，我们进去后就不录像啦！

我在介绍时用的视频均是从影视剧或网上发布的视频中剪辑的。

刚才我带着闺女分别参观了1、2、3号坑，一共花了近4个小时的时间。现在我就给大家讲讲我们都看到了什么。

画外解说词

1号坑内主要是身着战袍的兵俑，据解说人员介绍，1号坑的东侧有战士俑210人，其余位置有兵俑204人，每排有68人，组成方阵的后卫。在坑的中间位置，还排列着38路战车和步兵纵队，是军队的主体力量。

据说，1号坑是当地村民在打井时发现的。现在，井口的位置刚好在1号坑的东南角。

2号坑位于1号坑的东北侧，建筑风格与1号坑差不多，但是比1号坑的规模要大得多，而且内部陈设更加复杂。2号坑共分为4个单元，有陶俑和陶马1300多件，战车80余辆，青铜兵器数万件，还有将军俑、鞍马俑、跪姿射俑。

第1单元位于俑坑东侧，主要由60个立姿俑和160个跪姿俑组成，均为持弩的士兵。这样的布阵便于作战时分别采取立姿和跪姿进行轮番射击，确保对敌人形成不间断攻击。

第2单元位于俑坑右侧，是由8行8列组成的64架战车的方阵。从战车方阵可以看出，秦朝的军事力量的确很强大，怪不得可以一统天下。

第3单元位于俑坑中部，是一个由19辆战车、264个步兵俑和8个骑士俑组成的长方形综合方阵。看到这个方阵，立即可以回想起影视剧中古代军队整装待发的恢宏场面。

第4单元位于俑坑左侧，是一个声势浩大的骑兵方阵，由108个骑士俑和180匹陶鞍马俑组成。看到这样的阵势，似乎看到了秦国骑兵所向披靡的气势。

3号坑位于1号坑的西北侧，共有兵俑68个。据解说人员介绍，3号坑是2号坑的指挥部，也是3个坑中唯一没有被大火焚烧过的。所以，我们可以在3号坑中看到较多的彩绘，颜色非常鲜艳。

原声原画

5. 客厅 日 内

妈妈：朋友们，说到彩绘，我想起上次和女儿看《芈月传》时，女儿突然跟我说："兵马俑真正的主人是芈月。"那么，她说的到底是不是真的呢？其实，这个问题还没有得到证实。不过既然女儿这么说，一定是她在哪儿看到了什么消息，不妨让她讲讲缘由吧！

妈妈：琪琪，来，给妈妈讲讲，上次看《芈月传》时，你为什么说兵马俑的主人是芈月？

琪琪跑过来，坐下。

妈妈：给大家打个招呼。

琪琪：大家好！我上次和妈妈说兵马俑的主人是芈月，是因为我无意中看了一篇文章，觉得挺有道理的。

第一，部分兵马俑身上刻了"月芈"这两个字，但古人写字是从右至左的，我们应该将兵马俑身上的字读作"芈月"。而且学者研究发现，兵马俑身上刻的字与阿房宫遗址桶瓦上刻的"芈月"，意思应该是一样的。

第二，从芈月在秦国的身份地位看，她是秦昭襄王的母亲，虽然是楚国人，但是她曾在秦国独揽大权40余年，史称"秦宣太后"，她也是中国历史上第一个被称为太后的人。而且，在芈月主政期间，秦国的国力提升得很快，她的文治武功得到了国人的高度认可。

第三，从兵马俑的颜色、表情和着装来看，当时的秦国人喜欢黑色，而楚国人喜欢红色，我们从那些被还原出来的彩色兵俑可以看出，服装均为红色。而反观其他兵马俑，都没有戴头盔，也没有盾牌，面部表情显得很沮丧，有点像陪葬的队伍。最重要的是，我们仔细观察兵马俑的发型，大多是偏向一边的，这在当时的楚国，是很流行的一种发型。

第四，从位置来看，兵马俑坑位于咸阳以东，面向东方，而芈月的故乡楚国恰好在秦国的东边。

第五，从兵马俑坑中发现的物质来看，坑中有麋鹿的骨骸。麋鹿是楚国的奇珍异兽，这在秦代的其他墓葬中是很少见的。最重要的是，在3号坑的西北角 150 米处，考古人员发现了一个神秘的大墓，而墓主的身份依然是个谜，我们可以假设这个墓的主人可能就是芈月。

通过这 5 个方面的分析，我们所看到的兵马俑也许是秦昭襄王按照楚国的习俗，专门为母亲芈月而做的陪葬队伍，好让母亲在九泉之下能够魂归故里。

妈妈：哇！我真没想到，琪琪居然对兵马俑的真正主人是谁这个问题，思考得这么深入。还好我没有在她面前卖弄知识，要不然就太没面子了。唉，我曾听人家说，孩子上小学一年级时，家长教孩子写作业时的声音是撕心裂肺的；孩子上三年级时，家长的语气像狮子吼；孩子上五年级时，家长的声音就慢慢地变小了；孩子上中学时，家长基本就不敢发言了……

琪琪下学期就要上初中了，她刚才的一番见解真的是把我惊到了，哈哈……好的，各位朋友，感谢您收看我的视频。那么，兵马俑真正的主人到底是谁呢？真诚邀请您在评论区留言讨论！顺便剧透一下，下期视频我将带着闺女去华山看日出哦！我会分享一些实用的游玩攻略，希望喜欢的朋友持续关注哦。

您的关注，就是我行动的力量！本期视频就到这里啦，希望各位网友一定要关注、点赞、转发三连发哟，再见！

3.《带娃游览陕西 10 大景点》第 01 期视频制作脚本

《带娃游览陕西 10 大景点》第 01 期视频制作脚本

场景号	原声场景/解说词	配套画面	特效说明	时长（秒）	备注
1	原声场景：客厅 妈妈：大家好，我是×××，感谢您收看我的视频栏目！昨天闺女的期末考试成绩出来了，考得不错。我也立即兑现承诺，今天带她去秦始皇兵马俑玩了一天。回来之后，我突发灵感，想趁着闺女放暑假的机会，带着她去游览一下陕西的 10 大景点。很多人说，暑假应该上补习班，但我不是这么想的。我觉得上补习班还不如去游山	无	无	60	

续表

场景号	原声场景/解说词	配套画面	特效说明	时长（秒）	备注
	玩水。而且，我认为，玩也是一种学习。比如说，语文书上的诗文景色，历史课本上的知识典故，如果到实地去看一看，印象肯定会更加深刻。所以，这个暑假我就带着闺女琪琪去游览陕西10大景点，同时拍摄一部分视频分享给大家。 妈妈：来，琪琪，跟大家打个招呼！ 琪琪（入画）：Hi，大家好！ 妈妈：琪琪，暑假妈妈带你去游玩，而且我们将游览10大景点哦！开心不？ 琪琪：嗯，谢谢妈妈！有这样的好妈妈，我真的是太幸福啦！（出画） 妈妈：闺女太可爱了，哈哈！那么，接下来就跟大家分享一下我和闺女的兵马俑之行吧！	无	无	60	
2	原声场景：兵马俑入口处 妈妈：各位朋友，这里是秦始皇兵马俑的入口处，我们现在就往里走。哇！大家看，真的是人山人海，还有很多外国人。我们先去买票！	无	镜头由"妈妈"转向人山人海	10	
3	原声场景：售票处 妈妈：哇！终于买到票了，不容易！现在咱们就进去看看，被称为世界八大奇迹之一的秦始皇兵马俑到底有多神奇。来之前呢，我也做了一些功课。我简单介绍一下秦始兵马俑的情况。	无	无	15	
4	解说词配画： 兵马俑一共有4个坑，其中1、2、3号坑成"品"字形排列，而4号坑中实际上没有兵马俑，据传可能是因为秦末农民起义导致兵马俑没有建成。那么，为什么古人要做这么多的陶俑放在墓中呢？	（1）兵马俑内部结构3D图或视频； （2）兵马俑图或视频	图片做翻页特效	15	

第 18 章　实战案例：快速引流的短视频文案怎么写

续表

场景号	原声场景/解说词	配套画面	特效说明	时长（秒）	备注
5	解说词配画： 其实，这是一种殉葬制度。在奴隶社会，尤其是殷商时代，王公贵族死后，都是用活人陪葬。据说，在安阳殷墟王陵区内已发掘的十几座大墓中，陪葬人数达五千余人。想一想，是不是很恐怖？！真的是惨无人道。	（1）古代杀人陪葬图片或视频； （2）安阳殷墟王陵陪葬遗址图； （3）报道安阳殷墟王陵陪葬情况的图片或视频	图片做缩放特效	15	
6	解说词配画： 到了周朝以后，随着周礼的盛行，用活人陪葬的恶习得到了一定的遏制。到了春秋战国时代，各国都开始废除活人陪葬制度，改成用陶俑代替活人陪葬。而秦始皇兵马俑就是以俑替人陪葬的典型代表。	（1）周礼相关视频或图片； （2）春秋战国时期送葬视频或图； （3）兵马俑视频	图片做缩放特效	15	
7	原声场景：兵马俑1号坑入口处 妈妈：刚才给大家分享了一点点小知识。在这里友情提示一下，为了保护文物，在兵马俑内部，拍照时千万不要开闪光灯，否则会不利于文物的保存。当然，最好是不要拍照录像。所以，我们进去后就不录像啦！我在介绍时用的视频均是从影视剧或网上发布的视频中剪辑的。刚才我带着闺女分别参观了1、2、3号坑，一共花了近4个小时的时间。我就给大家讲讲我们都看到了什么。	无	无	35	
8	解说词配画： 1号坑内主要是身着战袍的兵俑，据解说人员介绍，1号坑的东侧有战士俑210人，其余位置有兵俑204人，每排有68人，组成方阵的后卫。在坑的中间位置，还排	无	从不同角度拍摄1号坑的视频（特写、中景、全景）	无	25

317

续表

场景号	原声场景/解说词	配套画面	特效说明	时长（秒）	备注
	列着38路战车和步兵纵队，是军队的主体力量。据说，1号坑是当地村民在打井时发现的。现在，井口的位置刚好在1号坑的东南角。	无	从不同角度拍摄1号坑的视频（特写、中景、全景）	无	25
9	解说词配画： 2号坑位于1号坑的东北侧，建筑风格与1号坑差不多，但是比1号坑的规模要大得多，而且内部陈设更加复杂。2号坑共分为4个单元，有陶俑和陶马1300多件，战车80余辆，青铜兵器数万件，还有将军俑、鞍马俑、跪姿射俑。	（1）全景介绍2号坑的视频； （2）陶俑、战车、青铜兵器、将军俑、鞍马俑、跪姿射俑等特写		20	
10	解说词配画： 第1单元位于俑坑东侧，主要由60个立姿俑和160个跪姿俑组成，均为持弩的士兵。这样的布阵便于作战时分别采取立姿和跪姿进行轮番射击，确保对敌人形成不间断攻击。	第1单元实景（全景、中景、特写）画面要尽量与解说词同步	（1）双画面：特写及与解说词相匹配的视频或图片； （2）可视情况做单、双画面切换	20	
11	解说词配画： 第2单元位于俑坑右侧，是由8行8列组成的64架战车的方阵。从战车方阵可以看出，秦朝的军事力量的确很强大，怪不得可以一统天下。	第2单元实景（全景、中景、特写），画面要尽量与解说词同步		10	
12	解说词配画： 第3单元位于俑坑中部，是一个由19辆战车、264个步兵俑和8个骑士俑组成的长方形综合方阵。看到这个方阵，立即可以回想起影视剧中古代军队整装待发的恢宏场面。	第3单元实景（全景、中景、特写），画面要尽量与解说词同步		22	

续表

场景号	原声场景/解说词	配套画面	特效说明	时长（秒）	备注
13	解说词配画： 第4单元位于俑坑左侧，是一个声势浩大的骑兵方阵，由108个骑士俑和180匹陶鞍马俑组成。看到这样的阵势，似乎看到了秦国骑兵的所向披靡的气势。	第4单元实景（全景、中景、特写）画面要尽量与解说词同步	（1）双画面：特写及与解说词相匹配的视频或图片； （2）可视情况做单、双画面切换	22	
14	解说词配画： 3号坑位于1号坑的西北侧，共有兵俑68个。据解说人员介绍，3号坑是2号坑的指挥部，也是3个坑中唯一没有被大火焚烧过的。所以，我们可以在3号坑中看到较多的彩绘，颜色非常鲜艳。	从不同角度拍摄的3号坑视频（特写、中景、全景）		25	
15	原声场景：客厅 妈妈：朋友们，说到彩绘，我想起上次和女儿看《芈月传》时，女儿突然跟我说："兵马俑真正的主人是芈月。"那么，她说的到底是不是真的呢？其实，这个问题还没有得到证实。不过既然女儿这么说，一定是她在哪儿看到了什么消息，不妨让她讲讲缘由吧！ 妈妈：琪琪，来，给妈妈讲讲，上次看《芈月传》时，你为什么说兵马俑的主人是芈月？ （琪琪入画） 妈妈：给大家打个招呼。 琪琪：大家好！我上次和妈妈说兵马俑的主人是芈月，是因为我无意中看了一篇文章，觉得挺有道理的。	无	无	45	
	第一，部分兵马俑身上刻了"月芈"这两个字，但古人写字是从右至左的，我们应该将兵马俑身上的字读作"芈月"。而且学者研究发现，兵马俑身上刻的字与阿房宫遗址桶瓦上刻的"芈月"，意思应该是一样的。	无		15	

续表

场景号	原声场景/解说词	配套画面	特效说明	时长（秒）	备注
	第二，从芈月在秦国的身份地位看，她是秦昭襄王的母亲，虽然是楚国人，但是她曾在秦国独揽大权40余年，史称"秦宣太后"，她也是中国历史上第一个被称为太后的人。而且，在芈月主政期间，秦国的国力提升得很快，她的文治武功得到了国人的高度认可。	无	（1）双画面：琪琪的特写及与解说词相匹配的视频或图片；（2）可视情况做单、双画面切换	22	
	第三，从兵马俑的颜色、表情和着装来看，当时的秦国人喜欢黑色，而楚国人喜欢红色，我们从那些被还原出来的彩色兵俑可以看出，服装均为红色。而反观其他兵马俑，都没有戴头盔，也没有盾牌，面部表情显得很沮丧，有点像陪葬的队伍。最重要的是，我们仔细观察兵马俑的发型，大多是偏向一边的，这在当时的楚国，是很流行的一种发型。	无		28	
	第四，从位置来看，兵马俑坑位于咸阳以东，面向东方，而芈月的故乡楚国恰好在秦国的东边。	无		10	
	第五，从兵马俑坑中发现的物质来看，坑中有麋鹿的骨骸。麋鹿是楚国的奇珍异兽，这在秦代其他的墓葬中是很少见的。最重要的是，在3号坑的西北角150米处，考古人员发现了一个神秘的大墓，而墓主的身份依然是个谜，我们可以假设这个墓的主人可能就是芈月。 通过这5个方面的分析，我们所看到的兵马俑也许是秦昭襄王按照楚国的习俗，专门为母亲芈月而做的陪葬队伍，好让母亲在九泉之下能够魂归故里。	无		40	
	妈妈：哇！我真没想到，琪琪居然对兵马俑的真正主人是谁这个问题，思考得这么深入。还好我没有在她面前卖弄知识，要不然就太没面子了。唉，我曾听人家说，	无	无	32	

续表

场景号	原声场景/解说词	配套画面	特效说明	时长（秒）	备注
	孩子上小学一年级时，家长教孩子写作业时的声音是撕心裂肺的；孩子上三年级时，家长的语气像狮子吼；孩子上五年级时，家长的声音就慢慢地变小了；孩子上中学时，家长基本就不敢发言了……	无	无	32	
	我：琪琪下学期就要上初中了，她刚才的一番见解，真的是把我惊到了，哈哈……好的，各位朋友，感谢您收看我的视频。那么，兵马俑真正的主人到底是谁呢？真诚邀请您在评论区留言讨论！顺便剧透一下，下期视频我将带着闺女去华山看日出哟！我会分享一些实用的游玩攻略，希望喜欢的朋友持续关注哟！	无	无	28	
	妈妈：您的关注，就是我行动的力量！本期视频就到这里啦，希望各位网友一定要关注、点赞、转发三连发哟，再见！	无	无	10	

说明：本期视频约9分钟，必须打字幕。需要的素材包括：（1）实景拍摄；（2）相关影视资料；（3）相关图片资料。

4.《带娃游览陕西10大景点》第01期实地拍摄计划表

《带娃游览陕西10大景点》第01期实地拍摄计划表

场景号	场景简介	拍摄时间	拍摄地点	主要演员	群演人数	化妆/着装	道具	备注
2	介绍已到达兵马俑入口处	7月2日 09：00	兵马俑入口处	妈妈、琪琪	0	妈妈：运动装，戴遮阳帽、有色墨镜，淡妆；琪琪：白色连衣裙配运动鞋，戴遮阳帽，淡妆	小扇子	
3	购票	7月2日 09：30	售票处	妈妈、琪琪	0	同上	门票	

续表

场景号	场景简介	拍摄时间	拍摄地点	主要演员	群演人数	化妆/着装	道具	备注
7	介绍游玩注意事项及本期视频资料的主要来源	7月2日 09：40	1号坑入口处	妈妈、琪琪	0	同上	门票、小扇子	
1	向观众介绍妈妈的拍摄计划，并通过和琪琪对话，引入本期视频内容	7月3日 10：00	客厅	妈妈、琪琪	0	妈妈：白色圆领T恤配牛仔裤，淡妆；琪琪：白色上衣配黑色休闲裤，淡妆	一盆花、一杯茶、一个果盘	
15	通过和琪琪对话，总结本期视频亮点	7月3日 10：30	客厅	妈妈、琪琪	0	同上		

说明：在进行实地拍摄前，要做好游玩攻略，带好拍摄文案，以免漏拍镜头。如果在拍摄过程中发现意料之外的亮点，一定要拍摄下来，作为后期创作的修改思路或另开专题使用。

后记

此时,我只想发表一声感慨:这本书终于写完了。原计划三个月成书,结果折腾了两年有余,实在对不起编辑老师和期待我出书的小伙伴们。在此,我想对在我写书过程中给我提供了诸多帮助的人表示感谢。

感谢孔长征老师、岳福丽老师和亲爱的土豆姐(鼹鼠的土豆)在我写书过程中给我的悉心指导。感谢尹慕言、弗兰克和渭水徐公三位老师倾力推荐本书。

感谢公式写作训练营全体学员对我的信任与支持,他们在训练营忍受了我的坏脾气,坚持和我一起读书、写作。特别是骆驼草大姐、落落的成长阅读、婷妈育儿笔记、蔡蔡、一朵小小的云彩、Aaron Chan、梅飞菲等在训练营结识的铁杆伙伴,他们在我写书时牺牲个人时间,重学课程内容,为我提供了优质案例。

感谢"一块写写"社群创始人雪舞梅香,她是我最值得信任的"老铁",一直以来都给予我陪伴,对我的写作、执教工作提供了无条件支持与帮助;无论我做出什么决定或行动,她都第一个力挺。我们曾发誓:要和"一块写写"的伙伴们,一辈子,一起写,一起走。我想,这个誓言一定会永远在线。

最后,感谢购买本书的读者们,我们因这本书而相遇,希望我们能从此结缘。我真诚地邀请您一起读点书、写点文,做个有情怀的人。

参考文献

[1] 蔡锡勇.传音快字[M].北京：文字改革出版社，1956.

[2] 陈望道.修辞学发凡[M].上海：复旦大学出版社，2014.

[3] 朱光潜.谈文学[M].南宁：广西师范大学出版社，2004.

[4] 李忠秋.结构思考力[M].北京：电子工业出版社，2014.

[5] 孙汝建，陈丛耘.趣谈：修辞格语用艺术[M].北京：中国财政经济出版社，2015.

[6] 王辉.100000+软文：爆款软文速成36计[M].北京：机械工业出版社，2016.

[7] 梁衡.我的阅读与写作[M].北京：北京联合出版公司，2016.

[8] 赵周.这样读书就够了：个人学习力升级指南[M].北京：中信出版集团，2017.

[9] 彭小六.洋葱阅读法[M].北京：北京联合出版公司，2018.

[10] 弗兰克.爆款写作课：打造爆文的3个黄金法则[M].北京：中国友谊出版公司，2018.

[11] 樊登.读懂一本书：樊登读书法[M].北京：中信出版集团，2019.

[12] 费伟伟.人民日报记者说：好稿怎样开头结尾[M].北京：人民日报出版社，2019.

[13] 约瑟夫·休格曼.文案训练手册[M].北京：中信出版集团，2011.

[14] 芭芭拉·明托.金字塔原理:思考、写作和解决问题的逻辑[M].王德忠，张珣，译.北京：民主与建设出版社，2006.

[15] 罗伯特·西奥迪尼.影响力[M].闾佳，译.北京：中国人民大学出版社，2006.

[16] 罗伯特·麦基.故事：材质·结构·风格和银幕剧作的原理[M].周铁东，译.天津：天津人民出版社，2014.

[17] 东尼·博赞.快速阅读[M].卜煜婷，译.北京：化学工业出版社，2015.

[18] 米哈里·契克森米.心流：最佳体验的心理学[M].张定绮，译.北京：中信出版集团，2017.

[19] 奥野宣之.如何有效阅读一本书：超实用笔记读书法[M].张晶晶，译.南昌：江西人民出版社，2016.

[20] 安迪·马斯伦.如何写出高转化率文案[M].邱匀，译.郑州：大象出版社，2019.